쉽게 풀어 쓴

[로르샤하]

| 성태훈 저 |

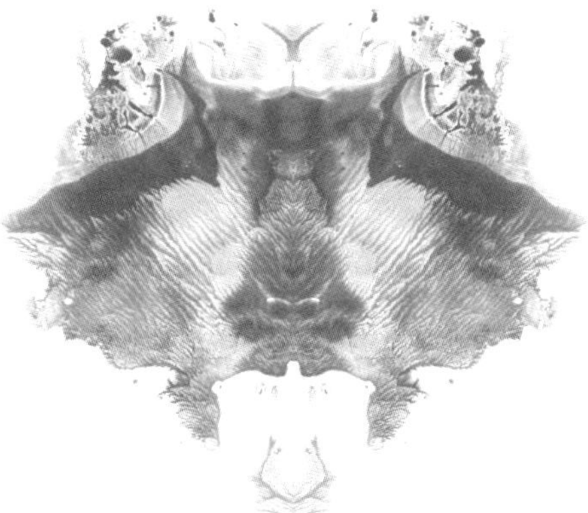

Easy Rorschach

학지사

머리말

마음을 보는 또 하나의 눈, 로르샤하

로르샤하를 제대로 사용하기 위해서는 1주일에 3시간씩 하는 대학원 수업으로 1학기 정도의 학습량이 필요하다. 그렇게 하고도 계속해서 사례를 꾸준히 봐야 채점과 해석에 능숙해진다. 서구권에서는 로르샤하에 대해 두 학기 동안 수업을 한다고 들었다. 그러나 또 다른 이야기도 들린다. 실제 로르샤하를 실시하는 경우는 많지 않다는 것이다. 보험회사가 검사료를 책정하는 현실에서 엄격하게 객관적인 방식으로 검사의 실용성을 증명해야 하고 숫자로 결과가 나오는 것이 중요시되다 보니 로르샤하 같은 투사법 검사들은 점점 그 사용 빈도가 줄어들고 있다. 그러나 우리나라에서는 아직 로르샤하를 포함한 종합심리평가가 많이 이루어지고 있고, 상담 실무에 종사하는 이들의 심리평가 전반에 대한 지식이 늘면서 그동안 접근하기 어려웠던 로르샤하에 대한 관심도 늘고 있다. 무엇보다 로르샤하를 검사로 사용하지 않더라도 로르샤하에서 인간의 심리를 보는 관점을 학습하는 것은 그 자체로 인간의 심리 과정을 이해하는 훌륭한 도구를 하나 더 갖추게 해 준다는 면에서 적극 권장할 만하다.

저자는 로르샤하를 이론적으로 많이 공부하지는 못했다. Rapaport의 책 『Diagnostic Psychological Testing』(1945)은 석사 때 한 번 읽어 본 적이 있지만, 그 외 학자들의 책을 직접 본 적은 없다. 지금까지 본 책은 Exner의 워크북인 『로르샤하 종합체계 워크북(A Rorschach Workbook for the Comprehensive System)』(2006)

과 Weiner의 해석책인『로르샤하 해석의 원리(Principle of Rorschach Interpretation)』(2005) 그리고 이우경 선생님이 번역한 Lerner의 책『로샤검사에 대한 정신분석적 접근(Psychoanalytic Perspectives on the Rorschach)』(2003)이 전부이다. 그러나 대학원과 병원에서의 수련 생활, 수련감독자로서의 수련생 교육 등을 지속하면서 Exner와 Weiner의 책은 거의 외우다시피 할 정도로 많이 읽었고, 누구보다도 로르샤하를 많이 사용했다고 자부할 수 있다. 또한 상담센터를 운영하면서 검사를 받은 내담자의 검사 후 상태를 보다 자세하게 관찰할 수 있었고, 이를 통해 보다 실질적인 해석을 할 수 있게 되었다. 그러던 차에 대학원의 정규 수업에서 벗어나 단기간 워크숍 형태로 로르샤하 강의를 진행하게 되면서 로르샤하의 방대한 정보를 보다 쉽고 효율적으로 전달하기 위해 노력하였고, 이제 그 결과물을 보다 많은 사람이 볼 수 있도록 책으로 내려고 한다.

배운 내용을 실제 사례에 적용할 때의 기쁨은 이루 말할 수가 없는데, 지난 10년이 넘는 기간 동안 로르샤하를 실시 및 감독하면서 느낀 점은 로르샤하의 각 지표들은 하나도 버릴 게 없다는 것이다. 만병통치약은 아니지만 기호나 점수 하나가 전체 사례에 대한 통찰을 주는 경우도 자주 경험하게 된다. 그러나 이 검사를 사용하기까지 초기 진입장벽이 너무 높은데, 채점의 대상이 너무 많고, 기호마다 해석적 의미가 달라서 각 기호와 지표의 의미를 알아야 실시와 채점을 제대로 할 수가 있으며, 구조적 요약표를 완성할 수 있어야 그것을 토대로 해석할 수 있기 때문이다. 또한 로르샤하는 시행 당시의 검사자 행동이 수검자의 반응에 민감하게 영향을 줄 수 있기 때문에 간단해 보이는 검사 지시조차도 그 의미를 알지 못하고 수행하면 제대로 된 검사가 이루어지기 어렵다.

Exner와 Weiner의 책은 각각 실시 및 채점, 해석을 다룬 것으로, 로르샤하의 기본 매뉴얼이자 실시 및 해석 지침서의 역할을 하기 때문에 로르샤하를 실시하고자 한다면 꼭 가지고 있어야 한다. 두 권의 책을 끝까지 한 번 정독한 다음에 다시 한 번 보는 것이 학습에 있어서 정석인데, 앞서 언급한 것처럼 혼자서 이 과정을 소화하기에는 많은 어려움이 따른다. 그래서 실시 및 채점을 설명하는 부분에서부터 각 실시 행동과 각각의 기호들에 대한 의미를 설명함으로써 검사의 수행과정에 대한 이해를 높여 검사 학습에 대한 진입장벽을 낮추는 것이 이 책을 쓴 이유이다. 로르샤하의 구조적 요약을 처음 봤을 때는 거의 아랍어같이 보이지만, 이 책을 읽은 다음에 본다면 구조적 요약 1장으로 빠른 시간에 수검자에 대한 깊은 통찰을 가질 수 있을 것이다.

대학원 수업에서 로르샤하를 가르치고 기말고사 과제로 쓴 보고서를 받아 보면 모두 처음 쓴 보고서임에도 불구하고 몇몇 학생은 거의 나무랄 데 없는 보고서를 써 온다. 대개 이들은 성실하게 매뉴얼대로 빠짐없이 해석을 한 학생들이다. 로르샤하를 해석하는 데 있어서 왕도는 없다. 매뉴얼이 그만큼 잘되어 있기 때문에 성실하게 과정을 수행하는 것이 중요하다.

로르샤하를 공부하는 이유는 심리평가 보고서에 나온 로르샤하 해석을 좀 더 잘 이해하는 정도의 가벼운 필요성에서부터 본인이 직접 실시, 채점, 해석을 하고 보고서를 작성하기 위한 진지한 수준까지 다양할 것이라 생각한다. 로르샤하의 자료를 해석하는 방법도 다양한데, 이 방법들을 모두 한꺼번에 다 사용할 필요는 없다. 전체에 대한 초벌 학습을 한 다음에는 각자의 사용 목적에 맞게 적당한 해석 방법만 사용할 수도 있다.

전체 내용 중에서 특히 강조하고 싶은 부분은 제2장과 제3장이다. 제2장 '검사 실시'에서는 실시과정에서 나타나는 각 행동의 의미를 구체적으로 설명하였고, 제3장 '각 기호의 채점'에서는 그 채점 방법뿐만 아니라 원리와 해석적 의미를 같이 설명함으로써 채점에 대한 이해를 쉽게 하였다. 그리고 이해를 돕기 위해 필요한 곳에서는 로르샤하 카드의 그림을 제시하였으나, 검사 노출을 최소화하기 위해 모두 원판보다 진하게 흑백 음영으로 처리하였다. 이 책이 부디 로르샤하를 처음 접하는 학습자에게 좋은 안내서가 되기를 바란다.

마지막으로 출판을 허락해 주신 학지사 김진환 사장님과 좋은 책으로 만들어 주신 편집부 박지영 대리님께 감사드린다.

원주에서 성태훈

차례

제6장 구조변인의 해석 • 217

제7장 기타 해석 방법 • 265

제 1 장

해석을 위한 준비

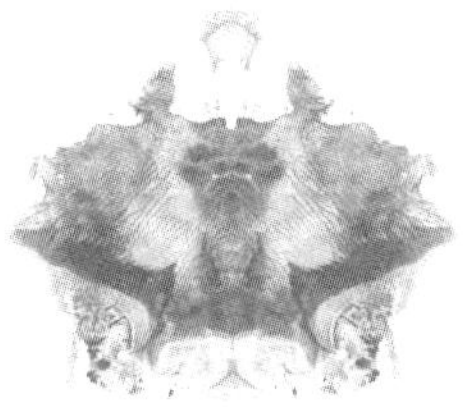

1. 사전 검사

검사를 공부하는 가장 좋은 방법은 본인이 수검자로서 그 검사를 받아 보는 것이다. 투사법 검사는 더 그렇고, 그중에서도 로르샤하는 더욱더 그렇다. 이 페이지를 넘기기 전에 아직 로르샤하 검사를 받지 않았다면, 적어도 로르샤하를 실시할 수 있는 석사과정 이상의 (준)전문가에게 찾아가 검사를 받아 보길 권한다. 그러나 그렇게까지 할 여건이 되지 않는다면, 다음 절차에 따라 사전 검사라도 꼭 실시해 보길 권한다. 단, 카드는 문제의 소지를 배제하고자 흑백의 형태로 제시하였으니 카드의 정확한 모습을 확인하려면 실제 카드를 참고하길 바란다.

• 실시 방법

1. A4 종이와 연필을 준비해 주세요.
2. 지금부터 그림을 하나씩 보여 드리겠습니다. 각 카드마다 제시되는 그림을 보시고 '그림이 무엇처럼 보이는지'를 종이에 기록합니다.
3. 하나를 썼는데 더 생각나면 생각나는 만큼 더 써도 됩니다.
4. 생각나는 게 없으면 쓰지 않고, 다음 카드로 넘어가면 됩니다.
5. I번 카드를 보고 생각나는 것들을 다 썼으면, 페이지를 넘겨 II번 카드를 보고 '그림이 무엇처럼 보이는지'를 종이에 기록합니다.
6. 같은 방식으로 X번 카드까지 작성하면 됩니다.
7. 혹시 옆에 사람이 있더라도 보여 주거나 의논하지 말고 혼자서 작성해야 합니다.

I번 카드

II번 카드

Ⅲ번 카드

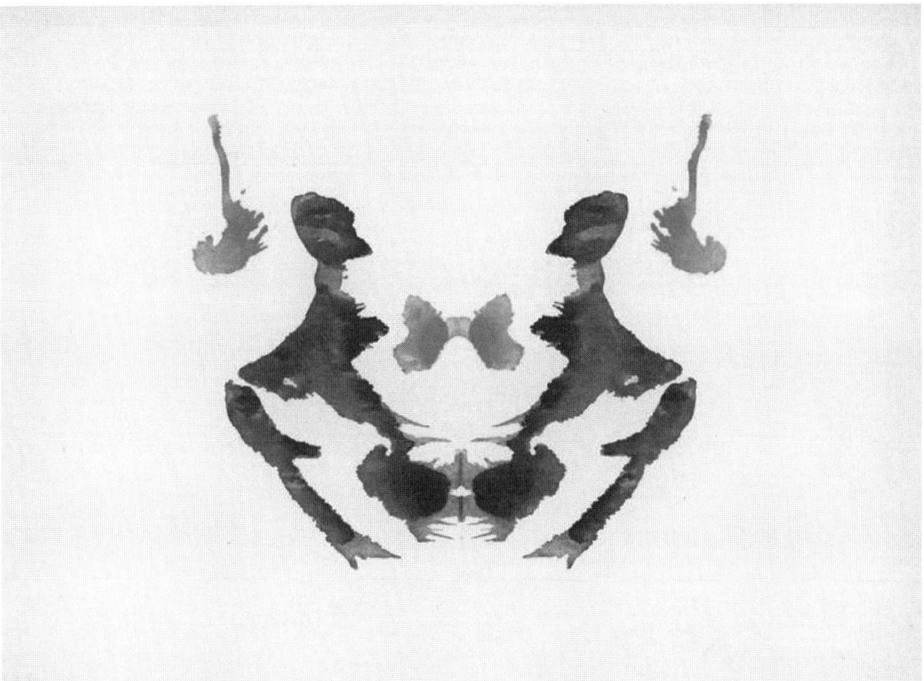

Ⅳ번 카드

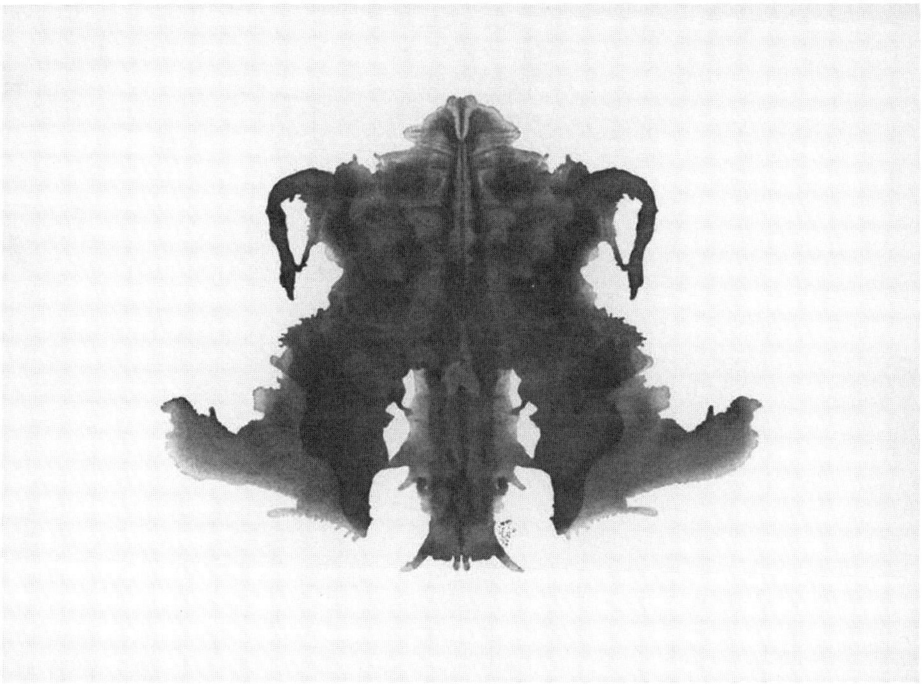

V번 카드

VI번 카드

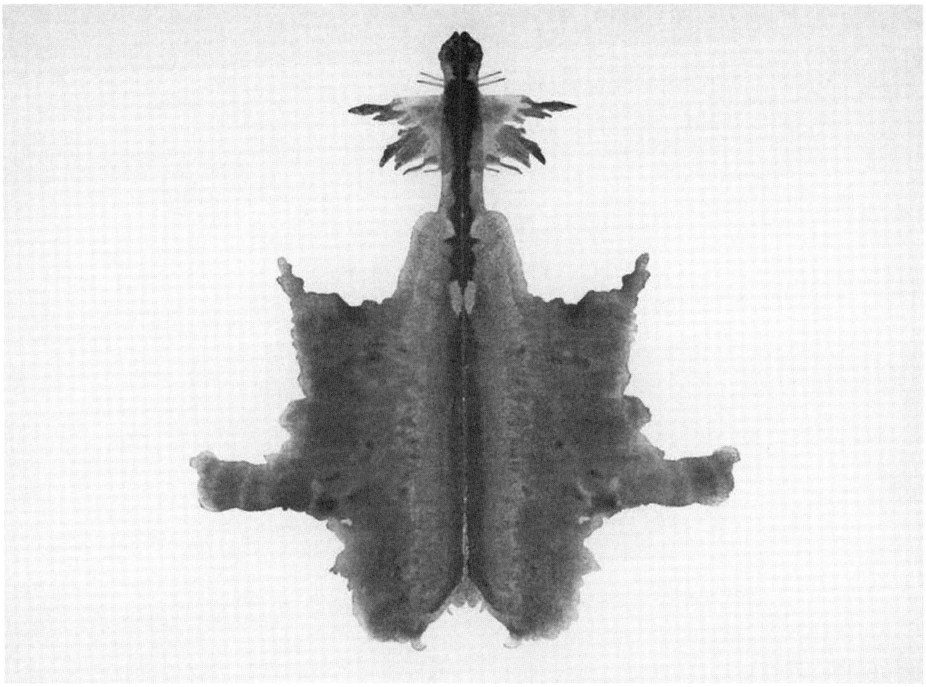

VII번 카드

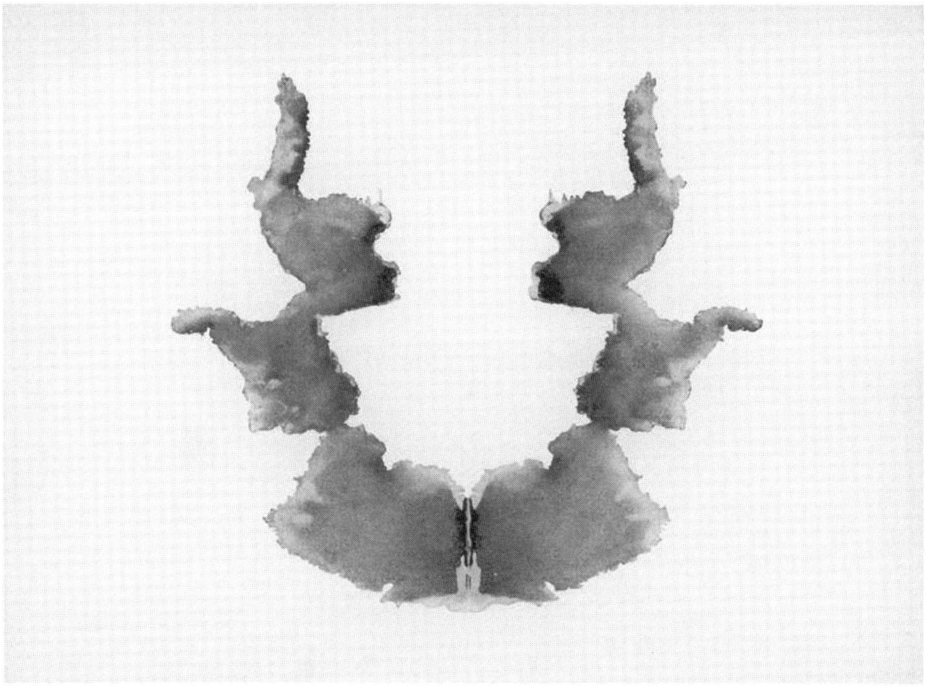

VIII번 카드

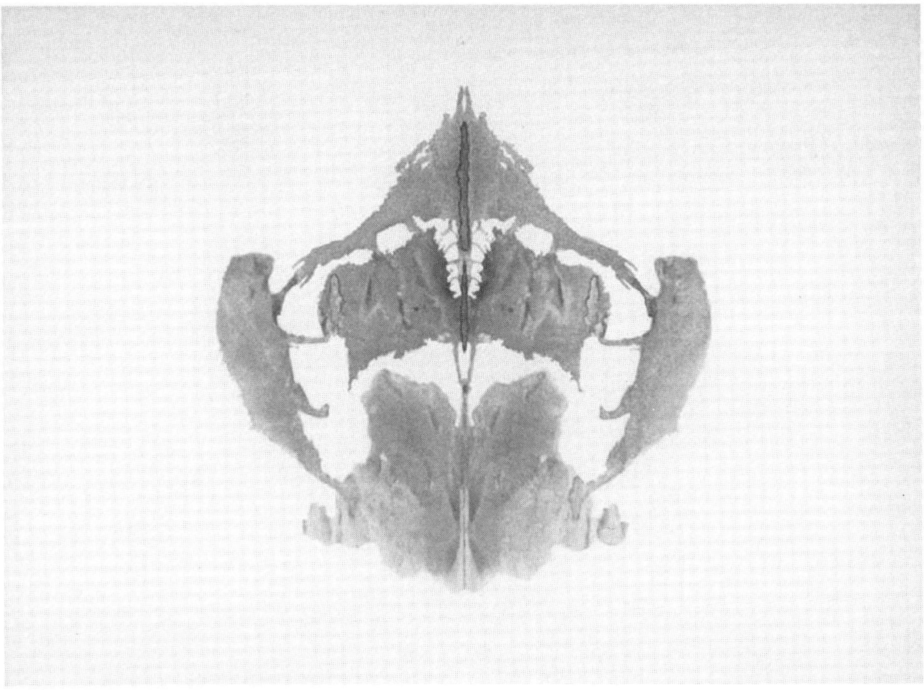

IX번 카드

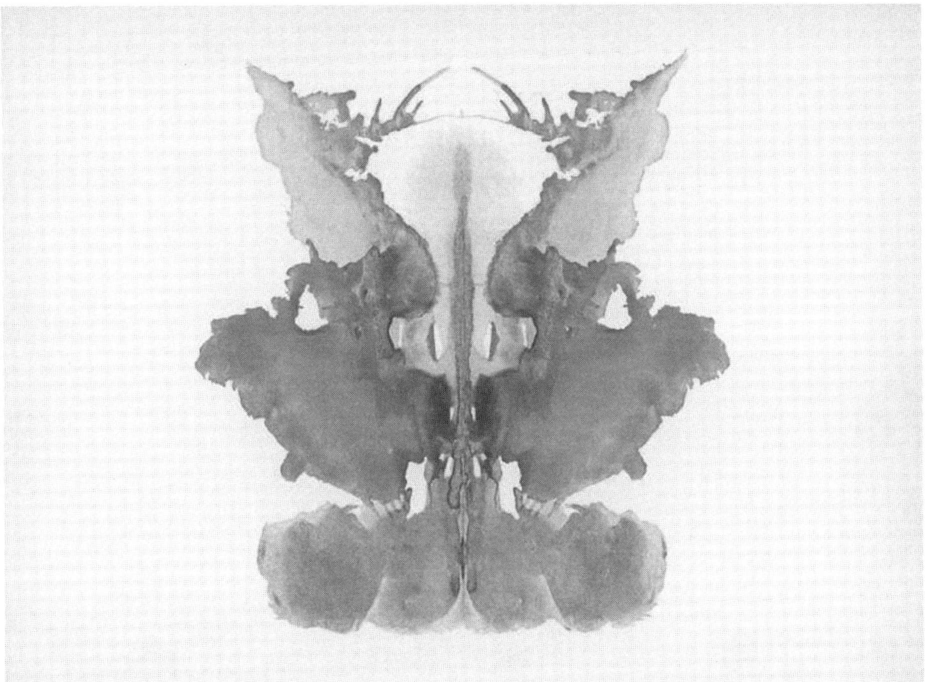

X번 카드

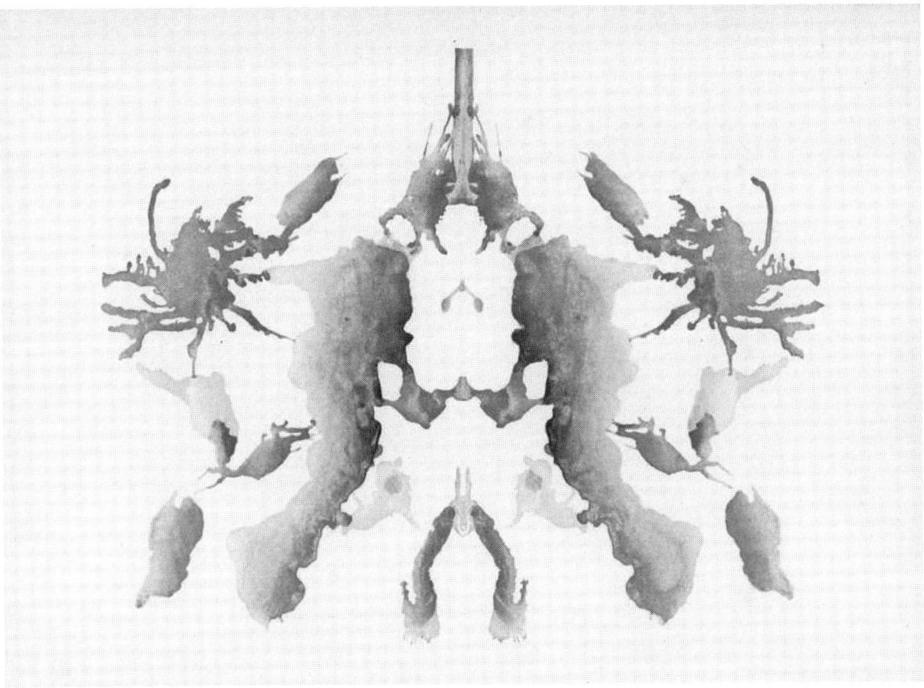

〈표 1-1〉 자가평가 사례 1

I	곰	라마	원숭이	새			
II	사람 발	원숭이	꽃	나비	무궁화	가오리	닭 머리
III	나비 넥타이	기타	사람	여자	남자	그림자	
IV	거인	애벌레					
V	박쥐	미생물					
VI	기타	찢어진 나비 날개					
VII	웃는 얼굴						
VIII	비버	풀					
IX	사슴	애벌레	나비				
X	애벌레	나비 태어 나기 직전	사슴 풍뎅이				

〈표 1-2〉 자가평가 사례 2

I	모르겠다.
II	…… 아이 둘이 손을 맞대고 있다.
III	…… 구두 신은 여자 둘
IV	…… 모르겠다.
V	…… 날개가 축 늘어진 나비
VI	…… 와, 이건 뭐야. …… 거꾸로 된 단풍잎
VII	…… 뽀뽀하려는 거
VIII	원숭이 둘이서 나무에 오르는 거
IX	모르겠다.
X	…… 곤충들 있는 거

이제 자기 자신의 로르샤하 원자료는 따로 두고 다음 장으로 이동하자. 책을 읽으면서 해당 영역과 관련된 자신의 원자료를 하나씩 찾아보자. 여러 가지 방식으로 자신에 대한 통찰을 얻을 것이다.

심리검사를 공부할 때는 세상 사람들이 모두 책 속에 나오는 환자로 보이는 '인턴

증후군'에 빠져야 한다. MBTI를 공부하고 나면 모든 사람이 J와 P로 보이는 것처럼, 이제부터 당분간은 주변 사람들이 'Lambda가 높은 사람' 'C가 많은 사람' 'P가 적은 사람' 등으로 보이길 바란다.

2. 객관적 검사 vs. 투사적 검사

로르샤하는 대표적인 투사적 검사이다. 투사가 무엇이고 투사적 검사가 무엇인지 이해하기 위해서 심리학 개론 수업에서 시험 문제로 많이 나오는 객관적 검사와 투사적 검사의 차이를 한번 생각해 보자. 흔히 객관적 검사를 대표하는 MMPI는 단시간에 여러 명에게 실시하고 명확한 결과를 빨리 얻을 수 있지만 수검자가 거짓말을 할 수 있고, 투사적 검사를 대표하는 로르샤하는 실시와 해석이 애매하지만 수검자가 방어를 하기 어렵다는 것이 장점이라고 서술형 답지에 써 넣는다. 정말 로르샤하는 수검자의 방어를 뚫을 수 있는가? 스피드 퀴즈로 나온 문제라면 저자의 대답은 '그럴 수 있다.'이다. 그러나 이는 로르샤하의 여러 가지 특성 중 하나일 뿐이고, 방어를 한다거나 방어를 뚫는다는 등의 개념은 '된다, 안 된다'로 간단하게 정의하기 어려운 매우 복잡한 과정이다.

먼저 '객관적'과 '투사적'이라는 말의 차이를 이해해 보자. 심리학은 개론의 수준에서 세계지리, 지구과학 등 다른 학문에 비해 학습하기에 부담이 적은 학문이다. 대부분 서술어를 명사화한 것이 많기 때문에 주어, 목적어, 수식어 등을 잘 붙이면 개념을 이해하기가 쉽다. MMPI는 무엇이 객관적인가? 검사 진행 방식의 명확함을 말하는 것이라면 로르샤하 또한 명확하고 일관된 지시와 실시 방법을 따르고 있어서 충분히 명확하다고 할 수 있다.

객관적 검사와 투사적 검사의 가장 큰 차이점은 검사 자극(문항이나 그림)의 속성이 명확한가 또는 애매한가에 달려 있다. 여기서 명확하다는 것은 비전공자인 수검자가 예상하는 해석이 검사자의 학문적 해석과 크게 다르지 않다는 것을 의미하고, 애매하다는 것은 비전공자인 수검자가 자극의 의미를 파악하기가 매우 어렵다는 것을 의미한다. 비전문가에게 '나는 우울하다.'라는 문항을 주고 심각성의 정도를 1점

(전혀 우울하지 않다)에서 10점(우울해서 죽고 싶다)까지 표기하라고 하면 대부분 쉽게 표기할 수 있고, 점수가 높으면 우울감이 높다고 해석하는 데 비전문가가 어렵지 않게 동의할 수 있을 것이다. 검사 자극이 명확하기 때문에 문항의 의도를 파악하기 쉽고, 대답하기도 편하다. 자가평정을 할 수 있기 때문에 집단으로 실시할 수 있고, 숫자로 표현할 수 있어서 수량화해서 다른 사람들과 비교하기도 쉽다. 그리고 우리는 대개 수검자가 솔직하게 대답했다는 가정하에 그 점수를 신뢰한다.

그러나 자신의 문제를 축소하고 싶은 사람들이 있을 때는 이러한 방식이 문제가 된다. 속이려고 하면 속일 수가 있기 때문이다. 실제로 9점 정도의 우울감을 가지고 있지만 이를 드러내고 싶지 않을 때 0점으로 표기할 수 있고, 평가자 입장에서는 0점이 나왔을 때 이 점수만 가지고 반동형성을 하고 있는 것인지 혹은 정말 우울하지 않은 것인지 판단하기 어렵기 때문에 추가적인 작업이 필요하다. 물론 임상적 경험으로는 극단적으로 낮은 점수는 오히려 높은 점수를 반영할 가능성이 높은데, 이럴 때 투사적 검사를 같이 실시했다면 적절한 상호 보완이 될 수 있다.

투사(projection)란 무엇인가? 영화관에서 하얀 스크린에 영상을 비추는 기계를 영사기(projector)라고 한다. 영상은 영사기에서 나오는데, 내용은 스크린에 비치고 사람들은 스크린에만 관심을 둔다. 이때 영상이 스크린에 있는 듯 보이지만, 사실 영상은 영사기의 것이다. 영상을 스크린에 뺏긴 영사기에 영화를 볼 때마다 미안한 마음을 가진다면, 투사의 원리를 좀 더 잘 이해할 수 있을 것 같다. 로르샤하의 10개 그림 카드는 스크린이고, 나의 신체는 영사기이고, 내 마음은 영상이다. 로르샤하는 내 마음을 그림 카드에 비추어 표현하도록 하여 해석 가능한 자원으로 만드는 도구이다. 이 과정은 마치 '나는 매우 우울하다.'라는 말을 척도상의 '9점(10점 만점)'으로 변환시켜 우울함이라는 추상적 개념을 수량화하는 것과 같은 원리이다.

'나는 우울하다.'라는 문항에서 10점과 1점이 차지하는 의미가 너무 명확하기 때문에 수검자가 거짓말을 하려고 하면 언제든 그렇게 할 수가 있다. 그러나 로르샤하의 그림을 보고 형태를 말해야 하는지, 색채를 말해야 하는지, 쌍으로 반응해야 하는지, 사람과 동물 중 무엇을 말하는 것이 좋은지 등을 일반인이 파악하기는 매우 어렵고, 이렇듯 답을 알 수 없는 애매한 상황에서 사람들은 거짓말을 하기가 어렵기 때문에 속마음을 그대로 드러낼 수밖에 없다.

[그림 1-1] 영사기

'스트레스를 받으면 그 사람의 성격이 나온다.' '같이 살아 보면 (상대의 본성을) 안다.'라는 말이 있다. 어떻게 대응해야 할지 모를 때는 내면의 성격이 그대로 나오게 되어 있다. 친한 친구와 방을 구해서 같이 살게 되면 싸우게 될 가능성이 높다. 친구와 가끔 만났을 때는 스트레스 조절이 가능하지만, 같이 살면서 공유하는 시간이 길어지면 조절할 수 있는 여지가 줄어들어 스트레스가 증가하기 때문이다. 신입사원이 내향적이어도 첫 회식 때는 노래방에서 테이블 위에 올라가서 한번 놀아야 한다는 것을 선배가 알려 주면 대개는 그렇게 한다. 그 사원은 자신의 직장 적응을 위해서 그렇게 해야 한다는 목적이 분명하기 때문에(답이 정해져 있기 때문에) 자신의 성향에 반해서 행동할 수 있다. 대학 신입생으로 동아리방에 처음 갔는데 많은 사람이 아무도 날 신경 쓰지 않고 저쪽에서 자기들끼리만 웅성대고 있다면 어떨까? 선배 1명이 "자, 신입생 여러분 모이세요!"라고 외치기 전까지 각자 자기 성향대로 외향적인 사람은 아무나 잡고 웃으며 대화를 시작할 것이고, 내향적인 사람은 가만히 앉아서 누군가가 말을 걸어 주기만 기다리고 있을 것이다.

어떻게 행동하는 게 적절한지 알고 있는 상황은 객관적 상황이다. 그리고 객관적 상황에서는 자신의 성격대로 행동하기보다는 매뉴얼대로 행동을 하게 마련이다. 윗사람을 보면 인사를 한다. 그렇게 하는 것이 적절하다고 대부분이 동의하기 때문에 객관적 상황이 된다. 조금 일찍 퇴근하고 싶을 때 일을 눈에 띄게 더 열심히 하고 약간의 아부까지 하면 1시간 정도 조기퇴근을 허락해 주는 사장이 있다고 하면, 이 사장은 객관적 검사와 같다. 이 직장에서는 소심한 사람이건 외향적인 사람이건 일찍 퇴근하고 싶으면 매뉴얼대로 하면 된다. 그런데 갑자기 낯선 사람이 사장으로 바뀌게 되면, 이른 퇴근을 원하는 사람들은 당황스러워질 것이다. 이럴 때 직원들은 매뉴얼이 없으니 자신의 성격대로 행동할 수밖에 없다. 모험을 좋아하는 직원은 사장의 성향을 파악하기 위해 이것저것 적극적으로 시도해 볼 것이고, 소심한 직원은 그냥 포기하고 일을 할 것이며, 생각이 깊지 못한 직원은 무작정 이전처럼 사장을 추켜세울 것이다. 사무실이 성격 검사의 장이 되는 순간이다. 로르샤하는 바뀐 사장님과 같다. 자극이 애매하기 때문에 수검자들이 자기 내면의 상태를 드러낼 수밖에 없다. 행동의 기준으로 삼을 수 있는 것들이 자기 것밖에 없기 때문아다.

로르샤하는 투사라는 심리적 작용을 활용한 검사이다. 투사는 대표적인 방어기제이고, 심리적 방어에 대해 '깬다.' '피해 간다.' 등 공세적인 단어를 붙여서 사용하는 경우가 많지만, 방어는 무의식적(혹은 자동적)으로 이루어지는 것이고, 드러내는 것과 드러내지 않는 것 중 어느 한쪽이 무조건 좋다고 볼 수는 없다. 다만 상담에 오는 내담자들은 스트레스가 많은 사람들이고, 도움이 되지 않는 방어기제를 많이 사용하고 있을 가능성이 높을 뿐이다.

3. 로르샤하란 무엇인가

로르샤하 검사를 실시할 때 수검자는 과연 자신이 무엇을 한다고 생각할까? 수검자가 "로르샤하가 뭐예요?"라고 물어보면 어떻게 대답을 해야 하는가? "이것은 투사검사이고, 당신의 방어를 깰 수 있는 검사입니다."라고 하면 되는 것인가? Exner(2006)는 "이것은 당신의 성격에 대한 정보를 알 수 있게 해 줍니다."라고 말을 하면 된다고 했다. 그런데 이 설명은 '당신의 성격을 알아내고야 말겠어.'라는 의도를 전달할 수 있기 때문에 투사 검사의 효과적인 수행을 방해한다. 검사 지시의 의미에 대해서는 검사 실시 부분에서 다룰 예정이므로 여기서는 '로르샤하는 성격에 대한 정보를 알려 주는 검사이다.'라는 답변에만 초점을 맞춰서 보겠다. 로르샤하가 수검자의 성격에 대한 정보를 알려 준다면 내향적인지 또는 외향적인지를 알려 주는가? 알 수는 있지만 이를 위해서라면 MBTI를 하는 게 더 낫다. 그럼 우울, 강박, 불안 등 정서적 상태를 알려 주는가? 그렇긴 하지만 이를 위해서라면 MMPI만 해도 충분한 것 같다. 아니면 사고장해 유무를 알려 주는가? 이 역시 로르샤하의 활용에서 중요한 부분이지만, 그것이 로르샤하를 대표하지는 못한다.

로르샤하를 통해 무엇보다 성격, 정서, 사고 등을 파악할 수 있다는 설명을 들은 일반인들은 '이름도 고상하고 무언가 대단한 게 있는 검사구나.'라는 정도의 인식만 가지게 된다. 이런 인상을 받은 수검자는 '대단한 검사를 했으니, 그 결과를 믿어도 되겠구나.'라는 생각을 하지 않을까? 그런데 로르샤하를 정말 고상하고 뭔가 대단한 것이 있어 보이는 검사로 정의하는 것은 검사 결과를 남의 나라 말처럼 들리게 하기 때문에 검사의 활용도, 즉 수검자가 이에 대한 해석을 듣고 자신에게 적용하는 데에는 도움이 되지 않는다.

전문가는 자신이 알고 있는 개념을 일반인이 알아들을 수 있게 설명할 수 있어야 한다. 설명을 했는데 사람들이 알아듣고 적용하지 못한다면, 일반인이 못 알아듣는 것이 아니라 전문가가 설명을 못한 것이다. 소수의 전문가가 공부를 하는 이유는 다수의 일반인이 보다 편하게 그 정보를 사용하게 하기 위함이다. 로르샤하의 검사 결과를 일반인이 알아듣기 쉽게 전달하기 위해서는 로르샤하를 다음과 같이 설명하는 것이 가장 무난하다.

"이 검사(로르샤하라는 검사 명칭을 강조하지 않는다)는 약한 스트레스를 준 다음 그 사람이 스트레스를 받았을 때 어떻게 행동하는가를 보는 검사입니다."

로르샤하를 실시할 때는 형태가 명확하지 않은 그림이 그려져 있는 카드 10장을 보여 주고 '그림이 무엇처럼 보이는지' 대답하게 한다. 즉, 수검자는 애매한 시각적 자극을 형태가 명확한 대상으로 바꾸어야 하는 과제를 수행하는 것이다. 그리고 각 카드는 각기 다른 시각적 정보를 제공하여, 각기 다른 심리적 상태를 투사하게 만든다. 따라서 로르샤하는 '10가지의 애매한 스트레스 상황에 대한 대처 능력을 파악하는 검사'라고 할 수 있다.

로르샤하를 수행하는 수검자에게 가장 중요한 과제는 '애매한 시각적 자극을 형태가 명확한 대상으로 바꾸는 것'이다.

이와 비슷하게, 지능검사(K-WAIS-IV, K-WISC-IV)는 '15가지 문제 상황에 대한 대처 능력을 파악하는 검사'라고 할 수 있다. 'IQ' '지능' 등의 단어가 사람들을 긴장하게 만드는 것처럼, 로르샤하를 설명할 때 '성격'이라는 단어를 사용하는 것도 사람들을 긴장하게 만든다. '상황에 대한 대처 능력'이라는 중립적이고 객관적이며 구체적인 표현은 미리 앞서서 높은 기대나 깊은 실망을 하지 않으면서 자신의 상황을 객관적으로 보게 하고, 현실에서 자신이 해야 할 것이 무엇인지 알려 준다.

제2장

검사 실시

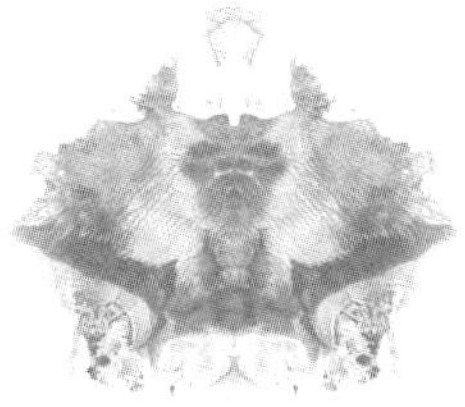

1. 사전준비

로르샤하 검사를 시행하기 위해서는 다음과 같은 준비물이 필요하다.

로르샤하 카드(10장), 영역기록지 2~4장, 반응기록지 5~6장, 초시계, 볼펜

로르샤하 케이스는 [그림 2-1]처럼 카드를 넣고 빼기가 쉽게 되어 있다. 그리고 2000년대 초반에 카드를 구입할 때는 그렇지 않았는데, 언젠가부터 케이스를 열면 작은 로르샤하 그림 10개가 모두 보이게 되어 있다. 이렇게 되면 케이스를 여는 중에 카드 그림이 수검자에게 노출된다. 물론 수검자가 검사실에 들어오기 전에 미리 카드를 꺼내 놓으면 상관이 없지만, 검사를 하다 보면 카드 박스째로 두었다가 바로 시작하는 경우도 있을 수 있다. 투사를 유발하기 위해서, 즉 수검자가 자기 내면에 초점을 맞추도록 하기 위해서는 최대한 자극이 중립적이면서 미리 경계심을 주

지 않도록 해야 한다. 로르샤하는 I번 카드를 본 것이 II번 카드에 대한 반응에 영향을 주고, 이러한 방식으로 이후의 카드들에 복합적으로 영향을 줄 수 있다. 케이스에 있는 작은 로르샤하 그림이 주는 영향에 대해서 실험을 한 것도 아니고, 잠깐 그림이 노출되었다고 해서 수검자들의 반응이 크게 달라지진 않겠지만, 이렇게 사소한 부분까지도 신경을 써야 로르샤하 해석을 더 풍부하게 할 수 있다.

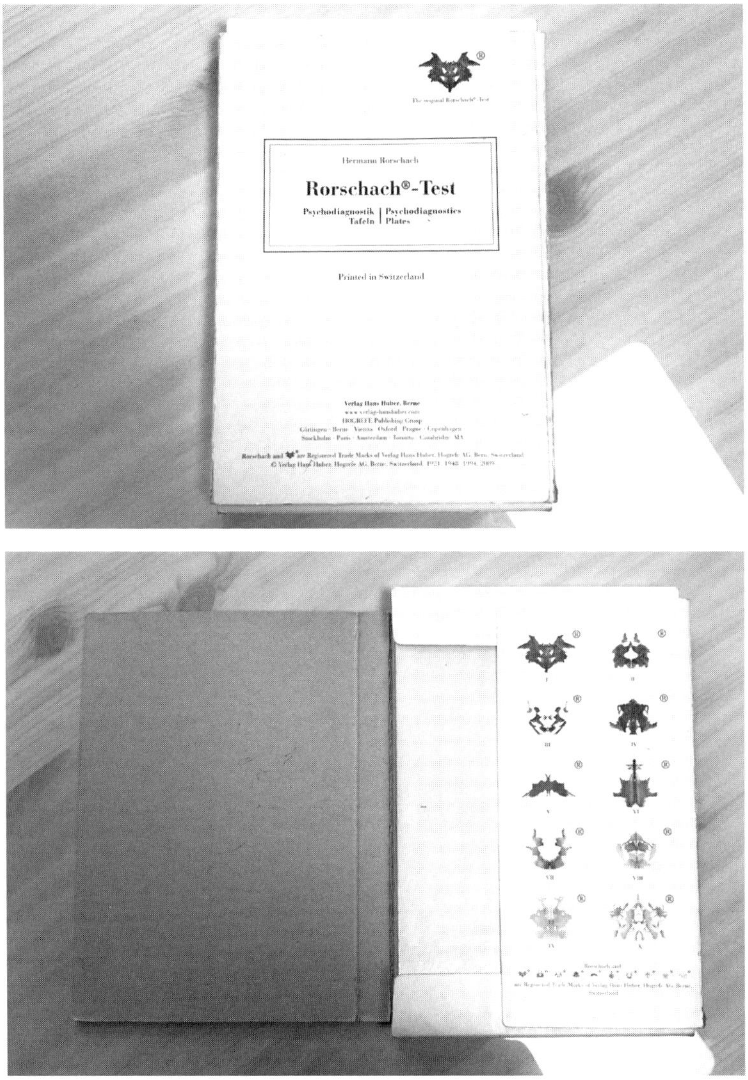

[그림 2-1] 로르샤하 케이스를 펴기 전, 펴고 난 후

로르샤하 카드는 뒷면이 보이게 해서 I번 카드를 가장 위에 놓고 그 아래로 번호 순서대로 쌓아 놓는다. 뒷면 가운데 상단에 카드 번호가 로마자로 써 있다. 수검자와 마주 보고 앉은 상태로, 로르샤하 카드 더미를 왼쪽에 세로로 놓고, 반응기록지를 검사자 앞에 놓는다. 80cm 정도의 테이블에서 마주 보고 앉는 것이 가장 좋은데, 약 80cm의 거리는 초면인 두 사람이 서로 적당한 심리적 거리를 유지하면서 급할 때는 검사자의 손이 테이블의 맞은편까지 닿을 수 있는 정도의 거리이다. 이 거리는 검사자에게 안정성과 통제감을 모두 줄 수 있어서, 로르샤하뿐 아니라 다른 검사를 시행할 때도 유효하다. Exner(2006)는 90도 각도로 옆으로 앉는 것을 권하고 있지만, 이 자세는 검사자의 옆면이 노출되어 검사자와 수검자 모두 서로의 행동에 영향을 받을 가능성이 높아진다. 검사를 할 때는 검사자가 가장 편안해하는 환경을 만들어야 한다.

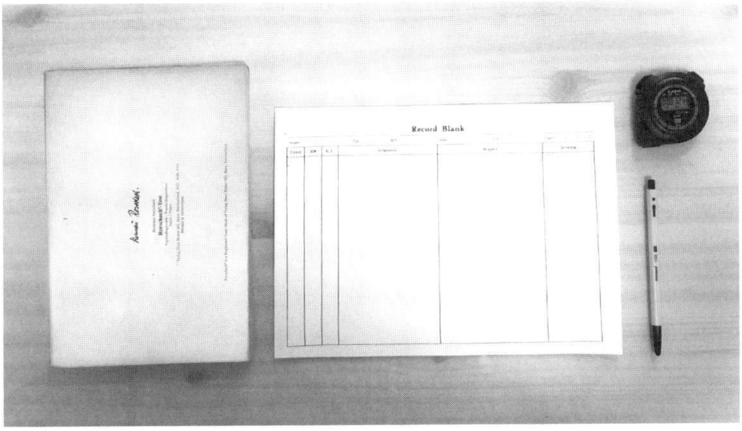

[그림 2-2] 검사 전 도구 정리

영역기록지는 10개 그림의 크기를 줄여서 A4 용지 1장 안에 모두 넣은 것으로 그림의 영역을 표시하기 위한 용도로 쓰인다. 반응 단계에서는 그림이 보이지 않도록 뒤집어서 두고, 질문 단계에서 그림이 보이도록 놓고 펜으로 테두리를 그어 영역을 표시하면 된다. 이때는 그림이 내담자에게 보여도 상관없다. 오른손잡이인 경우, 초시계를 왼손에 잡고 볼펜은 오른손에 잡는다. 왼손잡이인 경우는 반대로 하면 되는데, 어떤 경우든 볼펜과 초시계를 동시에 잡고 있어야 한다. 총 반응 수가 20개 이

내일 때는 1장이면 충분한데, 20개를 넘어가면 2장을 사용하는 것이 더 좋다. 그리고 간혹 40~50개 정도를 하는 경우라면 2~4장이 필요할 수도 있다. 원래 영역기록지는 컬러로 되어 있지만, 굳이 컬러로 된 것을 쓰지 않아도 그림의 형태만 제대로 나와 있으면 사용하는 데 큰 불편은 없다.

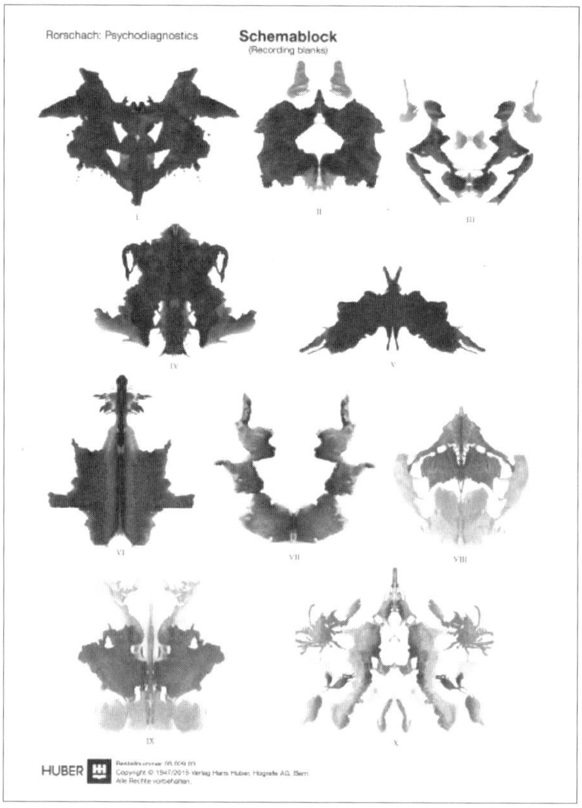

[그림 2-3] 영역기록지

반응기록지는 로르샤하 각 카드에 대한 수검자의 언어반응을 기록하기 위한 것이다. 조증이 심하거나 자기애적인 사람들은 40~50개씩 반응하는 경우도 있지만, 보통 병원이나 상담센터에 방문하는 대부분의 사람은 반응 수가 20~25개를 넘지 않는다. 반응기록지 1장에 보통 4~5개씩 기록한다고 하면 넉넉하게 30개 이내의 반응을 받아 적을 수 있도록 5~6장 정도를 준비하면 된다. [그림 2-4]에 제시되어 있는 것처럼 출판사에서 제시한 기록지가 있고, 검사자가 기록지를 직접 만들어서 사용하는 경우도 많다.

Record Blank

Name: Age: M/F Edu: Job: Date(/ /)

Cord	R#	R.T.	response	Inquiry	Scoring

[그림 2-4] 반응기록지

2. 검사 실시 1: 반응 단계

우리나라에서는 심리검사를 종합(full battery)으로 하는 경우가 많아서 로르샤하만 단독으로 하는 경우가 거의 없는 것 같다. 만약 종합심리검사 내에서 로르샤하를 할 때는 후반부에 하는 것이 좋다. 보통은 감정적인 영향을 적게 받는 지능검사부터 실시하는데, 지능검사에서 모든 소검사의 초반 문항들은 검사의 풀이 방식을 알려주는 쉬운 문항들이어서 수검자의 초반 긴장을 푸는 데 도움이 된다. 과제가 점점 어렵고 복잡해지면서 인지적 피로도가 쌓이면 그다음은 HTP 같은 그림 검사를 통해 분위기를 전환하고, 이렇게 해서 1~2시간 정도가 지나면 수검자의 경계 상태가 많이 풀어진다. 그래서 후반부에 로르샤하를 하면 종합평가 내에서는 가장 방어 수준이 낮은 상태에서 검사를 할 수 있게 된다.

로르샤하 단독으로 해야 하는 상황이라면 검사를 받으러 오는 길은 괜찮았는지, 식사는 잘 했는지, 최근에 별일은 없는지 등과 같이 가볍게 일상적인 근황을 주고받은 다음에 하는 것이 좋다. 다만 이때 대화가 너무 길어지거나 주요 문제로 들어가지 않는 것이 좋다. 수검자가 반응을 편하게 하되, 잘해야 한다거나 어떤 목표를 달성해야 할 것 같은 당위성을 느끼지 않도록 해야 한다. 로르샤하는 솔직함이 중요한 검사이고, 사람들은 마음이 편할 때 가장 솔직하게 반응할 수 있다. 반응은 실제보다 과도하게 드러나도 안 되고 실제보다 약하게 나와도 안 된다. 최대한 수검자 자신의 모습이 있는 그대로 드러나게 해야 한다.

1) 반응 단계

이제 로르샤하 실시의 첫 번째 단계인 '반응 단계'를 알아보겠다. 테이블을 사이에 두고 수검자와 마주 본 상태에서 I번 카드 윗부분이 위로 가게 해서 수검자에게 건네면서 "**양손으로 잡아 주세요.**"라고 한다. 수검자가 양손으로 카드를 잡으면 바로 이어서 "**그림이 무엇처럼 보이는지 말해 주세요.**"라고 하고, 바로 초시계의 시작 버튼을 누른다. 그리고 카드를 건네줄 때는 바닥에서 7~8cm 정도 위로 띄워서 주어야 한다. 카드를 꼭 좌우로 회전해서 봐야 하는 것은 아니지만 카드를 돌려 보고 싶은 사람은 충분히 돌려 볼 수 있도록 여지를 주기 위한 것이다. 띄워 주는 것 자체가 '돌려 보려면 돌려 봐도 되고 아니면 그냥 봐도 됩니다.'라는 의도를 암묵적으로 전달하는 것이다.

[그림 2-5] 7~8cm 위로 띄워서 주는 사진

만약 수검자가 '박쥐'라고 반응하는 데 5초가 걸렸다고 하자. '5초 89'라고 100분의 1초까지 쓰는 경우가 있는데, 초 단위까지만 쓰면 된다. 대부분은 반응하는 데 10~20초 정도의 시간이 걸리는데, 1분을 넘어가면 "**다음 카드를 보여 드릴게요.**"라고 하면서 자연스럽게 다음 카드를 보여 주면 된다. 이때도 검사자는 '반응은 못할 수도 있고, 그것은 별 문제가 되지 않으며 그냥 다음 카드로 넘어가면 된다.'라는 의도가 전달될 수 있도록 편안한 목소리와 자연스러운 동작으로 카드를 전달할 수 있어야 한다. 1분이 넘어가도록 반응을 하지 못할 때는 수검자가 반응할 것이 없으면서 자존심으로 버티는 경우가 많고, 이러한 긴장 상태를 유지하는 것은 수검자를 민망하게 만들어서 수치심과 불만이 높아지기 쉽다. 자연스럽게 이 민망한 상황을 넘어가면 수검자의 스트레스를 줄일 수 있고, 불필요한 시간 낭비를 하지 않아서 검사자의 피로도도 줄일 수 있다.

로르샤하의 모든 지시는 '꼭 해야 하는 건 아니지만, 해 보려는 생각이 들면 마음대로 해 봐도 된다.'라는 정도의 의도를 암묵적으로 전달할 수 있어야 한다.

그리고 '**그림이 무엇처럼 보이는지**'라는 지시 내용은 절대 바뀌면 안 된다. '그림이 어떻게 보이는지' '무엇으로 보이는지'와 같은 작은 변화도 검사자 스스로 허용하면 안 된다. '그림이 무엇처럼 보이는지'라는 지시는 '이 그림은 사실 어떠한 구체적인 정답이 있는 대상을 묘사한 것이 아닌 데칼코마니로 찍어 낸 우연적이고 이상한 형태의 그림인데, 그래도 잘 보면 우리가 알고 있는 구체적인 형태가 있는 대상들과 비슷한 면이 있는 경우가 있으니 시각적 형태가 비슷한 대상을 말하면 됩니다.'라는 의미를 함축하고 있다. 로르샤하는 형태가 명확하지 않은 애매한 그림을 형태가 명확한 대상으로 바꾸어야 하는 문제해결 과제이며, '(무엇)처럼'이라는 조사가 이러한 의도를 가장 간단하고 명확하게 전달한다. '어떻게' '무엇으로' 등으로 바꾸면 로르샤하의 지시가 바뀌는 것이기 때문에 제대로 된 검사를 했다고 볼 수 없다. 로르샤하 반응 단계에서 검사자가 할 말은 오로지 '**그림이 무엇처럼 보이는지 말해 주세요.**' 하나밖에 없다. 그리고 반응기록지에 카드 번호 'I', 반응 번호 '1', 반응 시간 '7″', 반응내용 '늑대'라고 기록하면, 반응 단계에서 반응 1개의 기록이 끝난다([그림 2-6] 참조).

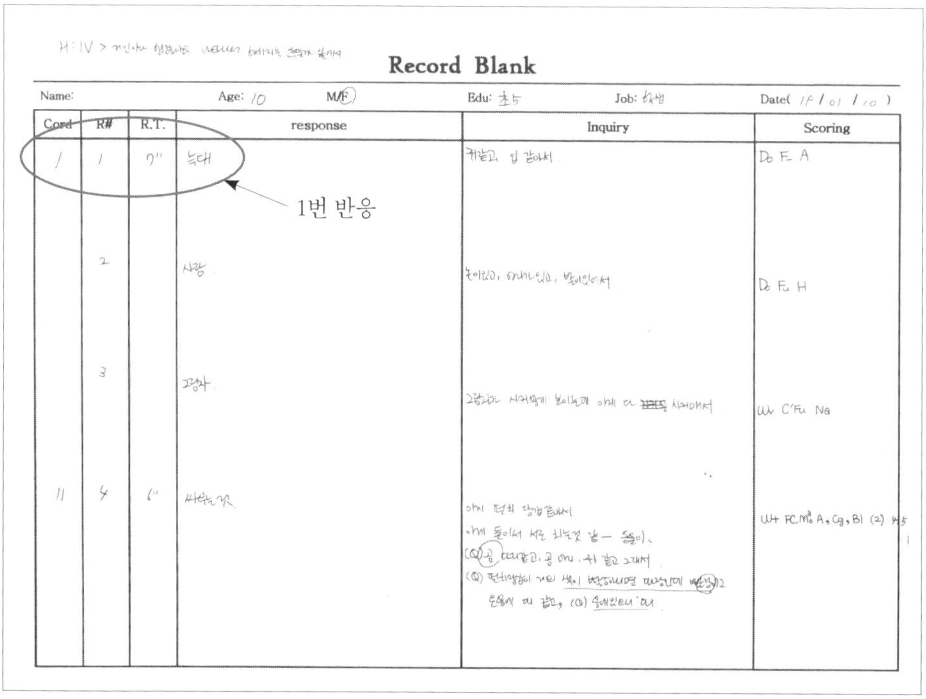

[그림 2-6] 반응 단계에서 반응기록지 기록 사례

보통 반응기록지 1장에 4~5개 정도의 반응을 쓴다. 그리고 반응 단계에서의 반응은 각 반응 하단에 여유 공간을 두고 다음 반응을 기록하는 것이 좋다. [그림 2-6]에서 볼 수 있는 것처럼 질문(inquiry) 단계에서는 통상적으로 더 많은 내용을 기록해야 하기 때문에 더 많은 공간이 필요하다. 그리고 반응 번호는 카드에 상관없이 I번 카드 첫 반응이 1번이고, 이후에는 순서대로 번호가 커진다. [그림 2-6]을 보면 I번 카드에서 3개 반응을 한 다음에 II번 카드 첫 반응의 번호는 1번이 아닌 4번이 된다.

수검자들은 질문이나 확인 없이 그냥 카드를 돌리기도 하고, 돌리기 전에 "카드를 돌려 봐도 되나요?"라고 묻기도 한다. 이때는 **"그렇게(또는 편하신 대로) 하셔도 됩니다."**라고 하면 된다. 수검자가 카드를 돌리는 것이 더 좋다거나 안 돌려도 된다거나 하는 식의 압력을 느끼지 않도록 편안한 표정과 말투로 가볍게 말하는 것이 좋다. 카드를 공중에 약간 띄워서 건네주는 것, 카드를 돌릴 때 자연스럽게 바라보고 있는 것, 카드 회전을 해도 되는지 구두로 확인할 때 허용해 주는 것 등의 행동은 모두 '회전을 하려면 해도 되지만, 회전하지 않아도 아무 문제가 없습니다.'라는 의도를 수검자에게 자연스럽게 전달한다.

보통 수검자들은 첫 반응을 "뭐…… 박쥐 같아 보이는데요."와 같이 간단하게 말한 다음에 잠깐 기다린다. '무엇처럼 보이는지' 대답을 했으니 더 이상 무엇을 해야 한다고 생각하지 않고 검사자의 다음 지시를 기다리는 것이다. 반응의 수에 있어서 20개를 볼 수 있는 사람은 편하게 20개를 말하게 하고, 40개를 볼 수 있는 사람은 편하게 40개를, 10개만 볼 수 있는 사람도 편하게 10개를 말할 수 있도록 해야 한다. 그런데 대부분의 검사 상황에서는 수검자가 수동적인 태도를 보이는 경우가 많아서, 검사 초반에 수검자의 자율성에 너무 맡겨 버리면 자신이 할 수 있는 반응 수만큼 잘 반응하지 못하는 경우가 많다. 그래서 첫 번째 반응을 한 다음에 바로 이어서 다른 반응을 하지 않으면, 1~2초 정도 기다렸다가 **"혹시 보이는 다른 게 또 있으세요?"**라고 두 번째 질문을 하는 것이 좋다. 여기서는 '혹시'라는 단어와 검사자의 말투가 중요하다. '더 보이는 게 있으면 말하면 되고, 없으면 편하게 없다고 하면 된다.'라는 의도가 전달되어 수검자가 본 것을 가감 없이 반응할 수 있을 정도의 적당한 부담을 줄 수 있어야 한다.

I번 카드는 오리엔테이션으로, 앞으로 9개 카드를 어떻게 다루어야 하는지 알려주는 역할도 한다. 그래서 너무 개방적이기보다 조금은 지시적일 필요가 있다. "사람이요."라고 두 번째 반응을 하고 나서 수검자가 또 아무 말 없이 가만히 있다면, 두 번째 질문보다 더 가벼운 톤으로 **"더 있으세요?"**라고 지나가듯이 확인하는 세 번

째 질문을 한다.

- 반응 단계 I번 카드에서의 질문
  - 첫 번째 질문: "그림이 무엇처럼 보이는지 말해 주세요."
  - 두 번째 질문: (조금 가벼운 말투로) "혹시 보이는 다른 게 또 있으세요?"
  - 세 번째 질문: (조금 더 가벼운 말투로) "더 있으세요?"

[그림 2-7] I번 카드를 바닥에 내려놓는 사진

수검자가 언제든 더 이상 반응할 것이 없다고 언어적 또는 비언어적으로 의사를 표시하면 검사자가 카드를 잡아서 바로 아래로 내리면 된다. 이때 카드를 잡아서 카드의 윗부분을 검사자 쪽으로 기울이면서 그림이 위에서 보이도록 바닥에 내려놓으면 된다. 이 상태로는 그림이 수검자에게 보이지만, II번 카드를 수검자가 양손으로 잡으면 아래에 있는 I번 카드는 가려서 보이지 않고, 대개는 새로운 카드를 보느라고(충분히 호기심을 끌 만큼 이상한 그림이기 때문에) 아래 카드에 신경을 쓰지 않는다([그림2-7] 참조). 카드의 그림을 보여 주지 않아야 한다는 생각에 굳이 카드를 멀리 놓으려고 하거나 그림을 가리려고 추가적인 행동을 하는 것이 오히려 수검자를 더 불편하게 할 수 있다. 검사자가 일련의 과정을 익숙하고 자연스럽게 수행하면, 수검자가 편하게 잠재력을 발휘할 수 있다.

검사자가 I번 카드를 잡아서 내려놓은 다음에는 II번 카드를 제시하면서 "**이번에도 무엇처럼 보이는지 말씀해 주시면 됩니다.**"라고 다시 같은 지시를 한다. 이번에는 수검자가 반응을 하나 한 다음에 I번 카드에서보다는 조금 더 기다린다. 대개는 검사자가 기다리면 더 말해야 한다는 것을 인식하고 (할 반응이 있는 경우에) 스스로 두 번째 반응을 한다. 조금 더 기다려도 두 번째 반응을 하지 않으면 "**다 보셨나요?**"라고 가볍게 물어보면 된다. 이렇게 하면 I번 카드에서는 복수의 반응을 해야 하는지 아직 확신을 갖지 못했던 수검자가 '아~ 할 수 있으면 반응을 여러 개 하는 거고, 없으면 안 해도 되겠구나.'라고 좀 더 확실하게 알 수 있다. II번 카드까지의 과정을 잘 마치면, III번 카드부터는 카드만 보여 주고 추가 반응이 있는지 더 이상 물어보지 않아도 수검자가 자신의 잠재력만큼 반응하게 된다.

• 반응 단계 II번 카드에서의 질문
  –첫 번째 질문: "이번에도 무엇처럼 보이는지 말씀해 주시면 됩니다."
  –두 번째 질문: (조금 가벼운 말투로) "다 보셨나요?"

반응 시간은 [그림 2-6]에 나오는 것처럼 각 카드의 첫 번째 반응에만 기록하면 된다. 각 카드는 수검자에게 각기 다른 스트레스 상황을 주기 때문에, 각 카드에서 첫 번째 반응이 나오는 시간은 각기 다른 스트레스 상황에 대한 수검자의 준비 상태를 알려 주는 중요한 정보가 된다. 그러나 각 카드의 두 번째 반응부터는 반응 시간에 영향을 주는 요인이 너무 많기 때문에 명확한 해석이 어렵고, 굳이 그 해석이 필요하지도 않다. 어느 한 카드에서 수검자가 첫 반응을 5초 만에 하고 나서 35초에 두 번째 반응, 65초에 세 번째 반응을 한 경우와 첫 반응을 30초 만에 하고 나서 35초에 두 번째 반응, 38초에 세 번째 반응을 한 경우는 해석이 다를 수 있겠지만, 이렇게 한 카드 내에서 반응 간 시간 차이를 해석해야 하는 경우는 거의 없고, 시간 차이가 크게 나는 경우는 굳이 시간을 측정하지 않아도 시간 차이를 인식할 수 있다.

이와 같이 각 카드별로 카드 번호, 반응 번호, 반응 시간, 반응내용 등을 작성하면서 X번 카드까지 반응을 받아 내면 반응 단계가 끝난다. 그리고 앞서 말한 대로 반응이 끝난 카드는 그대로 아래로 내려서 X번 카드까지 쌓아 놓았기 때문에 전체 카드 더미를 뒤집으면 이어지는 질문 단계에서 바로 사용하기 쉽게 I번 카드의 뒷면이 위로 가게 순서대로 쌓이게 된다.

카드 회전은 삿갓모양(∧)으로 표시하고, 이 모양의 뾰족한 부분을 카드의 윗부분으로 본다. 따라서 삿갓모양(∧)이 정방향이다. 카드를 왼쪽으로 90도 돌리면 '<'가 되고, 한 번 더 왼쪽으로 90도 돌리면 '∨(역방향)'가 되고, 한 번 더 왼쪽으로 90도 돌리면 '>', 한 번 더 왼쪽으로 90도 돌리면 ∧모양으로 정방향이 된다. 회전 없이 정방향으로 보는 경우가 가장 많고, 좌우 90도 돌린 방향보다는 180도 회전인 역방향이 그다음으로 많다. 카드 뒷면에 로마자로 번호가 있고 번호가 있는 쪽이 그림의 윗면이기 때문에, 수검자가 카드를 돌릴 때 맞은편에 있는 검사자는 카드 뒤에 있는 로마자 숫자를 통해서 회전의 방향을 확인할 수 있다.

회전은 반응내용 영역에 회전 순서를 알 수 있게 순서대로 표기한다. 수검자가 일단 카드를 받고 나서 정방향으로 보다가 왼쪽으로 90도 돌리고, 다시 오른쪽으로 90도 돌린 다음 "사람이요."라고 반응했다면, '< ∧사람'이라고 표시를 한다. 해당 카드에서 회전 없이 반응을 마쳐서, 정방향으로 주어진 상태 그대로라면 굳이 ∧ 표시를 하지 않기 때문에 이후에 회전이 있더라도 초기 반응이 정방향(∧)이었다는 것은 기록하지 않는다. 로르샤하는 반응기록지에 쓰인 내용만 보고 검사자가 어떤 순서로 검사를 진행했는지 모두 파악할 수 있어야 하는데, 회전 방향표시는 평범반응, 형태질 등의 채점에 직접적으로 영향을 주고 회전하는 행위 자체가 해석적 의미를 가지기 때문에 카드를 준 다음에는 눈을 떼지 말고 계속해서 수검자의 행동을 관찰해야 한다.

마지막으로, 로르샤하는 앞 카드가 뒤 카드에 영향을 주고, 앞에서 한 반응이 뒤에 나오는 반응에 영향을 준다. 그리고 수검자 자신이 한 말뿐만 아니라 검사자가 사소하게 한 말도 영향을 줄 수 있다. 따라서 실시지침을 분명하게 숙지해서 중간에 방해가 될 만한 요소를 최대한 줄이는 것이 좋다.

2) 돌발상황

검사 진행을 방해하는 돌발상황들이 생길 수 있다. 검사를 시작하기도 전에 발생하는 대표적인 상황은 수검자가 이전에 검사를 해 본 적이 있다고 스스로 말하는 경우이다. 꼭 검사를 하기 때문이 아니라, 심리상태에 대한 면담을 할 때는 기본적으로 이전에 상담 및 심리검사를 한 적이 있는지를 확인해야 한다. 검사를 했다면 어떤 형식의 검사를 했는지 검사를 시작하기 전에 미리 알고 있어야 한다. 그러나 이를 미리 알지 못한 채 검사를 진행하는 경우도 있을 수 있다. 보통 로르샤하 검사를 실시하기 전에 검사자가 먼저 로르샤하를 이전에 한 적이 있는지를 물어볼 필요는 없다. 내담자가 기억을 하고 있더라도(보통 내담자들은 검사에 전문가들처럼 민감하지 않다) 한 번 더 말해서 굳이 과거의 기억을 떠올릴 필요가 없고, 기억을 하지 못하고 있다면 그대로 두는 것이 현재의 심리상태를 반영한 투사의 활성화를 위해서는 더 낫다. 내담자가 "나 이거 해 봤어요."라고 말해도 당황할 필요는 없다. **"아, 그러세요. 크게 상관없으니까요. 지금 보이는 대로 그냥 말씀하시면 됩니다."**라고 하면 된다. '굳이 과거의 반응을 기억해서 말하지 않아도 된다.'라는 의도를 전달하는 것이다. 심리학에 대한 지식이 널리 퍼지다 보니 투사적 검사를 알고 질문하는 경우("이거 이전에 해 봤는데 다시 해도 되는 건가요?")도 있다. 제대로 검사가 되지 않을까 봐 걱정하는 것인데, 로르샤하의 반응은 큰 틀에서 잘 바뀌지 않으며, 이는 수검자의 기본적인 심리적 특성이 쉽게 바뀌지 않는다는 것을 뜻한다. 그럴 때는 **"크게 상관없습니다."**라고 말하면 된다.

다음 돌발상황은 검사 도중에 생길 수 있는 수검자의 다양한 반응이다.

"이런 검사는 도대체 왜 하는 건가요?"
"이건 못하겠는데요."
"이거 저번에 해 봤는데요."
"보고 생각나는 걸 말하면 되나요?"
"생각나는 게 없어요."
"뭘 말하라는 건지 모르겠어요."

이 발언들을 통해서 수검자들이 하고자 하는 말은 무엇일까? 표현은 다양하지만 모두 애매하고 괴상한 그림에 어떻게 반응해야 할지 모르는 상황에서의 불안을 나타내는 것이다. 투사적 검사가 불편한 사람들은 그 불편감만큼 감추는 게 많고 남에게는 의심이 많은 사람들이다. 그리고 이러한 사람들은 대개 자존감이 매우 낮다. 검사자는 수검자에게 걱정할 필요가 없다는 것을 전달해야 한다. 자존감이 떨어져서 위로를 받으려고 상담에 왔는데 애매한 스트레스 상황을 주는 것이 수검자에게는 공격하는 행위로 느껴질 수 있다. 공격받는 느낌을 받을 수 있다는 것을 공감해 주면서, '공격하는 것이 아니고 도와주려는 것이니 편하게 반응해 달라.'라는 의도가 전달되어야 한다. '안 보인다.'라는 수검자의 마음을 수용하면서 자연스럽게 다시 볼 수 있는 기회를 주어야 한다.

차분한 어조로 "**그림이 좀 어렵죠. 그냥 무엇처럼 보이는지 말씀하시면 됩니다.**" 라고 하면 "…… 아…… 박쥐……?" 정도의 단순한 반응이 나올 수 있다. 걱정은 하면서도 용기를 내어 가능한 대답을 한번 해 보는 것이다. 이에 대해 검사자가 고개를 끄덕이면서 "**네, 그렇게 하시면 됩니다.**"라고 하고 '박쥐'를 반응기록지에 받아 적으면, 이 모습을 보고 수검자는 안심하고 자신이 앞으로 해야 할 일이 '애매한 그림을 보고 비슷한 형태의 대상을 말하는 것'임을 인식할 수 있다. 만약 이 정도의 대응에도 반응을 보이지 않으면, 자연스럽게 "**다음 카드 한번 보세요.**"라고 하면서 다음 카드를 계속 제시하면 된다. 아무리 반응이 적어도 10개 카드 중에서 보통 2~3개 카드에서는 반응을 하게 되고, 이때는 반응을 하지 못한 카드들에서 '반응을 못 하겠다고 결정하는 데 걸린 시간'과 반응한 2~3개를 가지고 수검자의 심리상태에 대한 해석을 할 수 있다. 로르샤하는 이러한 해석이 가능한 검사이다.

돌발상황에 반응할 때, 검사자는 서비스센터나 콜센터 직원과 같은 마음으로 대응하면 된다. 서비스센터에 가는 사람들은 대개 화가 많이 나 있다. (물론 알고 보니 단지 코드를 안 꽂았다는 것을 알고 돌아오기도 하지만) 물건을 산 지 1주일밖에 안 되었는데 고장이 나니 화가 날 수밖에 없다. 작정하고 화를 내러 가는 사람들에게 직원들이 하는 행동을 한번 생각해 보자. 서비스센터 직원들은 고객의 불만을 적당히 미소 띤 얼굴로 잘 들은 다음에 "불편하셨겠어요. 5번 창구로 가시면 됩니다."라고 한다. '힘든 건 잘 알겠습니다. 그런데 당신이 할 일은 여기서 불만을 토로하는 게 아니라 5번 창구로 가서 물건을 고치는 겁니다.'라는 의도를 전달하는 것이다. 고객의 불편감은 제품이 고쳐지면 해소되고, 수검자의 불편감은 불안이 감소되고 자기가 수용될 때 해소된다.

3) 2차 시행(재시행)

반응 단계의 1차 시행에서 I번부터 X번 카드까지 다 보여 주었는데 총 반응 수가 14개가 되지 않으면 2차 시행을 해야 한다. 반응 수가 13개 이하일 때는 다시 해야 한다는 말이다. 로르샤하의 모든 점수가 정리되어 있는 구조적 요약에는 계산식을 통해 나온 점수들이 있는데, 총 반응 수가 적으면 이러한 점수들의 신뢰도가 떨어질 수밖에 없다.

Exner(2006)는 "반응이 너무 적어서요." "보통 사람들은 지금 하신 것보다 더 많은 반응을 합니다." 등의 말을 할 것을 제시하고 있지만, 이는 효과적이지 못하다. 이런 말들은 (자아 강도가 약화되어 있는) 수검자에게 어떤 방식으로든 부담을 줄 수 있다. 자연스럽게 (표정으로도 부담을 주지 않으면서) "**다시 한번 보여 드릴게요. 아까는 안 보였는데 다시 보니 보이는 게 있으면 말씀해 주시고요. 없으면 카드를 내려놓으시면 됩니다.**"라고 수검자가 해야 할 행동이 무엇인지를 설명하면 된다. 1차 시행에서 반응이 적은 사람들은 2차 시행에서도 보통 반응 수가 많이 늘어나지 않지만, 1차 시행에서 3개 반응을 했는데 2차 시행에서 4개를 추가로 더 반응하면 해석의 타당성은 훨씬 더 높아진다. 대개 1차 시행에서 10~13개 정도를 반응한 사람들은 2차 시행에서 2~3개의 반응을 더 하는 데 그치는데, 오히려 1차 시행에서 3~4개의 적은 반응을 한 사람들이 2차 시행에서 그보다 훨씬 많은 10개 정도의 반응을 하는 경우도 있다. 늦게나마 평가에 대한 긴장감이 풀린 것이다.

공식적으로는 1차 시행의 반응과 2차 시행의 반응을 합쳐서 반응 번호를 다시 정리한다. 1차 시행에서 1번 반응이 'I번 카드 박쥐', 2번 반응이 'II번 카드 괴물'일 때 2차 시행에서 'I번 카드 나비'라는 추가 반응을 했다면, 이때 'I번 카드 나비'가 2번이 되고 'II번 카드 괴물'이 3번이 된다. 그러나 해석에 있어서는 1차 시행과 비교해서 2차 시행에서 유난히 반응의 질이 더 좋아지거나 더 나빠질 수 있기 때문에, 구분해서 알고 있어야 한다. 기본적으로는 1차 시행에서의 반응이 수검자의 가장 기본적인 대처 방식을 말해 주기 때문에 1차 시행에 더 의미를 실어서 해석해야 한다. 2차 시행에서는 이미 훨씬 더 많은 것이 반응에 영향을 주기 때문이다.

절대적으로 총 반응 수가 14개 이상이 되지 않는다고 해서 구조적 요약표를 작성하지 말아야 하는 것은 아니다. 통계에서 유의미한 결과가 나오기 위해서 필요한 적정 사례 수가 있는 것처럼 총 반응 수가 적으면 계산을 통해 나온 점수의 신뢰도는 떨어지는 것이 보통이지만, 반응 수가 아주 적더라도 특정 반응의 비율이 중요한 정보를 주기도 한다. 총 반응 수는 10개에 그치지만 10개 반응 중에서 7개가 −형태질이라면 X−%=0.70은 수검자의 사고장해를 의심할 만한 충분한 근거가 될 수 있다. 또 10개 반응 중에서 사람반응(H)이 5개라면 역시 그 자체로 사람에 대한 관심이 매우 많다는 것을 알 수 있다.

로르샤하에서는 많은 것이 가능하다. 20개를 반응할 수 있는 수검자에게 10개밖에 반응을 끌어내지 못한 것은 검사자의 미숙함 때문이지만, 10개의 반응은 검사자의 미숙한 검사 운영까지 고려한 수검자의 반응이기 때문에 반응 수가 적더라도 당황하지 말고 주어진 자료에 집중하면 충분히 해석할 수 있다. 물론 이는 어쩔 수 없는 사후대책이고, 장기적으로는 검사자가 숙련된 모습으로 제대로 검사를 진행할 수 있어야 한다.

3. 검사 실시 2: 질문 단계

질문 단계에서는 '위치'와 '결정인'을 우선적으로 확인해야 한다. 그리고 다른 채점 기호들은 이 과정에서 자연스럽게 채점이 이루어진다. 질문 단계의 궁극적 목적은 반응 단계에서 수검자가 한 언어반응들을 기호화할 수 있는 언어적 근거를 마련하는 것인데, 기호화가 잘되어야 구조적 요약을 완성할 수 있다. 정확한 기호화를 위해서는 수검자가 본 내용 그대로를 검사자가 볼 수 있어야 하고, 수검자가 설명할 수 있도록 검사자가 잘 이끌어야 한다.

• 로르샤하 자극의 처리 순서
언어반응('사람 1명이요.') → 기호화(H) → 점수화(H=1)

1) 반응 영역 확인

질문 단계에서 가장 먼저 확인해야 하는 것은 반응 영역이다. I번 카드를 정방향으로 수검자의 앞에 내려놓고(이번에는 수검자가 카드를 손으로 잡을 필요가 없다) **"아까 박쥐라고 하셨는데, 그림의 어느 부분이 박쥐로 보였는지 이렇게 테두리를 한번 해 보시겠어요?"**라고 하면서 박쥐로 보일 수 있는 부분과 비슷하지만 영역과 모양을 조금 다르게 하여 형태를 그린다. I번 카드에서 '사람'을 봤을 때, 사람으로 많이 보는 D4 영역(형태질 기준표를 보면 각 영역의 기호가 나와 있다)의 외곽을 정확하게 손가락으로 두르는 것은 좋지 않다. 검사자가 테두리를 그려 주는 것은 영역 확인 방식을 안내하기 위함인데, 예상되는 영역을 너무 정확하게 테두리 표시를 하면 수검자가 같은 영역을 봤든 아니든 간에 정확하게 영역을 지정해야 한다는 부담을 느낄 수 있다. 애매하지만 그럴듯하게 영역 지정을 하면 영역이 '맞는지 틀리는지'에 너무 집착하지 않게 되고, 자신이 본 영역을 검사자에게 알려 주는 것에 초점을 맞춰 테두리를 표시하게 된다.

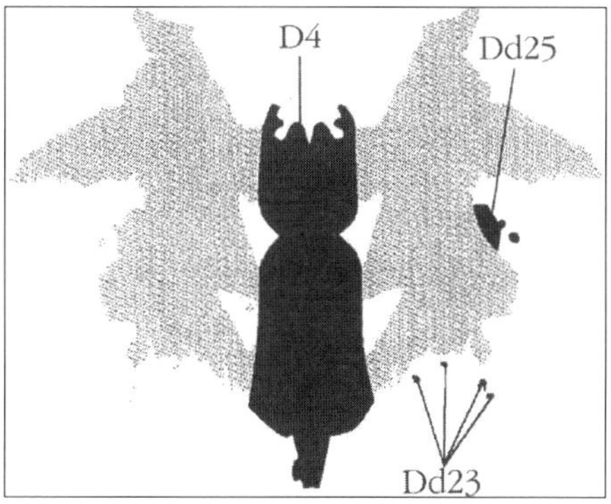

I번 카드 D4

2) 결정인 확인

결정인은 질문 단계에서 가장 중요하고 어려운 부분이다. 이를 확인하기 위해서는 **"그림의 어떤 점 때문에 박쥐처럼 보였는지 말씀해 주시겠어요?"**라고 하고, 수검자가 반응한 내용을 반응기록지의 질문 영역에 기록하면 된다. 결정인을 확인하는 질문은 이것 하나면 족하다. 다른 어떤 변형도 하지 않는 게 좋다. 번역된 지시문이 나오기도 하는데(Exner, 2006), 그대로 하면 추가적인 설명을 해야 하는 경우가 많고 로르샤하에서는 추가적인 발언 내용이 오히려 잉크 반점 그림에 대한 수검자의 집중을 방해한다. '모양 때문에 그렇게 보였나요? 색깔 때문인가요?' 등의 순진한(naive) 질문을 하고 싶어질 때가 있지만, 오로지 질문 방식은 **'그림의 어떤 점 때문에 ○○처럼 보였는지 말씀해 주시겠어요?'** 단 하나밖에 없다.

질문 단계에서 수검자가 충분한 대답을 하지 못할 수 있다. Exner(2006)는 '당신이 본 것처럼 볼 수가 없군요.'라는 지시를 제시하지만 이는 다분히 서양식 말투이고, 우리나라에서는 자칫 비난이 될 수 있다. 따라서 **"그림의 어떤 점 때문에 박쥐처럼 보였는지 ○○ 님이 보신 것처럼 제가 볼 수 있게 설명해 주시면 됩니다."**라고 서술식으로 말하면 된다. 또한 반응을 하지 못하고 있는 상황에서 2~3번 같은 질문을 하면 수검자의 스트레스가 너무 커질 수 있고, 지금 보고 있는 카드에서 받은 스트레스는 다음 카드에도 영향을 준다. 스트레스를 최소화하기 위해서 수검자가 반응을 하지 못할 때는 매뉴얼에 따라 당연한 듯 가볍게 다음 카드로 넘어갈 수 있어야 한다.

수검자의 시각에서 반응을 결정하게 된 시각적인 이유(근거)를 결정인이라고 한다. '그림의 어떤 점 때문에'라고 명확하게 반복적으로 지시할 때 수검자는 그림의 시지각적 특성을 통해 반응하라는 의도를 전달받을 수 있다. 결정인의 종류는 형태, 유채색, 무채색 등 매우 다양하다. 구체적인 내용은 제3장 '각 기호의 채점'에서 설명하도록 하고, 여기서는 결정인을 알아내는 실시상의 방법을 설명하려고 한다.

> 결정인: 수검자의 시각에서 반응을 결정하게 된 시각적인 이유(근거)

결정인에서 가장 비중을 많이 차지하는 것은 형태와 색깔(유채색, 무채색)이다. 검은색(색깔)이어서 박쥐로 본 것인지 또는 생긴 모양(형태) 때문에 박쥐로 본 것인지를 질문을 통해서 가려내야 한다. 결정인 중에서는 형태(F)가 기본값(default)이다. 이는 명확하게 어떤 결정인을 나타내는 반응이 나오면 그 결정인으로 표기를 하지만, 형태를 비롯하여 어떠한 결정인도 명확하지 않다면 기본적인 결정인을 형태(F)로 한다는 것이다. 검사자가 대표적으로 결정인을 묻는 질문을 했음에도 불구하고 수검자가 "뭐, 그냥 박쥐 같은데요."라고 대상의 명칭만 반복한다면 그냥 형태를 본 것으로 간주하고 F라고 표기한다.

만약 "생긴 게 박쥐고 색깔이 검네요."라고 했다면 이대로 기록한다. 반응 단계와 질문 단계에서 나온 수검자의 언어반응은 모두 다 받아써야 한다. 양이 많을 때는 받아쓰기가 부담스러울 수 있지만, 검사의 속도를 수검자가 아닌 검사자 자신에게 맞추면 부담이 줄어든다. 수검자가 말이 많아서 쓰기가 버겁다면 잠깐 멈췄다가 말하도록 요청할 수 있다. "**잠깐만요.**"라고 말해서 멈추고 나서 내용을 다 쓴 다음에 "**계속 말씀해 주시겠어요**?"라고 하면 된다.

수검자가 "모양이 박쥐예요."라고 하면 형태가 결정인이 된다. '모양'이라는 단어를 사용하지 않고 "(손으로 형태를 그리면서) 여기가 이렇게 된 게 박쥐네요."라고 하면 이러한 반응도 형태가 결정인이다. 형태가 근거라는 것을 행동으로 보여 준 것이다. "박쥐인데…… 색이 검네요. …… 그리고 생긴 것도 그렇네요."라고 하면 형태(F)도 보고 색깔(C')도 본 것이다. F와 C'가 있을 때는 수검자가 더 강조한 것을 앞에 두는데, 보통은 먼저 말한 것에 강조점이 있게 된다. 이 경우에는 C'F로 하면 된다.

결정인 중 색깔반응은 또다시 무채색인지 유채색인지 그 종류를 결정해야 한다. "색깔 때문에요."라고 했을 때는 "**색이 어떤데요**?"라고 추가질문을 하면 된다. 그러면 '색이 검네요.(C')' '여기가 빨개서요.(C)' '색이 흐려서요.(Y)' 등 기호화가 가능한 반응들이 나온다. "컬러예요? 흑백이에요?"라고 물어보고 싶은 유혹에는 잘 버텨야 한다. 이 질문은 꼭 어느 한쪽으로 결정해야 한다는 부담을 줄 수 있는 유도질문이다. 간혹 무채색 카드를 보고 유채색 반응을 하기도 하고(Color Projection: CP) 그 반대도 가능하다(F). I번 카드를 보고 '보라색 하늘'이라고 했을 때, 검사자가 놀란 모습을 보이거나 색깔을 너무 확인하려고 하면 안 된다. (무채색이든 유채색이든) 색깔을 봤는지는 확인해야 하지만 색이 정말 맞는지는 확인 대상이 아니다. 그리고 로르샤하에서 수검자가 '색깔'이라는 단어를 언급하는 것은 자기 스스로 색깔을 봤다는 것을 뜻한다.

'연기'라는 반응에서는 색깔(무채색)을 봤을 것이라고 짐작할 수 있다. 그래도 "흑백 때문이에요?"라고 직접적으로 물어보면 안 된다. 질문 단계에서는 시종일관 "**그림의 어떤 점 때문에 연기 같아요**?"라고 질문의 틀을 유지해야 한다. "뭉게뭉게 올라가잖아요."라고 하면 무생물(연기)의 형태('뭉게뭉게')와 움직임('올라가잖아요.')을 본 것으로, 최종적으로는 m(무생물운동반응)으로 표기한다. 색깔을 직접 언급하지 않았기 때문에 색깔은 채점의 대상이 되지 않고 여기서 질문이 끝나야 하는데, 무채색에 대한 미련을 버리지 못하고 다시 질문을 하고 싶은 유혹이 생길 수 있다. 불필요한 추가질문은 '분명히 당신이 검은색을 봤을 텐데 말을 안 하는 것 같다.'라는 검사자의 주관적인 생각을 그대로 수검자에게 전달하여 무언의 압박을 줄 수 있다.

'**그림의 어떤 점 때문에 ○○처럼 보이나요**?'라는 질문을 끝까지 유지하면서 X번 카드까지의 모든 반응을 확인하면 된다. "왜 그렇게 보이는 것 같아요?"라고 말하고 싶은 유혹이 중간중간에 들지만, 이렇게 질문을 변형해서 하면 수검자가 그림의 시지각적 특징이 아니라 자신의 생각이나 경험 등과 같이 로르샤하의 기호화에 도움이 되지 않는 대답을 할 가능성이 높아진다.

3) 반응 수 조정

대부분의 수검자에게는 그럴 필요가 없지만, 반응 수가 너무 많아서 인위적으로 조정해야 하는 상황이 있다. 좋은 심리검사는 수검자로 하여금 말을 많이 하게 하는 검사이다. 말을 많이 하면 말을 한 만큼의 생각과 감정에 대한 정보를 알 수 있기 때문이다. 물론 로르샤하에서도 반응 수가 많고 수검자의 발화량이 많으면 해석의 타당성이 높아진다. 그러나 통계적으로 (극단치가 포함된) 모집단의 점수보다는 표본의 점수가 집단의 특징을 잘 나타내 주는 것과 마찬가지로, 로르샤하에서도 반응이 지나치게 많으면 (검사자와 수검자 모두) 검사에 들인 에너지에 비해 얻을 수 있는 정보의 효율성은 떨어진다. 대개 20~30개 정도의 반응이면 수검자의 특성을 알아내는 데 무리가 없다. 수검자가 양극성장애를 갖고 있거나 검사과정에서 반응을 많이 해야 한다는 잘못된 압박을 받는 등의 상황에서 반응 수가 불필요하게 많아질 수 있는데, 이런 경우에는 전반적으로 반응의 질적 수준도 떨어진다. 물론 적응 수준이 높은 사람은 반응 수가 많으면서 반응의 질적 수준도 높을 수 있다.

• 반응 수가 많을 때의 상황과 대응 방법

1. I번 카드에서 자발적으로 5개 반응을 하고 나서 멈추지 않고 여섯 번째 반응을 하려고 하면, **"이제 다음으로 넘어가겠습니다."**라고 하고 II번 카드를 건네준다(이 때 '6개 이상은 하면 안 됩니다.'라는 식의 규칙을 명시적으로 말하면 안 된다).
2. II번 카드에서 5개 반응을 하고 더 하려고 하면 중지시키고 III번 카드를 건네준다. 5개 반응 이내에서 멈추면 그냥 둔다.
3. III번 카드에서 4개 반응을 한다(5개 이내 정도의 반응이면 충분하다는 것을 인식했다고 본다).
4. IV번 카드에서 6개를 하면 그냥 두어야 한다(암묵적 지시를 이해하지 못한 것에 대해서 추가적인 압박을 가하지 않는다).

I번 카드부터 시작해서 5개의 반응이 넘을 때마다 연속해서 중지시키는 것은 반응을 너무 많이 할 필요가 없다는 것을 자연스럽게 학습할 수 있게 알려 주는 것이다. 각 카드의 4~5번째 반응들은 앞선 반응들에 비해 해석적 가치가 떨어지고, 처음에 한 1~3개 정도의 반응이 더 중요한 의미를 가지는 경우가 많다.

검사자가 한 카드에서 6개 이상의 반응을 제지한 이후에 수검자가 자발적으로 5개 이하의 반응을 한 것은 (그 이상의 반응을 할 필요가 없다는) 검사자의 지시를 이해했다고 보는 것이다. 그리고 5개 이하로 반응이 줄어든 다음에(더 반응할 필요가 없다는 것을 이해한 다음에) 6개 이상의 반응을 한다면 더 이상 제지하지 않고 그냥 두어야 하는데, 이는 수검자가 암묵적 지시를 받아들이지 못할 정도로 반응을 해야 할 필요성이 있음을 인정하는 것이다. 통제해야 한다는 지침이 전달됐음에도 불구하고 통제가 안되는 것이야 말로 그 사람의 특성을 있는 그대로 드러내는 것이기에 이럴 때는 반응을 모두 받아 내야 한다. 이런 경우 반응 수가 60~70개에 이르기도 한다.

만약 수검자가 한 번도 자발적으로 반응 수를 줄이지 않는다면 X번 카드까지 반응 수 5개에서 계속 중지시켜야 한다. 이 경우에 반응 수를 조정하는 것에 대한 검사자의 암묵적 지시를 받아들이지 못할 정도로 무감각하고 눈치가 없는 것 자체가 중요한 해석의 대상이 된다.

한편, 아동의 경우는 언어 능력이 부족해 다양하거나 복잡한 반응을 하지 못해도 해석에는 크게 문제가 되지 않는다. 1,390명의 정상 아동과 청소년의 연령별 기술 통계치를 조사한 결과에서는 로르샤하 카드에 대한 만 5세의 평균 반응 수가 17.64개였지만(Exner, 2006: 271), 상담 및 병원 장면에 방문하는 미취학 아동들에게 로르샤하를 실시해 보면 반응 수가 10개 정도에 그치는 경우가 많고, 했던 반응도 '안 봤다.' '기억이 안 난다.'라고 하는 경우도 많다. 이는 아이들의 인지적 발달 수준에 따른 것이기 때문에 미취학 아동에게 질문 단계를 제대로 하기 위해서 너무 애쓸 필요는 없다. 질문 단계에서 아동이 반응 자체를 기억하지 못한다고 해서 반응 목록에서 아예 없애기보다는 반응 단계에서의 결과를 가지고 주제적 · 행동적 해석(제7장 참고)을 하면 된다.

4) 핵심단어

질문 단계가 어려운 가장 큰 이유는 '핵심단어'를 고려해야 하기 때문이다. 질문 단계에서 수검자가 검사자의 첫 번째 질문에 대한 대답을 했는데 추가적으로 다른 결정인이 영향을 줬을 가능성을 암시하는 단어(핵심단어)를 말하면, 검사자는 추가적인 결정인의 개입 여부를 확인하기 위해서 핵심단어가 있는지 확인하고 만약 있다면 질문을 해야 한다. 예를 들면, '예쁘다.' '아름답다.' 등은 색깔을 언급하진 않았지만 색깔이 포함되어 있을 가능성이 높다. '복잡하다.' '울퉁불퉁하다.' 등은 입체감을 나타내는 말로 차원(FD 또는 v)이 포함되어 있을 가능성이 높다. '슬프다.'는 감정가가 들어가 있는데 무채색이나 음영이 영향을 줬을 가능성이 있다. 그리고 '서커스' '파티' '피' 등은 색깔, '날아간다.'는 움직임 등이 포함되어 있을 수 있다.

핵심단어: 추가적으로 다른 결정인이 영향을 줬을 가능성을 암시하는 단어

그러면 '예쁘다.'라는 반응이 나오면 "어떤 점이 예뻐 보였어요?"라고 하기 쉽지만, 이 질문은 역시 불필요한 연상을 불러일으킨다. 오로지 그림의 시지각적 특징을 근거로 말해야 한다. 따라서 "**그림의 어떤 점 때문에 예뻐 보였어요?**"라고 해야 한

다. 핵심단어들에 대해서는 모두 똑같이 질문한다. "**그림의 어떤 점 때문에** 박처럼 보이셨어요?" "**그림의 어떤 점 때문에** 싸우고 있는 것 같아요?" "**그림의 어떤 점 때문에** 울퉁불퉁해 보였어요?" "**그림의 어떤 점 때문에** 사나워 보였어요?"

수검자가 핵심단어에 대한 대답을 했는데 또 다른 핵심단어가 나오면 이에 대한 추가질문을 또 하면 된다. 다음 대화에서는 수검자 1의 '우울'에 대해서 무채색(C')과 음영(Y)의 가능성 때문에 추가질문을 했고, 수검자 2의 '튀어나온 것'에 대해서 차원(FD, v)의 가능성 때문에 추가질문을 했다.

검사자 1: 아까 박쥐라고 하셨는데요. 그림의 어떤 점 때문에 박쥐처럼 보였어요?
수검자 1: 여기에 박쥐가 있어요. 날개가 여기예요. 근데 박쥐가 좀 우울해 보여요.
검사자 2: 그림의 어떤 점 때문에 우울해 보였어요?
수검자 2: 검은색이라 그런 것 같아요. 그리고 여기 박쥐 배가 좀 튀어나온 것 같네요.
검사자 3: 그림의 어떤 점 때문에 튀어나와 보이나요?
수검자 3: 여기가 색이 더 흐려서 뒤쪽인 것 같아요.

5) 검사 기록

X번 카드까지 질문 단계가 끝나면 〈표 2-1〉과 같이 반응기록지가 완성되고, 수검자와의 대면 작업은 여기서 끝난다.

〈표 2-1〉 질문 단계까지 진행된 반응기록지

카드 번호	반응 번호	시간	반응	질문	채점
I	1	5″	박쥐	여기가 박쥐예요.	
	2		사람	얼굴, 팔, 다리같이 보여요.	
II	3	22″	곰 두 마리	양쪽에 곰이 두 마리 있어요. 여기가 얼굴 같고.	
	×		피	곰이 서로 싸워서 피가 나는 것 같아요. Q) 그냥요.	
	4		비행기	전체가 비행기 같아요.	
III	5	13″	사람 2명	사람 2명이 서로를 보고 있는 것 같아요.	
	6		원숭이	위에 원숭이 두 마리가 떨어지고 있어요.	

〈표 2-1〉을 보면 반응 단계에서는 '곰'과 '피'를 따로 반응해서 반응 번호를 각각 3번, 4번으로 따로 부여했다. 그러나 질문 단계에서 "곰이 서로 싸워서 피가 나는 것 같아요."라고 하였고, 이로써 곰과 피가 연결되어 있다는 것을 확인하였다. 이때 '피'는 단독반응이 아니기 때문에 반응 번호를 박탈하고 먼저 반응한 곰과 합쳐져서 1개의 반응이 된다. 따라서 '피가 나는 곰'이 3번이 되고, 그 뒤로는 번호를 하나씩 당겨서 써야 한다. 그래서 '비행기'는 5번에서 4번으로 바뀐다.

핵심단어인 '피'가 나왔다. 빨간색을 봤을 가능성이 높아졌고, **"그림의 어떤 점 때문에 피처럼 보였어요?"**라고 다시 질문을 하면서 질문 칸에는 'Q)'로만 표기를 한다. 핵심단어에 대한 모든 질문은 똑같기 때문에 질문을 말한 그대로 쓸 필요는 없다. 그러나 질문을 했고, 그에 대한 대답으로 나온 반응이라는 것도 알아야 하기 때문에 'Q)'로 표식을 남기는 것이다.

6) 한계음미

평범반응(popular response)이라는 것이 있다. 각 카드에서 유독 많은 사람이 한 반응들을 13개로 정리한 것이다. 각 카드마다 1~2개씩 있는데, 표본집단 중에서 3명 중 1명 정도가 해당 카드를 보고 같은 반응을 한 것을 기준으로 선정하였다. 너무 많은 사람이 한 반응이기 때문에 아주 기본적인 반응으로 보는 것인데, 이러한 반응을 하지 않았을 때는 뭔가 이상이 있을 가능성이 높으니 확인해 봐야 한다. I번 카드에서는 전체 영역을 정방향으로 보면서 '박쥐'나 '나비'라고 하면 평범반응을 했다고 하고 P라고 표기한다. 20~25개 정도의 반응을 할 때 4~5개 정도의 평범반응을 한 것을 무난한 수준으로 본다. 그리고 이는 주변 환경을 보는 시각이 동시대의 주변 사람들과 비슷한 수준이며, 관습적이고 무난한 대응을 할 가능성이 높다는 것을 말해 준다.

그런데 20개의 반응 중에서 평범반응이 단 1개에 그친다면, 관습적 대처에 어려움이 큰 것으로 의심해야 하는 상황이다. 심한 정신증적 상태로 인해 현실 판단의 어려움이 클 수도 있고 지능이 낮아서 판단 능력이 떨어질 수도 있지만, 현실 판단이나 지능상의 문제가 없음에도 불구하고, 즉 평범반응을 할 수 있는 능력이 충분히 있음에도 불구하고 다른 반응을 하느라 미처 신경을 못 써서 반응을 하지 못했을 수도 있다. 전체반응 수 대비 평범반응 수가 너무 적을 때는 이렇게 극단적인 해석의 차이가 나타날 수 있기 때문에 한계음미를 해야 한다. 정말 문제가 있는 것인지, 아니면 실수인지를 구분하는 것이다.

평범반응을 가장 많이 하는 카드가 I, III, V, VIII번 카드인데, 사람들이 많이 하는 순서는 조금 달라서 제시는 VIII, III, V, I번 순으로 한다. VIII번 카드의 D1 영역을 보고 네발 달린 포유동물(사자, 늑대 등)이라고 하는 것이 평범반응 중에서도 사람들이 가장 많이 하는 반응이다.

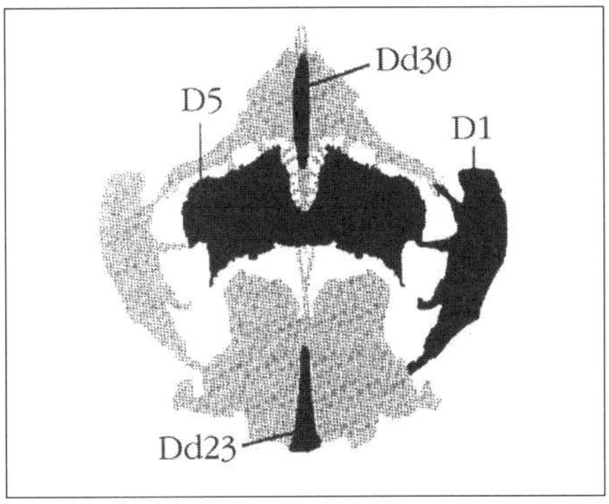

VIII번 카드 D1

사람들이 평범반응을 예상보다 적게 해서 반응 단계와 질문 단계가 끝난 이후 한계음미가 필요한 상황이 되면, 마치 원래 하는 자연스러운 과정인 것처럼 VIII번 카드를 테이블 바닥에 놓고 그림을 보여 준다. 그리고 **"보통 이 카드에서는 호랑이나 사자 같은 걸 보는데요. ○○ 님도 그런 게 보이시나요?"**라고 하면 된다. 이때 사자나 호랑이를 꼭 봐야 한다는 압박이 느껴지지 않도록 편안한 어투로 말하는 것이 중요하다. 수검자가 "(다시 보니까) 호랑이 같은 게 하나 보이네요."라고 할 수도 있고, "보이는데요. 여기 있잖아요."라고 하면서 D1 영역을 손으로 짚을 수도 있다. 이러한 과정을 거쳐서 다른 평범반응들도 할 수 있다는 것을 확인했다면, 관습적 및 객관적 사고에는 별 문제가 없고 오히려 사고가 특이한 사람일 가능성이 있다. 반대로 모르겠다고 하거나 대상을 봤다고 하면서도 다른 영역을 지적한다면, 이는 반응에 실패한 것이어서 관습적 및 객관적 지각에 심각한 문제가 있을 수 있다.

제 3 장

각 기호의 채점

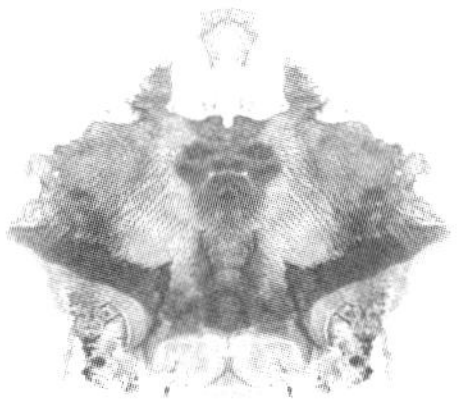

1. 반응 영역

〈표 3-1〉 반응 영역의 기호와 준거

기호	정의	준거
W	전체반응 (Whole Response)	전체 반점이 반응에 사용되고 모든 부분이 다 사용되어야 함
D	일반적인 부분반응 (Common Detail Response)	자주 사용되는 반점의 영역
Dd	특이한 부분반응 (Unusual Detail Response)	드물게 사용되는 반점의 영역
S	공간반응 (Space Response)	흰 공간 영역이 반응에 사용된 경우(WS, DS, DdS처럼 다른 영역기호에 추가해서 사용함)

출처: Exner (2006: 46).

I번 카드에서 "전체가 박쥐예요."라고 해도 전체반응(W)이고, "가운데(D4)가 사

람이고 양쪽(D2)에 곰이에요."라고 해도 전체반응(W)이다. 후자는 3개의 대상을 말했는데 3개를 합쳐서 한 번에 말했고, 3개 영역을 합치면 전체 영역을 모두 포함하기 때문에 전체반응(W)으로 채점한다. 이렇게 로르샤하 그림 전체를 사용하면 전체반응(whole response)이다. 간혹 전체반응인 듯하지만 영역을 지정할 때 특정 부분을 제외하는 경우가 있는데(I번 카드에서 Dd31을 제외한 나머지 전체 영역을 지정), 이런 경우는 대개 Dd가 된다.

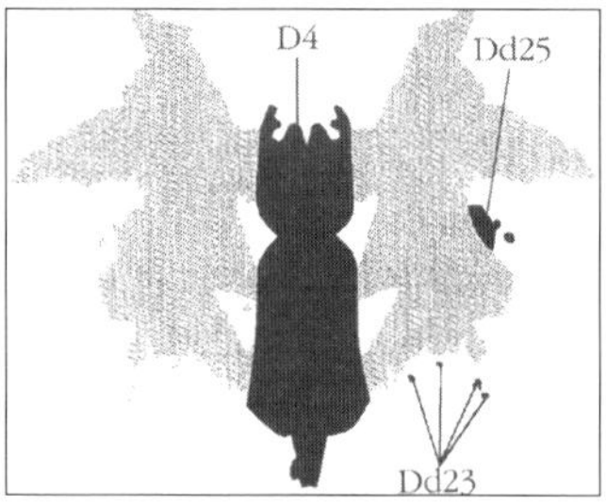

I번 카드 D4

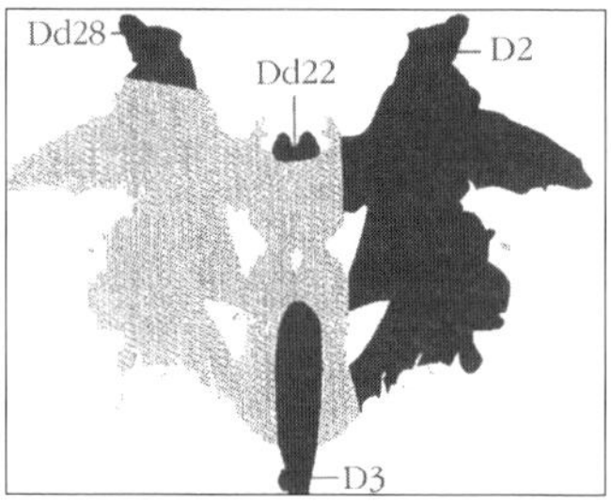

I번 카드 D2

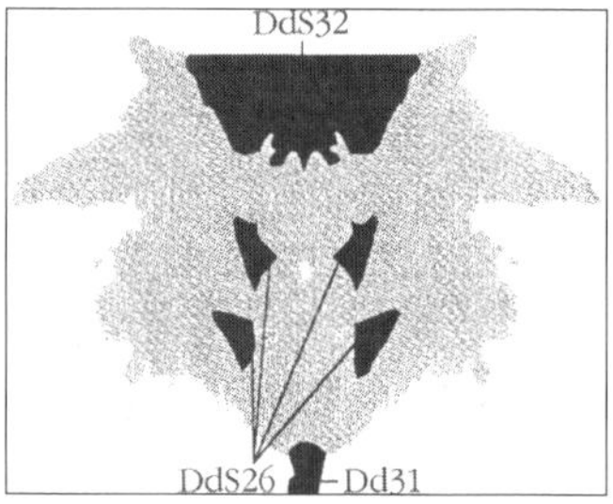

I번 카드 Dd31

전체반응(W)이 아니면 일부분이라는 뜻의 부분반응이라고 하면 되는데, 부분반응은 D와 Dd의 2가지로 나뉜다. D는 일반적인 부분반응(common detail response)이고 Dd는 특이한 부분반응(unusual detail response)이다. 'common'은 대중이 많이 공유하는 반응이라는 뜻이고, 'unusual'은 일상적이지 않은, 특이한 정도의 의미로 받아들이면 된다. 쉽게 말하면, D는 사람들이 많이 하는 부분반응이고, Dd는 사람들이 많이 하지 않는 부분반응이다.

로르샤하의 해석을 따라가면 자연스럽게 로르샤하에서 제시하는 '적응적인 사람'에 대한 이미지가 만들어지는데, 적응의 대표적인 기준은 '적당한 수준에서 많은 사람과 비슷한 생각과 시각을 가지고 있는지' 여부이다. 통상 다른 사람들과 비슷하면 더 적응적이라고 본다. 따라서 D가 더 적응적인 반응이다.

그러면 '사람들이 많이 반응한다.'를 어떻게 정의하는가? Exner(2006)에 따르면, 1만 명 가까운 수검자 데이터를 바탕으로, 이 카드를 본 사람들 중에서 5% 이상이 반응한 영역을 D로 채점한다는 통계적 기준을 가지고 있다. 그리고 5% 미만의 사람들이 반응한 영역은 Dd로 채점한다. 5%는 보통 논문을 쓸 때 유의미한 결과를 산출하는 기준으로 삼는 수치이다. 대개 논문에서 95%은 정상(normal), 5%는 이상(abnormal)으로 구분한다. 로르샤하에서도 통계적으로 5% 이상의 사람들이 반응한 것이라면 보통 사람들이 공유한다고 보기에 무리가 없다고 여기는 것이다. Exner(2006)가 정리한 형태질 기준표를 보면, 각 카드의 영역 표시가 그림과 함께 나와 있다(형태질 기준표는 그 자료가 방대하여 다 싣지 못하였다. 이 책에서는 각 영역이 나올 때 해당 그림을 실었다). D와 Dd는 앞에서 말한 기준에 따라 이미 정해져 있는 것이고, 대부분은 형태질 기준표에서 벗어나지 않는다. 검사자가 쉽게 대상을 파악할 수 있는 반응들은 D인 경우가 많지만, 그래도 확인하는 습관을 들이자.

형태질 기준표에 D로 나오면 무조건 D로 표기하면 된다. 그리고 Dd는 형태질 기준표의 Dd 영역에 더하여 형태질 기준표에서 영역 표시가 되지 않은 영역까지 포함한다. III번 카드에서 "사람(D9)이 냄비(D7)를 들고 있어요."라고 하면서 D9과 D7이 독립된 형태를 가질 때는 반응의 영역 기호를 D로 하면 된다. 그런데 "여기(D9)가 사람이고, 여기(D7)가 이 사람의 손이에요."라고 하면 D9와 D7이 합쳐진 하나의 특이한 영역을 지정한 것이 되기 때문에 Dd가 된다.

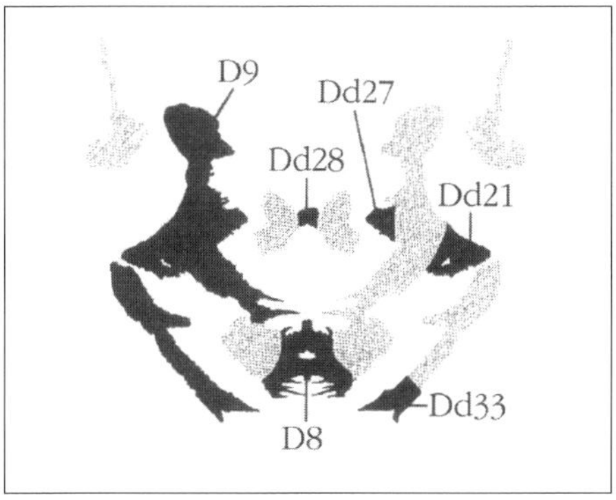

Ⅲ번 카드 D9

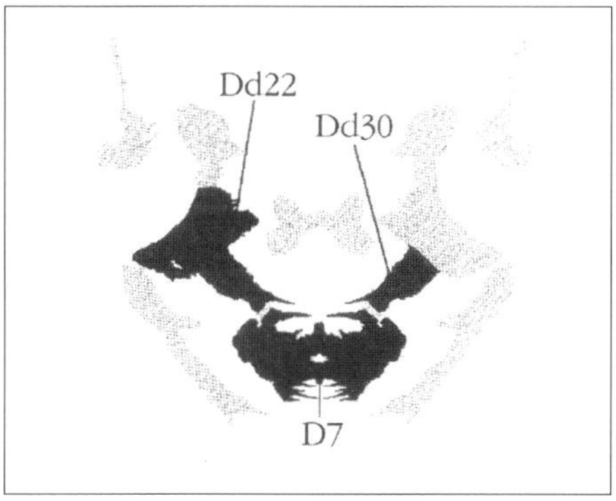

Ⅲ번 카드 D7

D=형태질 기준표의 D
Dd=형태질 기준표의 Dd+형태질 기준표에서 영역 표시가 안 된 영역

이제 각 기호의 의미를 한번 생각해 보자. 똑같은 카드를 보고 어떤 사람은 전체

반응을 많이 했고, 어떤 사람은 부분반응을 많이 했다. 두 사람의 심리적 상태에는 어떤 차이가 있는 것일까? 우선 질문을 바꿔서 다음의 극단적인 예를 한번 살펴보자(전체와 부분의 차이에 초점을 맞추기 위해 Dd는 0으로 설정했다).

a. 총 반응 수(R)=20, W:D:Dd=15:5:0

b. 총 반응 수(R)=20, W:D:Dd=5:15:0

a와 b는 어떤 차이가 있을까? 만약 기말고사를 보는데 철수는 10개가 넘는 전체 과목을 다 살펴서 계획을 세우는 반면, 영희는 수학만 공부한다면 어떤 차이가 있을까? 생산과 영업, 마케팅, 회계 등 전체를 다 보는 CEO와 영업만 신경 쓰는 CEO는 행동적으로 어떤 차이가 있을까? 로르샤하에서 부분반응을 많이 하는 사람은 일상생활에서도 무슨 일이 생겼을 때 통합적인 해결을 하기보다는 어느 부분만 보게 되고, 이로 인해 해결할 수 있는 영역이 제한될 수 있다.

이렇게 로르샤하에서의 반응을 근거로 수검자가 일상에서 어떻게 행동할지 예측하는 것이 검사의 목적이고, 반응에 대한 기호가 다른 이유는 각기 해석이 다르기 때문이다. 따라서 기호가 다르다면 의미가 어떻게 다른지 생각하면서 봐야 한다.

이제 D와 Dd의 차이를 생각해 보자. 똑같이 W를 많이 보지 못하는 사람들 중에서 D를 많이 보는 사람과 Dd를 많이 보는 사람은 일상에서 행동이 어떻게 다를까? 다음의 예를 통해서 한번 생각해 보자.

a. 총 반응 수(R)=20, W:D:Dd=5:14:1

b. 총 반응 수(R)=20, W:D:Dd=5:5:10

I번 카드에서 어떤 사람은 D4 영역을 보고 '여기가 사람이에요.'와 같이 많은 사람이 볼 수 있는 영역(D)을 주로 지정한 반면, 어떤 사람은 Dd23 영역을 보면서 '여기 구석에 조그만 섬이 있는 것 같아요. 독도 같네요.'와 같이 특이한 영역반응(Dd)을 주로 한다면 이 두 사람의 심리적 상태는 어떻게 다를까? 로르샤하에서 남들이 많이 보는 영역을 주로 본 사람은 주변 환경을 볼 때도 남들이 많이 보는 것들을 볼 가

능성이 높고, 다른 사람들과 비슷한 생각을 공유하는 게 더 편할 것이다. 반면, 로르샤하에서 남들이 많이 안 보는 영역을 주로 본 사람은 주변 환경을 볼 때도 남들이 많이 보지 않는 특이한 영역에 초점을 맞출 것인데, 이것이 독창성이라는 장점이 될 수도 있지만 공감 부족이라는 문제가 될 수도 있다.

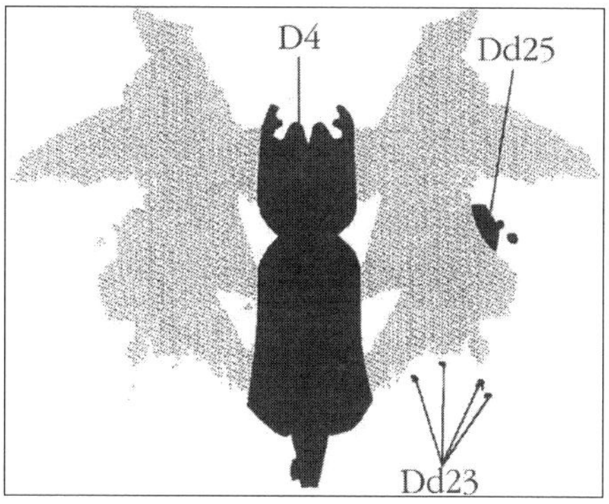

I번 카드 D4, Dd23

물론 W, D, Dd의 세 반응을 모두 적당히 해서, 전체적이고 통합적인 시각을 가지면서도 보통 사람들의 일반적인 시각도 유지하고 거기다가 독특한 생각들까지 약간씩 할 수 있다면 금상첨화이다. 3가지 영역 기호의 가장 적당한 비율은 2:3:1이다.

이 비율에 비춰 봤을 때 W가 많은 사람, D가 많은 사람 혹은 Dd가 많은 사람은 어떤 사람일까? 예를 들어 보자. W가 많은 동아리 회장은 대승적인 차원에서 의사결정을 하고 많은 사람을 배려할 수 있겠으나, 이를 위해서 노력하다 보면 자신은 쉽게 지칠 수 있고, 회원들 개개인의 사소한 고민들에는 공감하지 못할 수 있다. D가 많은 동아리 회장은 통합적인 시각은 부족할 수 있지만, 지극히 현실적인 대응을 함으로써 당장은 손해를 보지 않는 의사결정을 할 수 있다. 그리고 항상 올바른 결정을 하지만 이는 자기 주관에 따른 결정이기보다는 비난을 듣지 않기 위한 무난한 결정일 가능성이 높다. Dd가 많은 동아리 회장은 사람들이 굳이 보지 않는 사소한 것들에 집착한다. 이러한 행동으로 인해 창의적 결과물이 나와 동아리 발전에 크게 이바지할 수도 있고, 완전히 엉뚱한 짓을 해서 집단적으로 헛물만 켜는 상황을 만들 수도 있다. 모두 조금씩 각기 다른 이유로 다르게 행동하고, 그것이 검사에서 반응의 차이로 나타날 수 있다.

반응 영역에서 가장 중요한 것은 D를 얼마나 충분히 할 수 있는지에 있다. 로르샤하에서 추구하는 인간상은 부족하지도 잘나지도 않은 평범한 인간이다. 반응 영역에서 이에 가장 부합하는 것은 일반적인 부분반응(D)이다. 기업에서 전체적이고 통합적인 시각을 가진 리더(W)는 1~2명이면 족하고, 특이하고 상상력 있는 직원(Dd)도 1~2명이면 족하다. 기업이 생산을 원활히 하려면 이윤 창출이라는 목적에 동의하고 행동방침을 따르며 주변 사람들과 무난하게 어울릴 수 있는 보통 사람들의 비율이 가장 많아야 한다.

로르샤하에서 그림을 보는 방식을 통해 심리상태에 대한 해석이 가능한 이유가 뭘까? 카드를 본 것을 가지고 어떻게 실제 행동을 예상할 수 있을까? 우리는 5개의 감각기관을 통해서 외부자극에서 받은 정보를 뇌로 보낸다. 정보를 수집하는 이 5개의 통로 중에서 시각 영역이 80%로 거의 대부분을 차지한다. 들어온 정보를 바탕으로 정보를 처리하고 반응해야 할 텐데, 대부분의 정보가 시각 정보이니 당연히 시각 정보를 바탕으로 의사결정을 하는 데 뇌가 익숙할 것이다. 따라서 로르샤하를 통해 수검자의 시각적인 정보처리 방식을 알아낸다면, 수검자의 사고방식도 유추해 낼 수 있는 것이다.

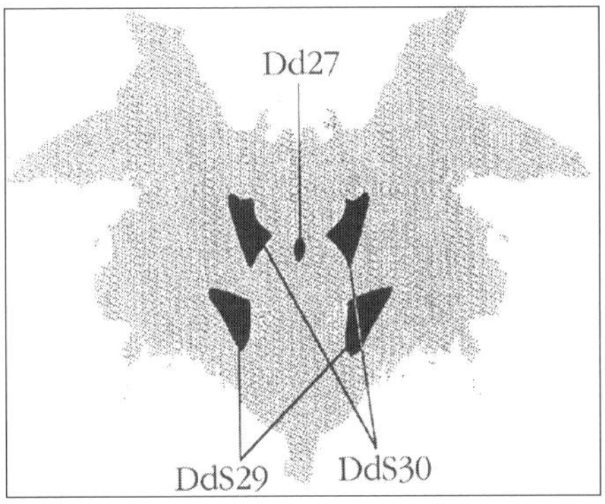

I번 카드 DdS30

마지막으로, S는 앞의 3개 반응과는 종류가 완전히 다른 공간반응(space response)이다. S는 공간, 공백이라는 뜻을 가진 space의 약자이다. I번 카드에서 전체 영역(W)을 보고 '사람 얼굴'이라고 하면서 DdS30의 공간을 '눈(eye)'이라고 하는 경우가 있다. 시각적으로는 당연히 사람 얼굴 모양에 흰색으로 칠해져 있는 눈으로 볼 수 있지만, 로르샤하에서는 DS나 DdS로 지정되어 있지 않은 배경 영역까지 포함하여 모든 흰 공간을 흰색이 칠해진 것이 아닌 색이 아예 칠해진 적이 없는 '빈 공간'으로 본다. 그래서 시각적으로는 흰색 영역을 지정하면 무조건 S를 표기해야 하지만, 의미상 흰색은 '색이 없는 곳'이라는 것을 꼭 알아 두어야 한다.

로르샤하에서 흰색 영역은 '색이 흰 영역'이 아니고 '색이 없는 곳'이다.

로르샤하에서의 지시는 '그림이 무엇처럼 보이는가?'이다. 그런데 우리 눈에 흰색으로 보이는 부분은 로르샤하에서 아예 색칠을 하지 않은 영역이기 때문에 지시에서 말하는 '그림'에 포함되지 않는다. 그러나 다른 색으로 테두리가 되어 있는 그림과 흰 공간이 같이 있다 보니 강제적으로 흰 공간이 형태를 띠게 된다. 이는 물이 그릇에 담겨서 모양이 있는 것처럼 보이는 것과 같은 원리이다. 강제적으로 형태를 가지니 그 형태를 말하는 사람들이 생기는 것이다.

흰 공간 부분은 '그림'이 아니기 때문에 검사 지시('그림이 무엇처럼 보이는지')에는 맞지 않는 반응이다. 이와 관련해서 고려해야 할 것이 2가지가 있다. 첫 번째는 S 기호가 단독으로 사용될 수 없다는 것이다. 그래서 S 기호는 WS, DS, DdS 등과 같이 다른 영역 기호에 붙여서 쓴다. 옛날 우리나라 식으로 말하면 양반집의 서자와 같은 존재이다. (색이 있는) 그림 영역과 붙어 있으면 당연히 같이 기호화하고, 흰색만 사용해서 반응했을 때에도 나머지 3개 기호(W, D, Dd) 중 하나를 붙여서 써야 한다. II번 카드에서 DS5를 '우주선'이라고 하고 D3을 우주선에서 '엔진이 나오는 거'라고 하면, 공간과 색 영역이 합쳐진 것으로 보고, DS로 기호화하면 된다.

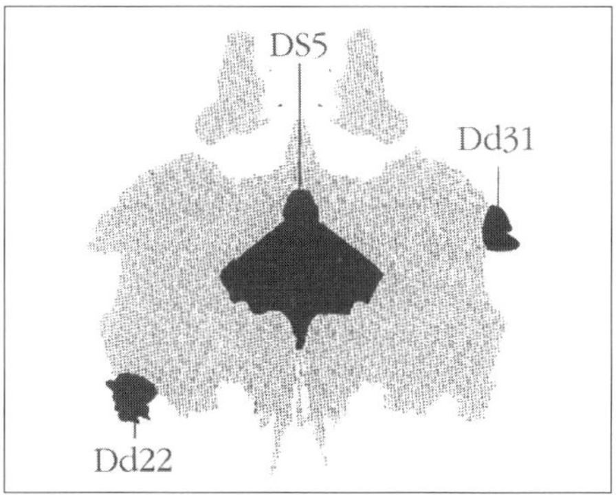

II번 카드 DS5

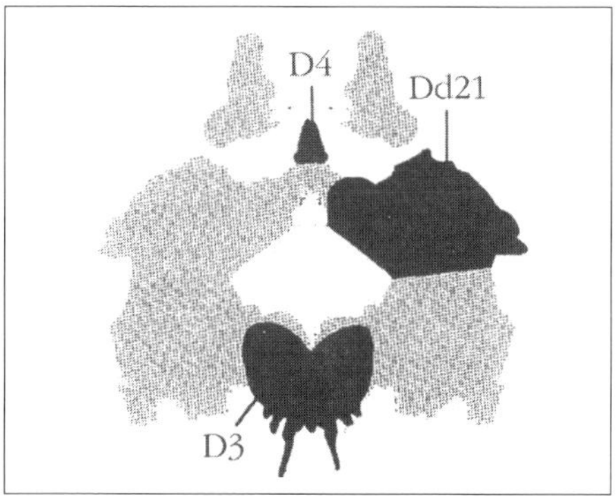

II번 카드 D3

두 번째는 S의 의미에 대한 것이다. 흰 공간은 무슨 뜻일까? 만약 반응에서 S가 많다면 그 사람은 일상에서 어떻게 기능할까? S는 원래 지시('그림이 무엇처럼 보이는지')에 충실하다면 나오지 말았어야 하는 반응이다. 흰 공간에 대해 반응을 한 것은 지시에 포함되지 않은 반응을 한 것이고, 이는 지시에 반항한 것이 된다. 미술시간에 물감으로 그림을 그리라고 했는데 물칠만 해서 그림을 그리는 것과 같다. 이런 학생을 둔 교사라면 너무 화가 나지 않겠는가?

혹자는 '너무나도 명확하게 보이는 것을 말했는데 그게 어째서 반항한 거냐!'라고 불만을 가질 수도 있다. 그렇지만 각 로르샤하 카드에서 볼 수 있는 반응 영역은 빈 공간 영역을 빼고도 아주 많다. 공간반응을 했다는 것은 다른 자극보다 공간 자극에 더 민감하다는 말이고, 따라서 그 민감성에 대한 해석을 하는 것이다. SCT에서 아이가 '우리 아빠는 가끔 날 때린다.'라고 썼다면 그 아빠는 아이를 상당히 강압적으로 대하고 있을 가능성이 매우 높다. 아빠 자신은 '가끔 때린 걸 가지고 그렇게 보는 건 너무 하지 않냐?'라고 변명을 할 수 있겠지만, '우리 아빠는'이라는 주제가 주어졌을 때 아이가 쓸 수 있는 무궁무진한 답변 가운데서 '때린다.'를 썼다는 것은 체벌이나 폭행의 횟수에 상관없이 아이에게는 '아빠가 때린다.'라는 정보가 매우 중요한 의미를 가지는 것이다. 이와 비슷한 이유로 S는 분노감과 관련이 있고, S가 많을수록 내면의 분노감이 더 높은 것으로 본다.

2. 발달질

발달질은 일단 단어가 낯설기 때문에 초기 학습자에게 너무 어렵게 느껴지는 부분이다. 영어 표현을 보면 developmental quality, 즉 발달의 수준이라는 말인데, 좀 더 구체적으로 '인지적(cognitive)' 발달의 수준을 뜻한다. 그리고 로르샤하의 발달질에는 인지발달의 핵심적 의미가 잘 반영되어 있다.

인지적으로 발달한다는 개념에 대해 생각해 보자. 3개월 된 아이가 아랫도리가 축축해지면서 불쾌감이 증가하여 울음을 터트린다. 어떤 대상(엄마)이 다가와서 자신의 몸을 이리저리 뒤척이더니 깨끗한 기저귀로 바꿨고, 이후에는 아랫도리가 깨끗해진 걸 느끼고 기분이 좋아진다. 또 누워만 있으니까 답답했는데, 아까 그 대상이 다시 와서 자신을 감싸 안아 주니 피부가 따뜻해지면서 마음도 편해진다. 그 대상이 다가올 때마다 좋은 일이 생기니까 자연스럽게 좋은 일과 그 대상을 연결(+)시키게 된다. 유아기 때 '어버버버'라고밖에 말할 능력이 되지 않는 아이들에게 부모들은 "아빠~ 해 봐." "따라 해 봐. 엄~마!"라고 계속 말한다. 아빠는 '아빠'라는 단어와, 엄마는 '엄마'라는 단어와 연결(+)할 수 있도록 아이를 계속 자극하는 것이다.

아이가 좀 더 크면 그림책의 그림을 보고 '자동차'라는 단어와 자동차 그림을 연결(+)해 주고, 밖에 나가면 "저게 어제 책에서 본 자동차라는 거야."라고 하면서 그림책의 자동차와 실제 자동차를 연결(+)해 준다. 좀 더 커서 학교에 가면 '사과'를 영어 단어 'apple'과 연결(+)하는 것을 학습한다.

발달은 새로운 것을 습득한 학습의 결과물이고, 학습의 양이 증가한다는 것은 관계 맺기나 연결(+)의 양이 많아졌다는 것을 뜻한다. 인지발달의 수준이 높아질수록 관계 맺기의 양이 늘어날 것이니, 관계 맺기의 정도를 측정하면 인지발달의 수준을 측정할 수 있다. 관계 맺기를 많이 하면 인지적 수준이 높고 적게 하면 인지적 수준이 낮다고 본다. 로르샤하에서는 이렇게 간단하게 인지발달 수준을 효율적으로 측정한다.

TV에 영재 어린이가 나와서 서울의 그 복잡한 지하철역을 다 외운다. 과연 이런 엄청난 기억력은 어떻게 가능한 것일까? 암기를 잘하는 사람들은 리듬을 타거나 첫 글자만 모아서 외우는 것과 같은 암기 기술을 사용하는데, 이런 것들은 모두 관계 맺기 기술이다. 이 기술을 배우면 영재가 아닌 사람들도 지금보다는 암기를 더 잘할 수 있다. 단, 똑똑한 사람은 이 기술을 스스로 개발하고 보통 사람은 남이 알려줘야 한다는 차이는 있다. 어쨌든 관계 맺기를 잘하면 인지적 수준이 높아진다고 보면 된다.

발달질=인지적 발달의 수준=문제해결의 질적 수준

Exner(2006)는 발달질에 대해 '반응 형성에 있어서 포함되어 있는 처리(process)의 질'이라고 설명한다. 여기서의 처리는 '인지적인 처리(cognitive process)'이다. 더 쉽게 말해, 발달질은 '문제해결의 질적인 수준'을 말한다. 문제를 해결하는 데 2가지 요인을 연결(+)해서 보는 사람과 10가지 요인을 연결(+)해서 보는 사람은 문제해결의 질적 수준이 완전히 다를 것이다. 어린아이들의 싸움은 유치하다. 눈앞에 보이는 자신의 이익 1~2가지만 보고 판단하기 때문이다. 그런데 어른들은 대인관계 양상, 자신의 미래 등 많은 것을 연결(+)해서 의사결정을 하기 때문에 싸움이라는 부적응적인 해결 방법을 선택할 가능성이 줄어들게 된다.

다시 정리하면, 로르샤하에서는 관계 맺기(+)를 많이 할수록 수준 높은 문제해결을 한다고 보고 있으며, 이러한 관계 맺기(+)의 정도를 나타내는 것이 발달질이다. 〈표 3-2〉와 같이 발달질은 4가지 기호로 표시한다. +가 가장 수준이 높고, 그다음은 o, v/+, v 순이다.

〈표 3-2〉 발달질의 기호와 준거

기호	정의	준거
+	Synthesized Response	2가지 또는 그 이상의 대상이 분리되어 있지만 관련이 있는 것으로 기술된 경우. 포함된 대상 중 '적어도 하나'는 구체적인 형태요구가 있거나 또는 구체적인 형태요구를 만들어 낼 수 있도록 기술되어 있어야 함(예: 수풀 사이를 걸어가는 개, 우스꽝스러운 모자를 쓰고 있는 남자, 구름 속을 날아가는 비행기, 리본을 달고 있는 작은 소녀의 머리)
o	Ordinary Response	반점의 한 영역이 자연적인 형태요구를 가지고 있는 하나의 대상으로 나타나거나 '구체적인 형태요구를 만들어 낼 수 있도록 기술된 경우'(예: 전나무, 고양이, 토템상, 단풍잎, 박쥐, 깃발, 남자의 머리)
v/+	Synthesized Response	2가지 또는 그 이상의 대상이 분리되어 있지만 관련이 있는 것으로 기술된 경우. 포함된 어떤 대상도 구체적인 형태요구가 없고 '반응을 설명하는 데 있어서 포함시킨 어떤 대상에 대해서도 형태요구에 대한 언급이 없어야 함'(예: 한데 뭉치고 있는 구름, 해변가에 초목이 있는 일종의 만이고 그 주위에 바위와 모래)
v	Vague	구체적인 형태요구가 없는 하나의 대상으로 보고되고 '반응을 설명하는 데 있어서 그 대상의 구체적인 형태요구에 관한 언급이 없어야 함'(예: 구름, 하늘, 저녁노을, 얼음)

출처: Exner (2006: 49).

일단 o(ordinary response)부터 보자. 로르샤하는 천재를 찾기 위한 검사가 아니다. 로르샤하에서는 평범한 기능을 가진 사람이 일상적인 생활을 잘하고 있는지를 알아내는 것이 중요하다. 문제가 없는 사람을 건강하게 보고, 기능이 높고 잘난 사람에게 중점을 두지 않는다. 통상 잘하든 못하든 평균 범위에서 멀어질수록 심리적 스트레스의 가능성은 높아진다. 기능이 낮으면 힘든 것은 당연하지만, 너무 잘나도 문제가 많다. 정치적 · 경제적으로 그 사례는 많이 볼 수 있다. 감옥을 가는 게 일상인 대기업 총수나 대통령의 삶이 과연 행복할까? 로르샤하에서는 고기능의 상태보다는 스트레스가 적은 상태를 더 이상적으로 본다. 그래서 평범한 것이 가장 중요하고, 반응 영역에서 D가 중요한 것처럼 발달질에서도 o가 가장 중요하다.

[그림 3-1] 발달질 ordinary response의 예

* 좌측 상단부터 시계방향으로 고양이, 나무, 비행기, 사람

o는 '자연적인 형태를 가지는 단일 대상'이다. [그림 3-1]처럼 고양이, 나무, 비행기, 사람 등이 그 예인데, 자연적인 형태를 가진 대상이라는 말은 누구나 그 전형적인 형태를 알 만한 대상이라는 것을 의미한다. '박쥐'라고 하면 검은색에 작은 몸통과 뼈가 보이는 날개 정도를 누구나 생각할 수 있고, '나무'라고 하면 기둥, 뿌리, 가지, 수관 등을 어렵지 않게 생각할 수 있다.

v는 vague의 약자이다. 형태가 애매하다는 말이다. 구체적인 형태가 없는 대상을 말하는데, 로르샤하에서 형태가 없다는 것에 대한 정의는 분명하지 않으나 예를

통해서 추정할 수 있다(Exner, 2006). 하늘, 얼음 등이 v의 대표적인 예이다. '얼음'이 고체이기 때문에 형태가 있다고 생각하지만 v는 형태가 없는 것(none)이 아니라 애매한 것(vague)을 말한다. 얼음은 사실 고유의 형태가 없고, 주변 물질에 따라 형태가 결정된다. 냉장고 문화에 익숙한 우리는 육각형의 얼음을 떠올리기 쉽지만, 사실 얼음은 보통 사람들이 살아가는 상온의 상태에서 독립적으로 일관된 형태를 유지할 수 없다. 물도 마찬가지이다. 물은 담고 있는 용기에 따라서 외적 형태가 바뀐다. 하늘도 분명 존재하는 것이고 시각적으로 지각할 수 있지만, 형태를 말하기가 더 애매한 대상이다.

[그림 3-2] 다양한 모양의 나뭇잎

v를 채점할 때 나뭇잎을 이해하는 것이 중요하다. 일단 나뭇잎은 v이고, 단풍잎은 o이다. 나뭇잎은 나무에 따라 그 형태가 다르다. 그래서 그냥 '나뭇잎'이라고 하면 다양한 형태 중에서 수검자가 어떤 것을 말하는지 알 수 없기 때문에 로르샤하에서는 형태를 결정하기 어려운, 애매한 대상으로 본다. 누군가는 머릿속으로 특정 형

태의 나뭇잎을 떠올리면서 말을 했을 수 있지만, '나뭇잎'이라는 단어만 들은 검사자는 그 형태를 뚜렷하게 (수검자가 본 대로) 지각할 수 없다. 로르샤하에서는 언어로 자신이 본 모양을 설명하는 것이 중요한데, '나뭇잎'이라는 언어표현만으로는 수검자가 본 모양을 검사자가 구현하기 힘들다.

[그림 3-3] 단풍잎

반면, '단풍잎'은 많은 사람이 다섯 손가락이 펴진 모양을 충분히 떠올릴 수 있는 대상이기 때문에 o로 채점을 한다. 나뭇잎과 같은 맥락에서 바위와 돌도 v이다. 보통 바위는 강가에서 사람들이 앉을 수 있는 정도의 크기와 모양을, 돌은 물수제비를 할 수 있을 정도의 조그마한 크기를 생각하기 쉽지만, 바위든 돌이든 물이나 얼음보다 더 큰 맥락의 자연환경에 의해서 무궁무진하게 다양한 크기와 모양을 가질 수 있다.

형태가 너무 다양하거나 주변 환경(물질)에 의해서 형태가 쉽게 바뀌는 것들은 v로 채점을 하면 된다. 고유의 단일한 형태가 없기 때문에 형태를 말하기 애매하다.

v까지 살펴보니 분명히 v보다 o가 더 좋아 보인다. 그런데 그림이 애매해서 원래는 아무것도 아닌 대상일지라도 수검자가 말로 의미 있는 구체적인 형태를 부여하면 발달질은 o가 된다. 여기서 생각해야 할 것은 로르샤하에서 기호화는 수검자의

언어표현을 바탕으로 이루어진다는 것이다. 언어는 사고를 반영한다. 우리가 알고 싶은 것은 수검자의 생각이기 때문에 로르샤하에서도 수검자의 언어표현이 더 중요하다. '구름'은 v이지만, '용처럼 생긴 구름'은 o이다. 언어표현을 통해 구체적인 형태를 부여했기 때문에 형태가 있는 것으로 본 것이다.

로르샤하에서 기호화는 수검자의 언어표현을 바탕으로 이루어진다. 로르샤하는 그림을 말로 설명하는 문제해결 과제이며, 말로 표현된 내용만을 근거로 채점한다.

심리검사와 관련된 지식이 없는 일반인은 I번 카드를 처음 봤을 때 어떤 생각을 할까? 대략적으로 다음과 같은 순서가 예상된다.

이 시커먼 그림은 뭐지? 이상한데? (문제인식)
→ 뭐라고 해야 하는 거야? (스트레스 증가)
→ 무엇처럼 보이냐고? 계속 보니까…… (시각적 분석, 기존 정보 탐색)
→ 무슨 새 모양 같기도 하고 가면 같기도 하고…… (다양한 대안 제시)
→ 괴물이라고 할 수도 있을 것 같은데 말하긴 이상하고…… (문제적 대안 제외)
→ 이 중에서 뭐하고 해야 하는 거야? 에라 모르겠다. 검사자가 너무 기다리는 것 같으니까 빨리 대답해야지. (현실 인식)
→ 박쥐 같은데요! (문제해결)

이런 정도의 생각을 거쳐 대답이 나올 것으로 예상할 수 있고, 저자는 I번 카드에서 첫 반응으로 나오는 박쥐를 '5초 박쥐'라고 부른다. 카드를 보면서 이러한 생각을 의식적으로 다 하지는 않을 수 있지만, 대략 5초 정도의 짧은 시간 안에 이와 같은 여러 가지 생각이 여러 단계를 거치면서 박쥐라는 최종 반응이 나온다는 것을 상징적으로 나타내는 말이다.

발달질 o는 '당장은 다루기 어려운' 애매한 문제를 '현실에서 다룰 수 있는' 명확한 대상으로 만든 것인데, 이렇게 대상을 명확하게 만드는 작업은 문제해결을 더 용이하게 한다. 어떤 문제든 처음에 주어질 때는 답을 모르는 애매한 상태이다. 초등학생이 혼자 골목길을 가고 있는데 저 앞에서 중학생 형들이 담배를 피우며 놀고 있다면? 시험은 닥쳐오는데 공부를 안 했다면? 사업계획서를 열심히 작성해서 통과될 줄 알았는데 어이없이 지적만 받고 왔다면? 나도 귀하게 자랐는데 시어머니가 자기 아들만 귀하게 여긴다면? 이런 문제 상황에서 우리는 '5초 박쥐'의 과정을 반복한다.

'어쩌지? 이렇게 할까? 저렇게 할까? 아! 결정했어!'

반응에서 o가 많은 사람의 실제 행동은 어떨까? 대학 동아리에 처음 갔을 때를 생각해 보자. 신입생에게 동아리는 애매한 자극이다. o가 많은 사람들은 처음에 좀 앉아 있다가 옆 사람과 얘기하면서 1~2명씩 알아 가고 한두 달 정도 지나면 이 동아리가 자신에게 맞는지 판단을 하게 된다. 그동안의 노력을 통해서 이제는 동아리가 명확한 대상이 되었기 때문이다. 보통 사람들은 이런 작업을 적당한 수준에서 할 수 있다. 반응에서 o가 적당히 있는 사람은 보통의 상황에서 적당한 노력을 들여서 애매한 자극을 명확한 자극으로 바꿀 수 있다. 대학 수업 시간에 예고 없이 교수가 퀴즈 시험을 본다고 하면 학생들에게는 애매한 자극이 주어진 것이다. 이런 상황에서 그동안 수업을 열심히 들은 대부분의 학생은 처음에는 당황해서 사고가 경직되긴 하겠지만 상황을 받아들이고 갑자기 시험을 보는 교수의 의도와 기대를 파악하면서 수업에서 들었던 것을 떠올리며 과제를 해결하기 위해 노력한다. 성적은 상대평가이지만, 갑자기 시험을 보는 건 모두에게 기회가 같은 것이기 때문에 딱히 불리할 것도 없다는 인식을 하면서 결국은 시험을 마무리하고 마음이 편안해진다.

그런데 반응에서 v가 많은 사람들은 갑작스러운 퀴즈 시험에 대해서 교수의 의도와 기대를 현실적으로 (명확하게) 파악하지 못하고, 힘들지만 기회는 균등하다는 인식을 하지 못하기 때문에 불안감만 높아지고, 문제풀이를 하기보다는 교수만 비난하다가 시험을 망치기 쉽다.

발달질에는 o와 v 외에 관계 맺기(+) 반응이 2개 있다. o가 기본이고, +는 o가 2개 이상 서로 관계를 맺고 있을 때 채점한다. 일단 기본적인 형태(o)가 있다면, 그다음부터는 관계 맺기(+)가 많아질수록 반응의 질적 수준이 높아진다. 그냥 '거인'이라고 반응하기보다 '방망이를 들고 있는 거인(방망이+거인)'이라고 연결하여 반응하면 인지적 수준이 더 높은 것이다. TV를 보다가 이름을 알 듯 말 듯한 연예인이 나와서 "저 사람 누구지?"(로르샤하 그림처럼 애매한 자극)라고 물었을 때, "장동건이잖아."(o)라고 해도 대답은 되지만, "저 사람 장동건이잖아. 지난번에 그 영화에도 나왔어."(+)라고 하면 상대가 그 연예인을 떠올리기(문제해결)가 훨씬 수월하다. 또 친구끼리 대화하면서 "어제 뭐 했냐?"라고 물었는데 "학교 갔다 왔는데…….."라고만 하면 대화가 확 끊긴다. 같은 질문에 대해서 "나 아침에 지각해서 혼나고 오후에 화장실 청소했는데, 철수가 한 칸에 들어가서는 안 나와서 처음엔 놀리다가 너무 안 나와서 그냥 두고 와 버렸어!"라고 풍성한(관계 맺기를 많이 한) 반응을 하면 이후에 대화가 이어지기 좋고 둘 사이의 관계도 더 좋아질 가능성이 높다(철수와는 아니겠지만).

관계 맺기를 잘하는 사람들은 연관된 정보를 추가 제공함으로써 상대가 자신들의 말을 더 이해하기 쉽게 전달한다.

이처럼 반응에서 +가 많으면 인지적 발달 수준이 높아서(의미 있는 관계 맺기를 잘할 수 있어서) 언어생활이 풍성하고 문제해결 가능성도 높아진다. '리본을 달고 있는 여자(리본+여자)'는 +로 채점하면 된다. '리본'과 '여자'가 채점의 대상인데, '리본을 달고 있는'이라는 말로 여자와 연결을 시켜서 +가 된다. 그런데 "사람이 있고 곰이에요"라고 하면 한 번에 2개의 반응을 했지만 두 대상을 말로 연결시키지 못하고 있다. 따라서 그냥 o로 채점해야 한다. 물론 "사람 옆에 곰이 있어요."라고 말로 관계성을 부여하면(사람 옆에) +가 된다.

• +와 v/+의 차이
+=o+o/o+v
v/+=v+v

1가지 더 예를 들어 보면, o+o만 +가 아니라 o+v도 +이다. '수풀 속을 걷고 있는 개'가 대표적인 예인데, 수풀은 v이고 개는 o이다. 애매한 형태가 있어도 온전한 형태가 하나라도 있으면 전체적으로는 문제가 없다고 보는 것이다. 유전학에 비유하면 o가 v에 비해 우성인자인 셈이다. 만약에 배우 정우성(o)이 소속사를 옮기는데 무명 연예인(v)을 1명 데리고 옮긴다고 해도 그것이 정우성(o)의 가치를 깎아내리지는 못한다고 하면 이해가 될 수 있을까? 생활체육에서 탁구를 2인조 복식으로 쳐 보면, 1명(o)이 확실하게 잘하면 다른 1명(v)이 못해도 승패에 별다른 영향을 주지 않는다(o+v=o).

v/+는 v+v이다. '뭉쳐지는 두 구름'이라고 할 때, '구름'은 v인데 '뭉쳐진다.'는 말로 두 구름이 연결되니까 v+v가 되는 것이다. '해변가의 바위'에서도 '해변가'가 v이고 '바위'도 v이니까 v/+가 된다. 그리고 '두 구름'이라고 하면 관계성을 시사하는 말이 없기 때문에 그냥 v가 된다.

4가지 발달질의 질적 수준은 '+>o>v/+>v' 순이다. 가장 인지적 수준이 높은 것은 당연히 +이다. 다음은 o인데, o가 v/+보다 질적 수준이 높은 것을 통해 관계 맺는 능력보다 형태를 명확하게 보는 능력이 더 중요하다는 것을 알 수 있다. 형태를 명확하게 보지 못한 상태에서는 관계를 아무리 많이 맺어도 무용지물이 되기 쉽다. 반응에서 v/+가 많은 사람들은 관계 맺기를 많이 하니까 겉보기에는 대단한 것을 하고 있는 듯 보이지만, 기본기가 부족하기 때문에 변수에 취약해서 한번 무너지기 시작하면 크게 힘들어질 수 있다. 소위 '허우대만 멀쩡하다.'라는 말이 적당한 사람이다. 관계 맺기를 하더라도 먼저 명확한 형태를 보는 것이 더 중요하다. 기본에 충실해야 한다는 말이다.

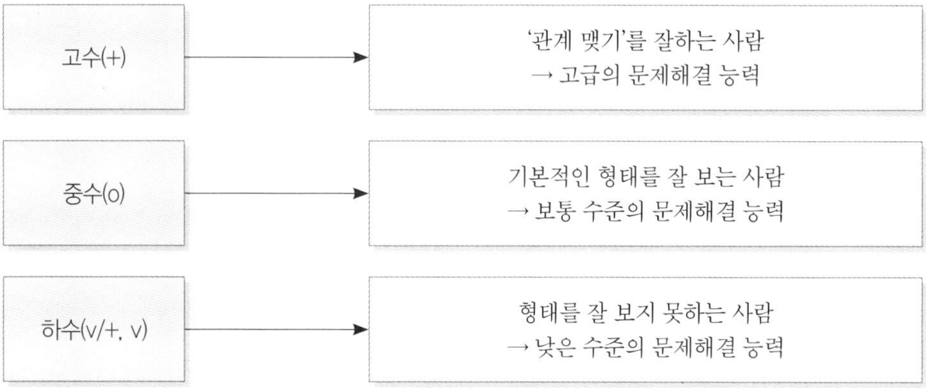

[그림 3-4] 발달질 수준의 비유적 표현

발달질의 위계를 쉬운 말로 한번 바꿔 보자. 문제해결의 '고수'는 관계 맺기를 잘하는 사람으로, 보통의 사람들보다 더 높은 성취를 이룰 가능성이 높다. 문제해결의 '중수'는 기본적인 형태를 명확하게 보는 사람으로, 일상생활에서 부딪히는 많은 문제에 대해서 보통 수준의 문제해결 능력을 발휘할 것이다. '하수'는 기본적인 형태조차도 보지 못하는 사람으로, 문제파악이 제대로 되지 않아 엉뚱한 대응을 하거나 무기력에 빠지기 쉽다.

로르샤하에서 주어지는 애매한 자극에서 명확한 형태를 본다는 것은 세상을 바라보는 시각이 충분히 객관적이라는 것이다. 그리고 객관적인 시각으로 대상을 볼 수 있어야 적절한 문제해결을 할 수 있다.

3. 결정인

결정인이 로르샤하를 채점하는 데 있어서 가장 머리를 아프게 하는 부분이다. 종류가 많고 구분하기가 어려워서 공부를 하면 할수록 무기력감이 밀려온다. 그러나 노력에는 장사가 없다. 천천히 하나씩 살펴보자.

결정인을 풀어서 말하면 '반응을 결정하게 만든 시각적 요인'이라고 할 수 있겠다. 결정인은 주로 로르샤하의 질문 단계에서 수검자가 대답한 내용을 근거로 결정되는데, 시각적 요인이 다양한 만큼이나 그 종류가 많다.

결정인: 반응을 결정하게 만든 시각적 요인

인간이 이 세상을 살아가는 데 필요한 외부 환경정보를 받아들이는 기관을 감각기관이라 한다. 인간은 시각, 청각, 촉각, 후각, 미각의 5가지 감각기관을 통해 외부 환경정보를 습득하는데, 이 중에서 가장 많은 정보(대략 80%)가 시각을 통해서 들어온다. 로르샤하는 문제해결에 많은 영향을 미치는 시각 정보를 수검자가 처리하는 방식을 알아내고, 이를 통해 심리상태를 파악하는 도구이다.

세상은 형태, 색채, 음영, 차원, 움직임 등 다양한 시각적 요소로 구성되어 있다. 그리고 로르샤하의 잉크 반점, 즉 그림은 수검자가 이미 알고 있거나 상상했던 대상과 동일하지는 않지만 비슷한 시각적 속성을 가지고 있다. I번 카드의 그림이 박쥐는 분명히 아니다. 그런데 대부분의 사람이 이 그림을 보고 박쥐 같다고 한다. 박쥐와 비슷한 시각적 속성을 많이 가지고 있기 때문이다.

기분 좋을 때 사람들은 밝은 옷을 더 많이 입는다. 반면에, 주로 어두운 옷만 입는 사람이 있다. 모두 그렇지는 않겠지만, 이런 사람들은 냉소적으로 사회에 부정적인 시각을 가지고 있을 가능성이 높다. 어느 날 누군가가 평소와 달리 새빨간 옷을 입고 왔다면, 마음은 우울하지만 남들에게 우울함을 들키고 싶지 않은 것일 수 있다. 색감은 이미 우리 생활에 영향을 주고 있다. 감정과 시각적 판단은 이렇게 상호작용한다. 따라서 로르샤하에서 반응을 선택하는 과정에는 수검자의 습관, 성격 특성, 검사 당시의 심리적 상태, 욕구, 태도, 갈등 등이 영향을 미칠 수밖에 없다. 그리고 로르샤하의 반응들을 정확하게 매뉴얼에 따라 채점하기만 하면 심리적 상태를 정확하게 알아낼 수 있다.

〈표 3-3〉 결정인의 기호와 기준

범주	기호	기준
형태(Form)	F	**형태반응**. 전적으로 반점의 형태특징에 근거한 반응
운동 (Movement)	M	**인간운동반응**. 인간의 신체적 활동, 동물 또는 가공적 인물이 인간이 하는 것과 같은 활동을 포함하고 있는 반응
	FM	**동물운동반응**. 동물의 신체적 활동을 포함하고 있는 반응. 수검자가 지각한 운동은 그 동물이 속한 종에서 나타나는 운동과 일치해야 함. 동물이 그 종에서 공통적이지 않은 운동을 나타낸 경우 M으로 기호화해야 함
	m	**무생물운동반응**. 생명이 없거나, 기관이 없거나, 감각이 없는 대상의 움직임을 포함하고 있는 반응
유채색 (Chromatic Color)	C	**순수색채반응**. 전적으로 반점의 유채색에 근거한 반응. 형태가 포함되지 않아야 함
	CF	**색채-형태반응**. 일차적으로 반점의 색채 때문에 형성된 반응. 형태특징이 사용되었지만 이차적으로 중요한 결정인일 경우
	FC	**형태-색채반응**. 주로 형태특성 때문에 형성된 반응. 유채색이 사용되었지만 이차적으로 중요한 결정인일 경우
	Cn	**색채명명반응**. 반점의 색채에 대해 색채명(name)을 말하고 실제 반응으로 나타남
무채색 (Achromatic Color)	C′	**순수무채색반응**. 전적으로 반점의 회색, 검정색 또는 흰색에 근거한 반응과 이들이 분명히 색채로 사용되었을 경우. 형태는 포함되지 않아야 함
	C′F	**무채색-형태반응**. 주로 반점의 검정, 흰색 또는 회색 특징 때문에 반응이 형성되고 이들이 분명히 색채로 사용되었을 경우. 형태적 특징이 사용되었지만 이차적으로 중요한 경우
	FC′	**형태-무채색반응**. 주로 반점의 형태적 특징에 근거한 반응. 무채색 특징이 분명하게 색채로 사용되었으나 이차적으로 중요한 경우
음영-재질 (Shading-Texture)	T	**순수재질반응**. 반점의 형태적 특징이 개입되지 않고 음영 특징을 사용해서 촉감을 나타낸 반응
	TF	**재질-형태반응**. 반점의 음영 특징이 촉감을 나타내기 위해 사용되고 반응을 정교화하고 명료화하기 위해 형태가 이차적으로 사용되었을 경우
	FT	**형태-재질반응**. 주로 형태적 특징에 근거한 반응. 반점의 음영 특징은 촉감을 나타내기 위해 사용되었으나 이차적으로 중요한 경우

음영-차원 (Shading-Dimension)	V	**순수음영차원반응**. 음영특징을 근거로 깊이나 차원으로 반응하고 형태는 포함되지 않아야 함
	VF	**음영차원-형태반응**. 음영특징을 근거로 깊이나 차원으로 반응하고 형태적 특징이 포함되었지만 이차적으로 중요한 경우
	FV	**형태-음영차원반응**. 주로 반점의 형태적 특징에 근거한 반응. 음영특징이 깊이나 차원을 나타내기 위해 사용되었지만 이차적으로 중요한 경우
음영-확산 (Shading-Diffuse)	Y	**순수음영반응**. 완전히 형태가 없는 반점의 음영에만 근거하고 재질이나 차원에 관한 것을 하나도 포함시키지 않은 반응
	YF	**음영-형태반응**. 재질이나 차원을 포함시키지 않고 일차적으로 반점의 음영에 근거한 반응. 형태가 포함되지만 이차적으로 중요한 경우
	FY	**형태-음영반응**. 주로 반점의 형태적 특징에 근거한 반응. 재질이나 차원을 설명하기 위해 음영이 사용되지 않았지만 반응을 정교화하고 명료화하기 위해 사용되었고 이차적으로 중요한 결정인일 경우
형태차원 (Form Dimension)	FD	**형태차원반응**. 깊이, 거리 또는 차원에 대한 인상이 윤곽의 크기와 모양에 근거해서 형성된 경우. 이런 인상을 형성하는 데 음영이 사용되지 않아야 함
쌍반응과 반사반응 (Pairs & Reflections)	(2)	**쌍반응**. 반점의 대칭에 근거해서 두 가지 동일한 대상이 보고된 반응. 두 대상은 모든 측면에서 동일해야 하지만 반사되었거나 거울에 비친 이미지로 나타난 것은 아님
	rF	**반사-형태반응**. 반점의 대칭성 때문에 반점이나 반점영역이 반사된 것 또는 거울에 비친 이미지로 보고된 반응. 보고된 대상이나 내용은 구름, 경치, 그림자와 같이 일정한 형태요건을 가지고 있지 않은 대상이어야 함
	Fr	**형태-반사반응**. 반점의 대칭에 근거해서 반점이나 반점영역이 반사된 것 또는 거울에 비친 이미지로 보고된 반응. 근본적으로 반점의 형태적 특징에 근거한 반응이어야 하고 수검자가 보고한 대상이 일정한 형태가 있어야 함

출처: Exner (2006: 55-57).

로르샤하에서 제시되는 표들을 보면 대부분 위에 있는 것이 질적으로 가장 좋고, 밑으로 갈수록 질적으로 떨어진다. 발달질, 결정인, 형태질 등은 물론이고 반응내용까지도 그렇다.

1) 형태(F)

〈표 3-3〉의 결정인 표에서 F가 가장 위에 있다. 전적으로 반점의 형태 특징만을 근거로 한 반응으로, F로 표기한다. 발달질에서 +보다 o가 더 핵심인 것처럼 결정인에서도 다른 요소들이 있지만 F가 가장 기본적인 결정인이다. 수검자가 "피 같아요."라고 하면 보통 색채반응을 예상하게 되지만, 질문 단계에서 "그냥요."라고만 대답하면 색채에 대한 고려 없이(CF, FC, C 등으로 채점하지 않고) F로 채점한다. 수검자가 다른 결정인에 해당되는 말을 하면 그에 맞게 채점하면 되지만, 대답을 하지 못하면 결정인의 기본값은 F이다. F는 가장 흔히 나타나는 결정인이다.

F는 단일 결정인으로 사용할 수도 있고, 다른 많은 결정인(유채색, 무채색, 음영 등)과 붙여서 사용할 수도 있다(FC, YF, FV 등).

단일 결정인의 예를 보면, '박쥐' '박쥐처럼 생겼어요. 여기가 몸이고 여기가 날개예요.' '박쥐예요. 그냥 그렇게 보여요.'의 3가지 반응은 모두 F로 채점하면 된다.

'비구름인데 모두 다르게 생겼고, 위쪽이 더 좁아요.'라고 하면 F가 된다. 다른 결정인의 여지가 없고 '다르게 생겼다.' '위쪽이 좁다.' 등 형태를 말로 설명한 표현들이 있어서 F가 된다.

'아름다운 꽃입니다. Q) 장미처럼 생겼어요. 여기 꽃잎과 줄기를 보세요.' 이 반응도 F로 채점하면 된다. '아름답다.'는 색채를 예상하게 하는 반응이지만, 추가질문 이후에도 '꽃잎' '줄기' 등 대상의 명칭만 말할 뿐 다른 결정인은 나타나지 않았다.

해석적 측면에서 보면 F는 결정인 중에서 '사고' '생각' '이성' 등을 담당한다. 의미에 대한 설명은 뒤에서 다른 결정인과 같이 하겠다.

• 발달질 v와 결정인 F

이 둘을 같이 연동해서 보는 경우가 많기 때문에 명확한 구분이 필요하다. 나뭇잎의 발달질은 v이고 결정인은 F이다. 먼저 발달질과 결정인의 판단은 독립적으로 해야 한다. 발달질에서 형태가 명확하고 애매한 것의 의미가 좀 더 상징적인 것에 가깝다면, 결정인 F는 사물의 형태 분류인 기체, 액체, 고체의 3가지 중에서 '고체'를 뜻한다고 보면 된다(기본값인 경우는 제외).

2) 운동(M, FM, m)

운동반응에는 인간운동반응(M), 동물운동반응(FM), 무생물운동반응(m)의 3가지가 있다. M은 'large M', FM은 그냥 'FM', m은 'small m'이라고 읽는다. 말 그대로 움직임(movement)을 표현하고 있으면 채점한다. 무언가가 움직이려면 일단 '무언가가 있어야' 하기 때문에 움직임을 인식할 수 있다면 형태가 있는 것으로(F를 포함하는 것으로) 본다. 따라서 운동반응 외의 다른 결정인들은 대부분 F를 넣어야 하는지 말아야 하는지 계속 고민을 해야 하지만, 운동반응 3가지는 F의 존재를 고민할 필요가 없다. 기호상 M, FM, m의 3가지는 이미 F를 포함하고 있다.

(1) 인간운동반응(M)과 동물운동반응(FM)

움직임이 감지되면 먼저 사람인지, 동물인지 혹은 무생물인지 움직임의 주체를 구분하자. 주체가 사람이면 무조건 M이다. 다음은 동물의 운동인데, 동물의 전형적인 운동이면 FM이고, '사자가 걸어가고 있어요.' '새가 먹이를 먹고 있어요.' '참새가 전깃줄에 앉아 있어요.' 등이 FM의 전형적인 예이다. 그런데 주체는 동물이지만, 그 움직임은 사람이 주로 하는 것일 때는 M으로 채점한다. "사자가 농구를 하고 있어요."라고 할 때, 사자와 농구라는 2가지 주제가 나왔는데 이 중에서 어떤 것이 수검자에게 더 중요한 정보일까? 판단하기 어렵다면 '사자가 걸어가고 있다.'를 생각해 보자. '사자'와 '걸어간다.' 중에서 무엇이 더 중요한가? 사자가 걷는 것은 일상적인 행동으로 정보가가 별로 없기 때문에 '사자' 자체가 상대적으로 더 중요한 의미를 가진다. 그리고 이러한 정보를 처리하는 데에는 에너지 소모가 크지 않다. 그 말을 받아들이고 말하는 데 있어서 추가적인 노력이 필요하지 않다는 것이다. 그런데 '사자가 농구를 하고 있다.'라는 반응은 이 말을 하는 사람과 듣는 사람이 모두 상당한 노력과 에너지를 소모해야 한다. 평범하지 않은 반응이기 때문이다. 그리고 우리는 사자가 아닌 사람이다. 따라서 '사자'보다 '농구'에 더 밀접한 환경에서 살고 있고, 당연히 농구가 더 중요한 주제가 된다. 보통 동물의 행동을 의인화해서 표현하면 대개 M이 된다('토끼가 고스톱을 친다.' '달나라 토끼가 절구질을 한다.'). 또한 우리는 모두 인간이기 때문에 인간으로서의 생활에 더 가까운 반응이 더 중요한 반응이 된다. 로르샤하에서는 이와 비슷한 과정을 거쳐서 각 반응마다 수검자가 말한 몇 개의 단어 중에서 어떤 단어가 가장 중요한 단어인지를 가려낼 수 있어야 한다.

- 운동반응 판단 순서
  1. 대상이 사람이면 무조건 M
  2. 동물인 경우, 전형적인 동물의 행동을 하면 FM
  3. 동물이 움직이고 있는데 FM이 아니면 M
  4. 무생물의 움직임은 m
  5. 무생물이지만 인간의 경험(감정, 감각)을 하고 있으면 M

(2) 무생물운동반응(m)

무생물운동반응은 m으로 쓴다. '로켓이 날아가요.' '연필이 떨어지고 있어요.' 등이 대표적인 m이다. 무생물은 흔히 '생명이 없는 대상'을 기본적으로 포함하고 있지만, '감각이 없는 대상'도 포함한다. 감각이 없는 대상이라 함은 원래는 감각이 있는(살아 있는) 대상인데 감각이 없어진 상태를 말하며, 사람 시체가 가장 적합한 예라고 할 수 있다. 로르샤하에서 '죽은 사람'은 주체적으로 행동할 수 없는 그냥 하나의 물체에 불과하다. 학부 시절에 쥐를 가지고 실험을 한 적이 있다. 쥐를 마취해서 뇌를 절단하는 실험을 하면서도 정말 쥐가 죽기 전까지는 내가 죽이고 있다는 생각을 하지 못했던 것 같다. 동물실험의 윤리 문제를 다루는 것은 다음 기회로 미루고, 실험 당시의 내 경험을 말해 보고자 한다. 쥐의 고통을 줄이기 위해서 마취를 하고 나서도 쥐의 심장이 뛰고 있을 때는 쥐를 만지는 게 두렵고 미안했지만, 점점 실험에 집중하게 되고 쥐가 죽어서 신체반응이 완전히 사라지면서부터는 쥐를 너무 편하게 잘 다루었던 기억이 있다. 그때부터 쥐는 나와 같이 숨을 쉬는 생물이 아니라 여러 물질로 이루어져 있어서 뇌 샘플을 줄 수 있는 하나의 물체가 된 것이다. 이렇게 감각이 없거나 주체적으로 움직일 수 없는 대상이 움직일 때 m을 채점한다.

단, 무생물이지만 그 대상이 감정, 감각 등 인간의 경험을 하고 있는 것으로 표현된다면 M으로 채점한다. '흥분한 가로수(식물은 주체적으로 행동할 수 없는 대상으로 무생물로 본다.)' '우는 소리가 들린다.' 등의 반응들도 앞서 '농구하는 사자'를 설명하면서 말했듯이 '가로수'보다는 '흥분한'이 중요하고, '소리'보다는 '우는'이 중요한 정보이다. 이 정보들은 인간의 경험에 가깝기 때문에 M으로 채점한다.

그런데 '행복한 나무'를 움직임으로 보는 게 맞을까 한 번 생각해 볼 필요가 있다. 행복함은 겉으로 보이는 물체의 이동이라는 움직임을 가지고 있지는 않다. 그러나 '행복하다.'는 영어로 'be happy'로 표현할 수 있고, 이는 영어의 동사(verb)를 포함한다. 동사는 국어사전에 '사물의 움직임을 나타내는 말'이라고 되어 있고, verb는 위키피디아에 'a word that in syntax conveys an action, an occurrence, or a state of being'라고 되어 있다. '느끼다.'는 'feel'이라는 동사인데, 이때 겉으로 보이는 사물의 움직임은 없지만 동사이다. 서구에서 만든 검사이기 때문에 서구의 관점이 들어가 있다는 것을 감안해서 보면, 로르샤하에서 말하는 '움직임'이란 영어로 동사(verb)에 해당되는 단어가 나왔다는 것을 의미한다. 신체동작(walk), 감정(be excited), 감각(smell) 등의 여러 상태가 '움직임'에 포함된다.

대상의 움직임을 운동반응으로 채점하는 것은 너무 당연하게 보이니 다른 것들을 살펴보자. '큰 소리가 들리는 것 같다.'라는 반응은 시각적 자극을 보고 청각적인 반응을 한 것이고, '쾌쾌한 냄새가 나요.'라는 반응은 시각적 자극을 통해 후각적 반응을 한 것인데, 모두 M으로 채점한다. sound, smell 등은 감각과 관련된 동사이다. 그리고 감정표현도 M으로 채점한다. 슬프다(be sad)는 상태를 나타내는 말이지만 영어로 동사에 해당되고 인간의 경험에 해당된다고 보면 이해가 쉬울 것이다.

(3) 능동(a)과 수동(p)

움직임은 다시 '능동'과 '수동'으로 구분된다. '능동'은 행위의 주체가 의도를 가지거나, 에너지가 많거나, 적극성을 가지거나, 긍정적인 감정을 표현할 때가 해당되고, '수동'은 행위의 주체가 의도를 가지지 않았거나, 에너지가 적거나, 적극성이 부족하거나, 부정적인 감정을 표현할 때가 해당된다. 기준점은 '이야기하고 있다(talk to, talk with)'인데, 이것이 수동 행동의 최극단이다. 이보다 에너지의 양이 많거나 적극적인 것은 a(active)로 채점하고, 이보다 에너지의 양이 적거나 수동적인 행동은 p(passive)로 채점한다. 3개의 운동반응 기호의 오른쪽 상단에 소문자 위첨자로 표시를 한다. 이러한 기준에 따라 '싸운다.'는 a로, '서 있다.'는 p로 하면 된다. '행복한 나무'는 a이다.

능동(a): 행위의 주체가 의도를 가지거나, 에너지가 많거나, 적극성을 가지거나, 긍정적인 감정일 때

수동(p): 행위의 주체가 의도를 가지지 않았거나, 에너지가 적거나, 적극성이 부족하거나, 부정적인 감정일 때

〈표 3-4〉 능동 운동반응과 수동 운동반응의 예

능동 운동반응 a와 수동 운동반응 p			
간절히 원하다	p	목욕하다	a
깨닫다	p	미끄러지다	p
걷다	a	미쳐 보이다	a
결박하다	a	박탈되다	p
결정하다	p	발기된(성기)	a
경계하다	p	방어적으로 보이다	p
경고하다	a	배회하다	a
고갈되다	p	버림받다	p
고정되다	p	부딪치다(차들이)	a
공격하다	a	부상당하다	p
고통스러워하다	p	부풀어 오르다(풍선)	p
괴로워 보이다	p	불안하다(걱정하다)	a
꿈꾸다	p	붙잡다	a
기다리다	p	불평이 있어 보이다	p
기대다	p	비난하다	a
기어가다(동물)	a	빙빙 돌다	a
슬퍼 보이다	p	사기가 저하되다	p
날리고 있는(바람에)	p	사랑하다	a
날아가다	a	상상하다	p
냄새 맡다	a	싸우다	a

노래하다	a	생생하다(살아 있다)	a
논쟁하다	a	서 있다	p
놀리다	a	성장하다(식물)	a
누워 있다	p	소리 내어 흐르다(물)	a
놀라 보이다	p	소리치다	a
단단하다(근육)	a	손뼉을 치다	a
단호하다	a	주목하다(누군가)	a
담배 피다	a	쓰다	a
떠 있다	p	싣다(짐)	a
떨어지다(물)	p	실망스럽다(느낌)	p
떨어지다(잎)	p	심사숙고하다	p
돌다(주위를)	a	씹다	a
도망가다	a	아는 체하다(바라보면서)	p
도약하다(동물)	a	안겨 있다	p
도전하다	a	앉아 있다	p
돕다	a	어리둥절해 보이다	p
뛰다	a	열다(문)	a
마음이 산란하다	a	열광하다	a
마주 대하고 있다	p	예민하게 느끼다	a
말하다	a	예민해 보이다	p
매달리다	p	오르고 있다	a
명상에 잠기다	p	올라가다(연기)	p
요구하다	a	초조하다	a
완강하다	a	축 처지다	p
운반하다	a	축하하다	a
울고 있다	p	춤추다	a
울리다(벨)	a	충동적이다	a
웃다	a	쿵 부딪히다	a
원하다	p	킁킁 냄새를 맡다	a
위반하다(법률, 도덕 등)	a	크게 범람하다	a
음탕하다	a	타다(말)	a

응시하고 있다	p	타오르다(불)	p
의기양양해 하다	a	토론하다	a
이야기하다	a	튀어 오르다(공)	a
잠자다	p	패배하다	p
잡아당기다	a	퍼덕거리다(새)	a
접촉하다(두 사람)	a	포효하다	a
조롱하다	a	피가 나다	p
조사하다	a	피로하다(느낌)	p
좌절되다	p	행동하다	a
쭈그린 동물	p	행복해 보이다	a
주저하다	p	허풍떨다	a
죽다	p	헐떡거리다(개)	a
죽이다	a	환각증상을 일으키다	a
찌르다	a	회복되다	p
지켜보다	a	희열에 차 보이다	p
지나가다	a	후회하다	p
진동하다, 떨다	a	훈계하다	a
즐기다	p	흐르다(강)	p
질풍이 휘몰아치는(비)	a	흥미있어 하다	a
초라해 보이다	p	흥분되어 있다	a

출처: Exner (1981: 107-109): 박영숙(1994: 662-664)에서 재인용.

감정표현 중에서 긍정적이고 유쾌한 감정은 a이고, 부정적이고 불쾌한 감정은 p가 된다. 그래서 '행복한 나무'는 a, '우울한 나비'는 p가 된다. 단, 부정적이지만 공격적인 반응은 a로 한다. 그래서 '날카로운 눈초리'는 a로 표기한다.

무생물은 대개 혼자서 움직이지 못한다. '로켓이 날아간다.'라고 할 때 로켓은 인간이 쏴야 움직이는(피동적인) 존재이긴 하지만, 로르샤하에서는 그림에 있는 대상인 '로켓(무생물)'을 주체로 보기 때문에 수검자의 언어반응(날아간다)을 통한 주체의 행동에 초점을 맞춰서 채점을 하면 된다. 그래서 '로켓이 날아간다.'는 a가 된다.

이제는 운동반응들을 종합적으로 예를 들어서 설명해 보겠다. '물고기가 나무 곁에 서 있다.'는 M^p로 채점한다. '나무 곁에 서 있다.'라는 동작이 물고기의 전형적인 동작이 아니기 때문에 의인화에 더 가까워서 인간운동반응으로 채점한다. '서 있다.'는 그 자체로 충분히 수동적인 동작이기 때문에 p가 된다. '곰이 물고기를 잡고 있다.'는 곰의 전형적이면서 적극적인 행동을 나타내므로 FM^a로 채점하면 된다. '파리가 앉아 있다.' 역시 파리의 전형적인 수동적 행동을 나타내므로 FM^p로 채점한다.

'피어오르는 구름'은 m^a로 채점한다. '피어오르는'에 움직임이 있기 때문에 운동반응 범주에 들어가고, '구름'은 생물이 아니어서 m이 된다. 또 '피어오르는'은 언어적으로 적극적 현상을 표현하고 있어서 m^a가 된다. '폭포'는 아래로 내려오는 것이긴 하지만 폭포의 물줄기는 상당한 에너지를 가지고 있다. 따라서 m^a가 된다.

m^p가 운동반응 중에서 그 의미를 규정하기 가장 어려운 반응이다. 그러나 쉬운 방법이 있는데, 그것은 m^p를 중력이라고 생각하는 것이다. '옷걸이에 걸려 있는 코트'에서의 '코트'는 운동을 하고 있는 것으로 본다. 옷걸이에 걸린 옷은 밑으로 처져 있는데, 이는 중력으로 인해 내려가려는 힘이 작용하고 있기 때문이다. '땅바닥에 있는 옷'은 중력에 의해서 더 아래로 내려가려는 힘을 받는 것으로 보지 않기 때문에 운동반응으로 채점하지 않는다. 물론 과학적으로는 땅바닥에 있는 옷도 더 밑으로

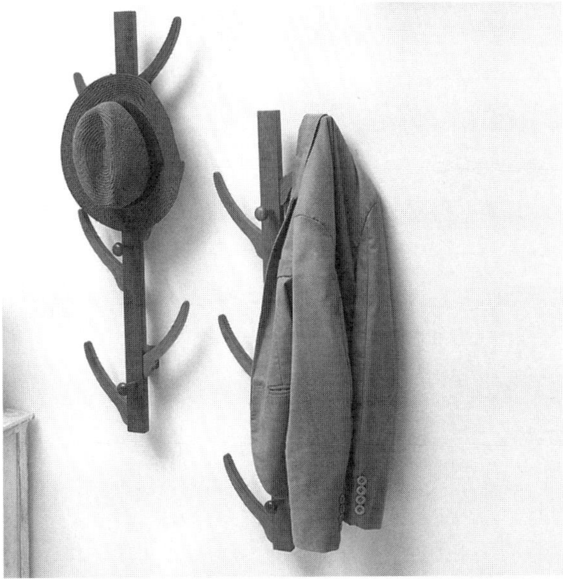

[그림 3-5] 옷걸이에 걸려 있는 코트

내려가려는 힘이 작용하지만, 땅바닥도 밀어내는 힘을 발휘하고 있어서 두 힘의 균형이 맞기 때문에 일상에서 땅바닥에 있는 옷에 의해서 땅바닥에 작용하는 힘을 느끼지는 못한다. m^p는 우리가 중력을 인식할 수 있는 상태를 나타내는 것이다.

[그림 3-6] 양쪽에서 밀고 있는 두 사람

좀 더 이해를 돕기 위해 III번 카드에서 '양쪽의 두 사람이 서로 밀고 있는 상태'라는 반응을 생각해 보자. 양쪽에서 서로 밀고 있는 것을 운동반응으로 채점하는 데 반대할 사람은 없을 것 같다. 그러나 시각적으로 이 둘은 반대로 작용하는 힘이 균형을 이루어 외적으로 보이는 움직임은 없는 상태이다.

맨바닥에 널빤지가 있을 때 널빤지가 바닥에 '매달려 있다.'라고 하지 않는다. 힘의 균형에 따라서 언어적 표현도 달라지는데, 로르샤하에서는 이 언어표현도 매우 중요하다. 또한 옷걸이에 걸린 코트는 그 움직임이 옷걸이에 의지하고 있기 때문에 수동으로 채점해서 m^p가 된다.

m^p의 핵심을 이해하는 데 도움이 되는 또 하나의 예는 '죽은 사람이 머리를 뒤로 젖힌 채 누워 있다.'라는 반응이다. 죽은 사람이 누운 자세로 머리를 곧게 펴고 있으면 움직임이 없는 것으로 보지만, 고개를 젖혀서 ㅅ모양을 만들면 움직임이 있는 것으로 본다. ㅅ모양은 반대 방향의 두 대각선이 서로 기대고 있는 모양인데, 머리와 목이 서로 기대고 있기 때문에(힘이 작용하고 있기 때문에) 어느 하나가 없으면 대각선의 형태를 유지할 수 없어서 무너질 수 있다.

로르샤하에서는 서로 반대 방향으로 힘이 작용하고 있으면, 움직임이 겉으로 드러나지 않아도 움직임이 있는 것으로 본다.

F와는 별도로 M(또는 FM, m)을 따로 채점하는 경우는 움직임이 포함되었을 때 그 의미가 달라지기 때문이다. '박쥐예요.'와 '박쥐가 날아가고 있어요.'는 어떤 차이가 있는 것일까? 로르샤하에서 운동반응, 특히 인간운동반응(M)은 결정인들 중에서 가장 좋은 반응이다. 아니, 로르샤하 구조적 요약에서 나오는 모든 기호 중에서 질적으로 가장 우수하다고 할 수 있다. 왜 그럴까? 로르샤하의 모든 그림은 움직임이 없는 정지 상태이기 때문에 '움직임'이라는 현상은 수검자가 그림에 없는 것을 추가적으로 생산해서 표현한 것이다. 그림에는 움직임이 없고 검사 지시에서도 움직임을 언급하지 않지만, 그림이 여러 생물과 유사한 모양을 가지고 있고 생물의 어떤 모습은 그 자체로 움직임을 떠올리게 하는 면이 있다.

발달질의 +반응과 같은 맥락에서 '드럼 치는 사람'이라는 M반응은 '사람'이라는 기본형태에 '드럼을 친다.'라는 움직임을 연결한 관계 맺기의 결과물이라고 할 수 있다. 탄탄한 기본형태를 바탕으로 관계 맺기를 했으니 반응의 질적 수준이 더 올라가는 것은 너무나도 당연하다. 그리고 카드에서 '움직임'은 없는 정보인데, 수검자가 자발적으로 생각해 낸 것이기 때문에 운동반응은 '창의적인' 반응이다. 게다가 우리가 모두 사람인데 M은 '사람'에 대한 반응이기 때문에 동물이나 사물이 아닌 사람을 동일시하는 것으로, 사람을 더 가까이 느끼고 사람을 편하게 여기는 모습을 더 잘 반영한다고 볼 수 있다.

M=기본형태+관계 맺기+창의성+인간 동일시

3가지 운동반응의 의미를 생각해 보자. 반응에서 인간운동반응(M)이 유난히 많은 사람과 동물운동반응(FM)이 유난히 많은 사람은 어떻게 다를까? 물론 먼저 사람과 동물을 비교하는 게 순서인 듯하지만, 이는 나중에 살펴보겠다.

인간운동반응은 동일시를 잘 나타내는 가장 의미 있는 반응이다. 대부분의 아이는 어려서는 동성 부모와 동일시하고, 자라면서는 동성 친구와 동일시하며 성장한다. 이처럼 동일시는 어떤 식으로든 자신과 가장 비슷한 대상에게 하게 되어 있다. 동일시라는 것은 자신이 살아가는 데 필요한 일종의 롤모델을 찾는 과정이면서 즐거움과 고통을 나눌 수 있는 친구를 찾는 과정이기 때문이다.

그런데 삶의 고통도 대부분 인간관계에서 온다. 그러다 보니 삶이 고통스러운 사람들은 인간관계에서 멀어지고 싶은 마음을 가지게 된다. TV에서 반려동물 프로그램을 보다 보면 '사람은 배신하지만 얘(키우는 강아지)는 배신하지 않아요.'라는 말을 들을 때가 있다. 동물운동반응을 보이는 경우가 이에 해당된다. 다만 동물은 위안을 줄 뿐 문제를 해결해 주지는 않는다. 결국 동물운동반응은 욕구는 있으나 해결하지 못한 상태를 반영한다.

그렇다면 무생물운동반응(m)은 어떤 의미일까? 대학에 다닐 때 심리극에 한창 빠져서 지냈다. 극을 하기 전에 긴장을 풀고 자기개방성을 높이기 위해 워밍업 프로그램을 하는데, 보통은 간단한 게임이나 명상과 관련된 작업을 많이 한다. 어느 날은 워밍업 진행자가 10명 정도 되는 집단원들에게 천천히 자유롭게 걸어 다니도록 했다. 그러던 중 "이제 어느 한 사람 옆에 가서 서 보세요."라고 지시했고, 다들 조금씩 머뭇거리다가 자리를 잡기 시작했다. 사회성이 부족한 나에게 참 어려운 과제였던 것으로 기억하고 있고, 그때 나는 어렵게 누군가의 옆으로 갔던 것 같다. 그런데 나 자신보다는 한 참가자의 행동이 지금까지 머릿속에 강하게 남아 있다. 그 사람은 벽 쪽에 있던 이동식 칠판 옆에 몸을 살짝 기대고 서 있었다. 주변에 10여 명의 사람이 있었음에도 불구하고 아무에게도 동일시를 하지 못하고, 사물에 동일시를 한 것이다. 아마도 다른 사람들과는 아직 너무 어색하니까 집단실 안에 있던 사물 중에서 그나마 키가 비슷한 것을 찾아간 것이 아닐까 하는 생각이 든다.

무생물은 동물보다 더 그 대상을 통한 문제해결의 가능성이 떨어진다. 무생물은 동물처럼 소통을 할 수 없기 때문에 위안을 얻기도 더 힘들다. 동일시의 대상이 무생물에게까지 갔다는 것은 그 사람이 매우 무기력한 상태에 있다는 것을 뜻한다. 같은 과 커플로 유명했는데 애인과 헤어지고 나서 같은 과 사람들을 만나기도 힘들 때 집에 와서 혼자 곰돌이 인형만 만지고 있는 상황과 비슷하다. 이때는 곰돌이 인형(m)을 만지고 있다는 것이 그 사람의 마음을 가장 잘 나타내 준다. 또 어떤 경우에는 힘들 때 배신하지 않는 강아지(FM)를 생각하는 것이 그 순간의 마음을 잘 보여 준다. M이 무조건 동일시가 더 많이 된다고 볼 수 없는 이유이다. 3가지의 운동반응은 각기 다른 상황에 맞게 동일시가 이루어질 뿐이다.

3) 유채색(C, CF, FC, Cn)

간단하게 정리하면, 로르샤하에서 색은 감정인데, 유채색(Color: C)은 유쾌감이고 무채색(aChromatic: C′)은 불쾌감이다. 좀 더 그 의미를 확장하면 유채색은 건강한 감정표현으로 볼 수 있고, 무채색은 우울감, 고통감, 부적응적인 감정상태를 나타내는 것으로 볼 수 있다.

형태(F): 이성적 대처
모든 색: 감정적 대처
유채색(C): 유쾌한 대처
무채색(C′): 불쾌한 대처

무채색(C′)은 검정색, 회색, 흰색의 3가지 색을 말하고, 그 외의 색(빨강, 파랑, 노랑, 초록 등)은 모두 유채색(C)이라고 보면 된다.

CF: '리본이요.' Q) '빨간색이잖아요.' (반응의 근거로 유채색을 말했으니 C를 먼저 쓰고, 리본이 형태를 가지니까 F를 뒤에 쓴다.)

세상 만물은 형태와 색채를 모두 가지고 있고, 수검자의 반응에서도 이 둘을 같이 고려해야 하는 경우가 많다. 유채색(C)은 4가지(C, CF, FC, Cn)로 채점이 되는데, 이를 구분하기 위해서는 모두 형태와 색채의 비율에 대한 판단을 할 수 있어야 한다.

먼저, C는 형태가 없는(애매한) 대상에 대해서 색을 언급할 때 채점한다.

C(형태 X, 색채 O): '피요.' Q) '빨간색이잖아요.'

형태와 색채가 다 포함되어 있는데, 수검자가 색채를 더 강조하면 CF, 형태를 더 강조하면 FC로 채점한다.

CF(형태 O<색채 O): '심장이에요.' Q) '빨간색이어서요.' (심장의 형태를 언급하지 않았으나 심장은 물리적 형태가 있는 대상이어서 F를 준다.)

FC(형태 O>색채 O): '심장이에요.' Q) '생긴 게 그래요. 지금 보니까 색도 빨갛네요.' (반응의 근거로 형태를 먼저 언급하고 있다.)

주로 자신에게 중요한 것을 더 먼저 말하기 때문에 형태와 색채 중에서 수검자가 먼저 말한 것을 앞에 두면 된다. 그러나 항상 그런 것은 아니다. 원칙은 형태와 색채 중에서 더 중요한 의미를 가지는 것을 앞에 두는 것이다.

CF(형태 O<색채 O): '심장이에요.' Q) '그렇게 생겼네요. 근데 지금보다 엄청 빨갛고 지금도 막 움직이는 것 같아요.' (형태를 먼저 말했지만 '엄청 빨갛고'와 같이 색채와 관련된 반응을 매우 강조해서 말하고 있어서 색채가 더 우세한 것으로 본다.)

색채명명(Color naming: Cn)은 '이건 파란색이네요.'와 같이 반응 단계에서의 반응 자체가 '색깔'인 경우에 채점을 하는데, 보통의 검사자료에서는 거의 찾아보기 힘들다. 로르샤하의 기본적인 반응은 그림이 주변 대상들 중 무엇처럼 보이는지 말한 다음에 그림의 어떤 특성 때문에 그렇게 보이는지 설명하는 것이다. 따라서 Cn은 일단 반응에 실패한 것이다. 그런데 색을 언급했다는 것은 색에 민감하다는 것을 나타내고, 로르샤하에서 색은 감정인데 이를 형태(이성)의 개입 가능성이 전혀 없는 상태로 표현했다는 것은 날것 그대로의 원색적인 감정표현을 한 것일 수 있음을 시사한다. 이러한 표현은 미취학 아동이나 자아 강도가 매우 저하되어 있는 성인, 평가 상황에 반항적인 경우, 1형 양극성장애 환자들에서 주로 나타난다.

반응에 색채만 있는 경우와 색채와 형태가 같이 있는 경우는 어떻게 다를까? 색채를 말하는데 형태를 같이 말하는 사람과 형태를 말하지 않는 사람은 어떻게 다를까? 로르샤하에서 색채는 감정이고 형태는 이성이다. 색채만 말하는 사람(C)은 이성의 통제가 전혀 없이 감정반응을 하기 쉽고, 색채만 있는 반응은 1형 양극성장애나 경계선 성격장애에서 주로 나타난다. 반대로 형태만 말하는 사람(F)은 감정적 자원이 너무 빈약하거나 이성적 사고가 너무 앞서는 사람일 수 있다. 그렇다면 FC와 CF의 차이는? 감정과 이성이 둘 다 있긴 한데 이성이 우선하는 사람(FC)과 감정이 우선하는 사람(CF)이라고 볼 수 있다.

CF(형태 O<색채 O): '예쁜 꽃' Q) '초록색 잎이 있고 주황색 잎이에요.'

CF(형태 O<색채 O): '불이요.' Q) '빨간색을 보니까 불이 생각났어요. 불이 치솟아 오르고 있어요.' [빨간색까지만 말했으면 C가 되지만, '치솟아 오른다.'는 무생물운동반응(m) 속에 F가 포함된 것으로 보기 때문에 CF라는 형태로 F를 채점에 반영한다.]

CF(형태 O<색채 O): '빨간 것은 피예요.' Q) '피가 서로 싸우고 있는 곰에 묻어 있어요.' [싸우고 있는 곰은 FM이고 피는 형태가 없지만, 형태가 있는 대상(F)에 붙어 있기 때문에 이때의 피는 형태를 포함하는 것으로 본다.]

로르샤하에서는 나쁜 반응이 좋은 반응에 붙을 때 대개 합산반응의 질적 수준은 좋은 반응으로 정한다. 좋은 반응이 더 우세하다는 말이다. 로르샤하에서는 나쁜 반응이 없는 상태보다 나쁜 반응(스트레스)이 있음에도 불구하고 좋은 반응(자원)이 있는 상태를 더 건강하게 본다. 따라서 좋은 반응의 존재 유무가 언제나 중요하다. 형태가 없는 대상(피, 나쁜 반응)과 형태가 있는 대상(곰, 좋은 반응)이 붙어 있는 '곰에 묻은 피'는 최종적으로 형태가 있는 대상이 된다.

F(형태 O, 색채 X): '예쁜 꽃' Q) '줄기요. 잎이요. 꽃이요.' (구성 요소만 말하고 색채에 대한 언급은 없다.)

FC(형태 O>색채 O): '예쁜 꽃' Q) '줄기요. 잎이요. 꽃이 주황색이네요.' (구성 요소를 말한 다음에 가볍게 색을 언급했다.)

FC(형태 O>색채 O): '산딸기' Q) '이 초록색 부분은 잎과 같은 색이고 수풀의 잎, 딸기 덤불 같아요. 위로 뻗은 모양을 보면 산딸기 같아요.' (색을 먼저 말했지만, 전체적으로 형태를 설명하는 말이 더 많고 구체적이다.)

FC(형태 O>색채 O): '주황색이 불길이에요.' Q) '불길이 치솟아 오르고, 장작이 고르게 타는 캠프파이어에서 대칭적인 인상을 볼 수 있을 것 같고, 한쪽에서 타오르는 것이 다른 쪽에 타오르는 것과 거의 같아요.' (색을 먼저 가볍게 언급하고, '치솟아 오르는 모양'이라는 구체적인 표현을 통해 형태에 더 가중치를 두고 있다.)

이어지는 무채색과 음영에서 형태와의 조합도 이상의 설명을 참고하면 된다.

4) 무채색(C', C'F, FC')

로르샤하에서 무채색(C')은 '검정색, 흰색, 회색'의 3가지 색을 말한다. 우리말에는 색을 표현하는 단어가 애매한 경우가 많은데, 이 3가지 색의 명확한 명칭이 부여된 경우를 제외한 '거무스름하다.' '희끄무리죽죽하다.' 등의 애매한 색의 표현은 Y로 채점한다(Y에 대해서는 음영 부분에서 구체적으로 설명하겠다). 무채색은 오로지 수검자의 입에서 '검정색, 흰색, 회색'의 3가지 색이 명확하게 언급되었을 때만 채점한다.

FC'(형태 O>무채색 O): '박쥐예요.' Q) '그렇게 생겼고, 색도 검잖아요.' ('그렇게 생겼다.'라고 형태를 먼저 말했기 때문에 F가 앞에 온다.)

C'F(형태 O<무채색 O): '여기는 눈(eye) 같아요.' Q) '흰색이네요.' (무채색을 먼저 언급해서 C'가 먼저 오고, '눈'은 형태가 있는 대상이기 때문에 F를 추가한다.)

C'(형태 X<무채색 O): '연기예요.' Q) '회색이어서 그래요.' (색만 언급했고, 연기는 정형화된 형태가 없는 대상이어서 C'만 준다.)

F(형태 O>무채색 X): '눈이 쌓여 있네요.' Q) '그냥 그렇게 보여요.' (눈은 흰색을 떠올리게 하지만, 수검자의 말에는 이를 시사하는 내용이 없기 때문에 기본값으로 F를 준다.)

FC'(형태 O>무채색 O): '곰이 싸우고 있어요. 그리고 흰색인 걸 보니 북극곰이에요.' (곰이 싸우고 있어서 FM이 되고 FM에는 F가 포함되는데, '싸운다.'라는 정보가 '흰색'이라는 색깔 정보보다 중요하기 때문에 F가 먼저 온다.)

C'는 우울한 기분을 나타낸다. 우리는 우울할 때 방을 어둡게 하고 옷도 우중충하

게 입고 표정도 '어둡다.'라는 말을 사용한다. 이는 거의 집단무의식에 가까운 것이기 때문에 긴 설명이 필요하진 않은 것 같다.

5) 음영

음영(shading)은 수검자가 보통 '밝다.' '어둡다.' '진하다.' '흐리다.' 등의 단어를 사용했을 때 채점하는데, 이 단어들은 모두 '색의 애매한 상태'를 나타낸다. 음영은 다시 음영-재질, 음영-차원, 음영-확산의 3가지로 구분하는데, 이를 구분하기 위해서는 방금 제시한 순서대로 음영-재질부터 확인하면 된다.

> 음영이 근거로 사용되었다고 예상될 때, 음영-재질 여부를 가장 먼저 확인하고, 다음은 음영-차원, 음영-확산 순으로 확인하는 것을 권한다.

(1) 음영-재질(T)

음영은 '흐리다.' '진하다.' 등 애매한 색의 상태를 말하는데, 음영-재질은 약간 예외적인 특성을 가진다. 재질은 영어로 texture인데, 이는 인간의 5개 감각 중에서 촉감(touch)과 관련이 있는 속성이다. 따라서 직접적인 말로 애매한 색을 언급하지 않아도 수검자가 촉감을 인식했다는 것을 확인할 수 있으면 T로 채점한다. 실제로도 직접 색을 언급하기보다는 촉감 자체를 말과 행동으로 표현하는 경우가 더 많다.

VI번 카드를 보고 "가죽이에요. 가운데가 흐리고 진한 게 (섞여서) 꼭 털 같아요."라고 하면서 음영을 말로 표현하는 것이 가장 기본적인 예라고 할 수 있지만, "가죽이에요. 여기가 보들보들한 것 같아요."라고 하듯이 음영에 대한 언급이 없이 '보들보들하다.'라는 촉감을 나타내는 단어만 사용할 수도 있고, "여기가 가죽 같네요."라고 하면서 직접 카드를 문지르려는 행동을 보일 수도 있다. 세 경우 모두 T로 채점한다.

> 로르샤하에서는 전적으로 수검자의 언어표현을 근거로 채점을 하지만, 예외적으로 음영-재질은 말로 표현하지 않아도 인정하고 있는데, 이는 촉감이라는 감각을 느끼는 것 자체를 중요하게 보기 때문이다.

여기서 잠깐 촉감의 역할에 대해서 생각해 보자. 우리는 피부에서 크게 2가지 감각을 느낀다. 하나는 물리적인 압력을 느끼는 것이고(압감), 다른 하나는 온도를 느끼는 것이다(온도감). 압감은 피부가 눌렸을 때 느껴지는 감각이다. 물건을 손으로 움켜잡을 때, 손에 있는 각각의 피부 영역은 해당 부위에서 눌리는 압력의 정도를 뇌로 전달한다. 턱걸이를 위해서 철봉을 세게 잡고 있을 때, 펜을 잡고 글을 쓰고 있을 때, 부드러운 털을 만질 때 등이 모두 피부에서 압력을 느끼는 경우이다.

촉감=압감+온도감

온도감은 피부와의 직접적인 접촉을 통하지 않고 느껴지는 감각으로, '차가움-뜨거움'의 차원에서 중간 어디쯤을 나타낸다. 따라서 '뜨겁다.' '따뜻하다.' '차갑다.' '미지근하다.' 등 온도를 나타내는 말들도 재질반응에 들어간다.

부드러운 털 같은 포근한 느낌이 나는 것만 재질반응으로 보기 쉬운데, 이와는 전혀 다른 촉감을 전해 주는 '젖은 것처럼 보인다.' '매끈하다.' '딱딱하다.' 등의 표현들도 촉감에 해당하기 때문에 T로 채점한다. 다만, 기호는 T로 같더라도 '부드러운 털'이라고 반응한 사람은 친밀감을 적당히 느낀다고 보는 반면, '차갑다.' '딱딱하다.' 등의 반응을 한 사람은 (어쨌든 T가 있다는 것을 근거로) 친밀감에 대한 욕구는 있으나 주변 환경을 냉정하게 인식하고 있을 것으로 보이는데, 아마도 과거에 가까운 사람에게 상처를 받았을 가능성이 높다.

재질로 채점을 하기 위해서는 언어표현을 잘 분석해야 하는 경우도 있다. 보통 "가죽이요."라고 하고는 '색이 그렇게 보인다.' '선이 그려진 방식이 그렇다.' '색이 혼합되어 있는 것 같다.' 등의 대답을 한다면 이 역시 음영-재질로 채점을 한다. 보통 사람들은 로르샤하에서 음영이라고 말하는 현상을 말로 잘 표현하지 못한다. 그런데 색이 섞여 있으니 명확한 색을 표현하지 못하는 게 사실은 더 당연하다. "뭐라고 설명하긴 어려운데 색이 좀 그러네요."라고 한다면, 이 말은 색을 통해 재질을 인식한 것으로 봐서 T로 채점한다.

재질반응이 많다는 것은 무엇을 의미할까? Harry Harlow(1969)의 원숭이 실험에서 알 수 있듯이 촉감(touch)은 애착(attachment) 형성에서 가장 중요한 부분을 차지한다. 그리고 애착은 친밀감(intimacy)을 의미한다. 신체접촉은 가까운 사람과 하는 것이다. 가장 가까운 관계인 부부의 신체접촉이 얼마나 가깝게 이루어지는가를 생각해 보면 이해하기 쉬울 것이다. 반대로 정말 싫은 사람하고는 아주 가벼운 접촉을 하는 것도 불쾌해한다. 따라서 촉감을 다른 감각보다 더 자주 느낀다는 것은 주변 사람들과 가깝고 친밀해지고 싶은 욕구가 높다는 것을 의미한다. 기본적인 친밀감은 부모와의 초기 애착관계를 통해서 형성되는 것으로 이후 대인관계 친밀감의 기본 바탕이 된다. 그러니 경계선 성격장애 환자가 촉감을 가장 느끼기 쉬운 VI번 카드를 어려워하는 것은 어찌 보면 당연한 일이다.

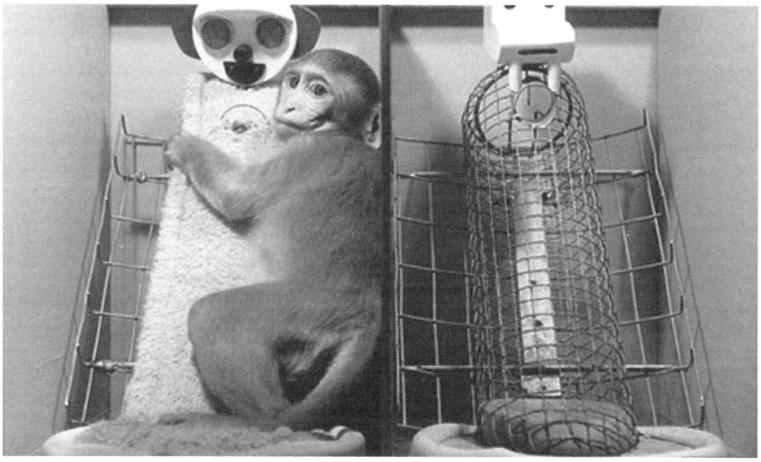

[그림 3-7] Harry Harlow의 원숭이 실험

(2) 음영-차원(V)

차원(dimension)이라는 말은 언뜻 그 의미가 잘 이해되지 않는다. 2차원, 3차원 등의 단어를 떠올리면 이해하기 쉬워지는데, 여기서 차원이라 함은 '깊이(거리) 지각'을 의미한다. 로르샤하에서 차원을 지각하는 방식은 음영-차원, 형태-차원의 2가지가 있다. 간단하게 구분하면, 음영-차원은 '흐리다.' '진하다.' 등 애매한 색의 상태를 근거로 차원을 말하는 것이고, 형태-차원은 생긴 모양을 근거로 차원을 말하는 것이다. 형태-차원은 뒤에서 다시 살펴보기로 하고, 여기서는 음영-차원에 대해 알아보겠다.

[그림 3-8] 깊이 지각, 거리 지각의 예

V: '깊은 계곡이다. 가운데가 진해서 더 깊어 보인다.' [계곡은 정형화된 형태가 있다고 말하기 어렵고(F 제외), 깊이를 언급했으니 음영-차원(V)이나 형태-차원(FD)이 되어야 하는데, '가운데가 진하다.'라고 음영을 근거로 제시했기 때문에 V만 채점한다.]

FV: '두 사람이 있는데 한 사람은 뒤에 있다.' Q) '색이 진해서 그렇다.' (두 사람이 있다고 해서 일단 형태가 명확하게 언급되었고, '뒤에 있다.'라는 말을 통해 거리감을 표현하였으며, 그 근거로 색의 진하기를 언급하였기 때문이다.)

'깊다.' '얕다.' 등의 단어로 차원을 표현하는 경우가 많긴 하지만, '~ 아래에 있다.' '~ 뒤에 있다.' '공중에서 본 것 같다.' '깊이 들어가 있는 것 같다.' '여기가 더 멀다.' 등의 표현도 차원(깊이 및 거리 지각)을 나타내는 말이다. 이는 형태-차원(FD)에도 똑같이 적용된다.

2차원인 그림을 보고 3차원을 지각했다는 것은 어떤 의미가 있는 것일까? 각 카드를 보고 할 수 있는 반응은 무궁무진함에도 불구하고 하필 음영-차원반응을 했다면 이 반응과 관련된 주제가 수검자에게 매우 중요한 것이다. 3차원 지각을 한다는 것은 사물을 깊이 있게 지각한다고 볼 수도 있고, 한편으로는 M과 마찬가지로 그림에 없는 창의적 반응을 추가하는 것이기도 하다. 일반적으로 생각하는 것보다 깊이 생각하면 어떤 일이 벌어질까? 깊이 생각한다고 하니까 발전적인 것으로 보기 쉽지만, 깊이 생각한다는 것은 곧 같은 주제를 오랫동안 반복해서 생각한다는 말이기도 하다. 문제 상황을 명확하게 파악하고 객관화한 상태에서는 깊이 생각하는 것이 더 큰 장점이 될 수 있지만, 문제파악을 애매하게 하면 애초에 문제해결 가능성이 떨어지기 때문에 그 상태에서 오랫동안 반복해서 생각하는 것이 오히려 문제해결을 방해하여 자신에 대한 부정적 인상을 키울 수 있다. 여기서 전자는 FD에 대한 해석이고, 후자는 V(FV, VF)에 대한 해석이다.

깊이 있게 생각하는 것 자체는 좋고 나쁜 방향성을 가지지 않는다. 다만 정해진 방향성으로 강도를 강화시키는 역할을 한다. 그래서 긍정적인 쪽으로 생각하기 시작하면 더 과대한 자아상으로 연결되고, 부정적인 쪽으로 생각하기 시작하면 더 우울하고 고통스러워질 수 있다.

음영-차원(V)은 부정적인 쪽으로 깊이 있게 생각하는 경향을 나타낸다.

(3) 음영-확산(Y)

음영이 들어가 있는데, 음영-재질(T)이나 음영-차원(V)이 아니라면 음영-확산(Y)으로 채점한다. 음영-확산(Y)는 주로 '어둡다.' '밝다.' 등의 단어로 표현된다. 확산(diffuse)의 뜻은 무언가가 퍼지는 것에 초점이 맞춰져 있지만, 퍼지는 것의 주체가 색이고, 색이 퍼지면 색의 명확성은 떨어진다. 파란색의 물감을 물에 떨어트리면 색이 퍼지면서 색의 강도는 옅어진다.

음영-확산(Y)의 초점은 색의 명확성이 떨어져서 애매해지는 것에 있다.

따라서 '밝다.' '어둡다.' '진하다.' '흐리다.' 등 색의 강도를 나타내는 단어가 나오면 Y로 채점한다. 수검자가 "모든 것이 밤처럼 어두워요."라고 하면 이 반응은 Y가 된다. '손가락 그림처럼 색이 막 그냥 섞인 것 같아요.'라는 반응도 Y가 되는데, '색이 섞여 있다.'라는 개념도 색의 애매한 상태를 나타내는 것으로 보기 때문이다. 흔히 헷갈릴 수 있는 무채색(C')과 비교해 보면, '회색'은 색을 분명하게 표현한 것이고, (비록 그 의미는 부정적이지만) 이로 인해 명확하게 의사전달이 될 수 있다. 그러나 음영은 설사 그것이 밝은 쪽이거나('밝다.') 유채색이더라도('파랑색이 점점 옅어진다.') 색을 명확하게 말하지 못한 것이고, 결국은 색을 말하는 데 실패한 것이다.

로르샤하에서는 형태든 색채든 명확하게 말하는 게 가장 중요하다.

6) 형태-차원(FD)

형태-차원(FD)에서 '차원'은 앞서 음영-차원에서 말한 것처럼 깊이 지각, 거리 지각을 의미한다. 같은 현상을 평행선상에서 보면 거리 지각이라고 하고, 높이를 달리해서 보면 깊이 지각이라고 한다. 로르샤하에서 주어지는 그림은 2차원인데, 3차원 공간에서 필요한 거리 지각을 하고 있는 것이다. 거리를 지각하는 방식은 두 눈을 사용하는 양안단서와 한 눈만 있어도 가능한 단안단서의 2가지가 있는데, 양안단서는 실제 3차원 상황이어야 가능하기 때문에 로르샤하 그림에 적용되는 것은 단안단서, 즉 한 눈으로 거리 지각을 하는 방법이다. 이 방법에는 가리기, 흐리고 진하기, 크기 차이 등 여러 가지가 영향을 준다. 다시 말하면, 단안단서를 통해 거리 지각을 하고 이를 말로 표현하면 차원이 되는데, 흐리고 진하기 같은 애매한 색을 근거로 하면 '음영-차원'이 되고 가리기(중첩), 크기 차이 등의 형태를 근거로 하면 '형태-차원'이 된다.

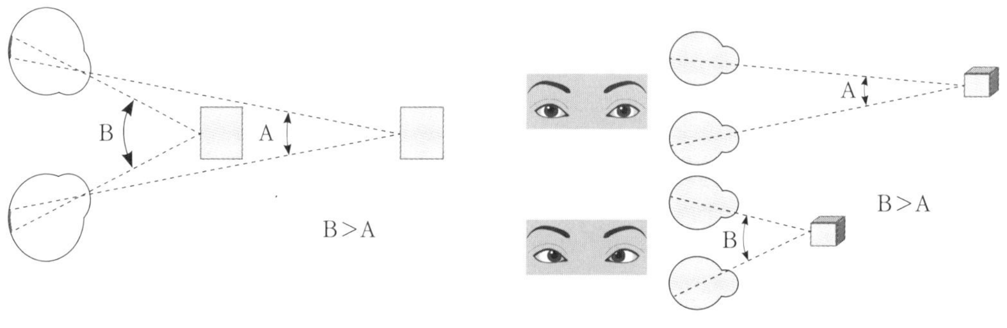

[그림 3-9] 양안단서의 예

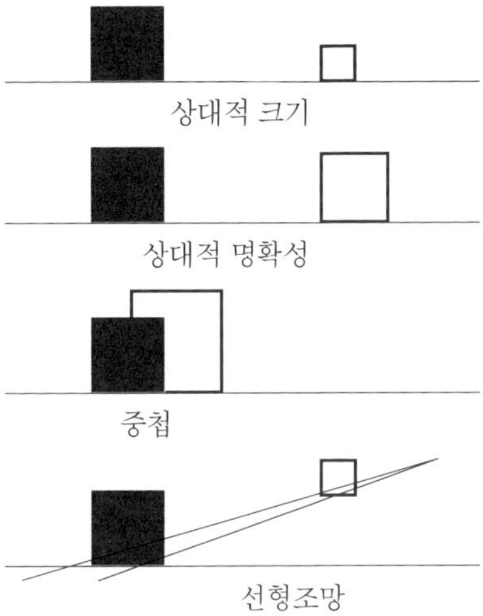

[그림 3-10] 단안단서의 예

FD: Ⅳ번 카드 '거인. 거인이 위에서 내려다보고 있는 것 같다. 머리가 작고 발이 크다. 작은 걸 보니 위에 (멀리) 있고 발이 크니 아래에 (가까이) 있는 것 같이 보인다.' ['위에서 내려다보고 있다.'가 거리 지각을 하고 있음을 나타내고, '머리가 작아서 위에 있다.'라고 함으로써 형태(머리가 작아서)를 근거로 거리 지각(위에 있음)을 하고 있음을 설명하고 있다.]

FD: Ⅴ번 카드 '가운데 사람이 있고, 그 뒤에 큰 나비가 서 있네요.' [가운데 있는 사람이 나비의 일부분을 가리고 있다는 것을 말함으로써 나비가 뒤에(거리상 더 멀리) 있다는 것을 말해 준다. 이 경우는 단안단서의 중첩에 해당된다.]

FD는 (발전적으로) 깊이 있는 사고력을 나타낸다. 그래서 수검자의 반응에서 FD가 1~2개 정도 적당히 있으면 심리적으로 건강하고 사고의 수준이 높다고 보면 된다. 반면에 FD가 하나도 없으면 깊이 있는 생각을 하지 못한다고 보면 된다. 그런데 FD가 4~5개 정도 되면 어떨까? 이렇게 한 반응에서 FD가 많은 경우는 거의 없지만 그런 반응을 하는 사람은 깊이 있는 생각만 너무 많이 하는 사람이고, 그와 같이 편중되어 있으면 오히려 문제해결의 균형을 이루지 못해서 자신을 해치는 결과가 나올 수도 있다. 인생의 근원적인 이치를 파헤치는 데 몰입한 나머지 누구나 다 하는 현실 적응을 하지 못하는 가난한 철학자는 과연 행복할까?

7) 쌍반응과 반사반응

쌍반응[(2)]과 반사반응(r)은 모두 대칭으로 반응했을 때만 채점한다. 기록할 때는 다음과 같이 반사반응은 결정인 위치에 넣고, 쌍반응은 결정인과 반응내용 사이에 넣는다.

D+ Mao **(2)** H 4.0

W+ FMa,**Fr**o A,Ls P 4.5

표기 위치가 다른 것에 대해서 생각해 보자. 반사반응은 결정인 중의 하나이고, 쌍반응은 결정인과는 완전히 다른 개념이다. 결정인(반사반응)은 1차 시행에서 수검자가 한 반응을 하게 된 이유를 말하는 것이라면, 쌍반응은 반응의 결과라고 말할 수 있다.

쌍반응은 좌우대칭으로 있는 동일한 2개의 대상을 보고하는 것으로, I번 카드에서 양쪽의 D2 영역을 보고 곰 두 마리라고 하면 A(동물 전체)와 함께 (2)라고 표기한다. VIII번 카드에서 '벌레 두 마리'라고 했는데, D4와 D2라면 이는 쌍반응이 아니다. 쌍반응은 좌우대칭이어야 한다. III번 카드에서 양쪽의 D9를 보고 "사람이에요. 근데 여기는 남자, 여기는 여자예요."라고 하면, 언어적으로 양쪽의 사람이 각기 다른 사람임을 분명히 했기 때문에 이 경우는 쌍반응이 아니다. 단, 마음속으로는 남녀로 봤더라도 이를 표현하지 않고 '둘 다 사람이다.'라고 말했다면 H(인간 전체)와 함께 (2)를 표기한다.

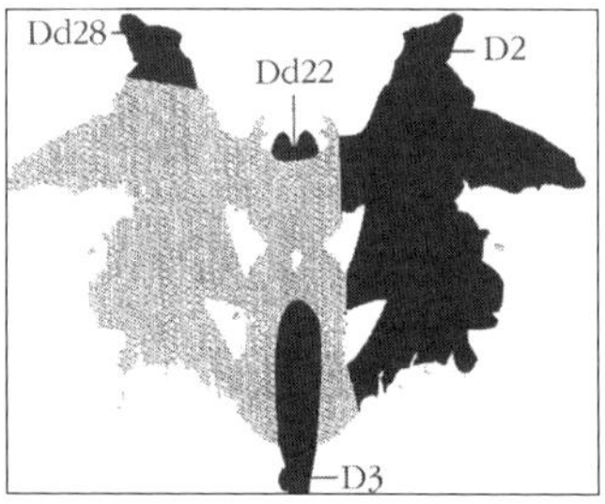

I번 카드 D2

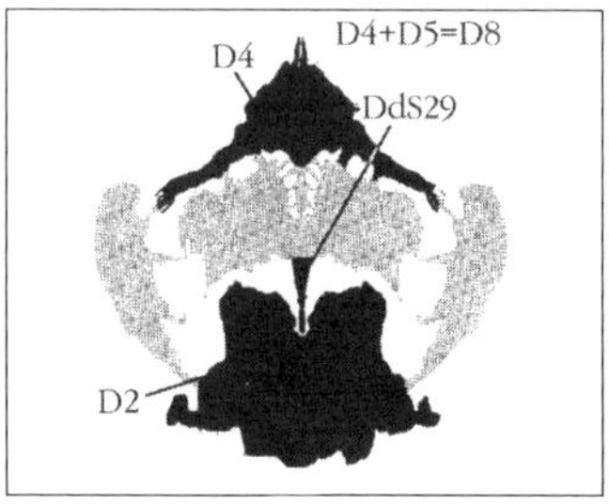

VIII번 카드 D4, D2

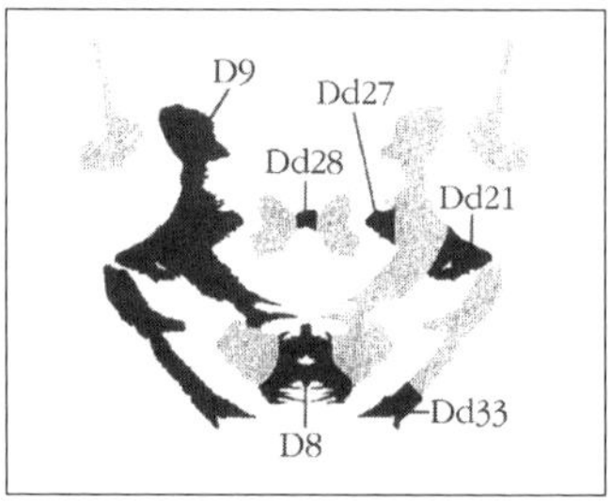

III번 카드 D9

우리나라에서는 수검자가 쌍반응을 자발적으로 하는 경우가 많지 않다. 따라서 초반 2~3개 카드에서 수검자가 쌍반응이 예상되는 반응을 했을 때, "하나인가요? 둘인가요?"라고 자연스럽게 물어봄으로써 수검자가 '둘인 경우에는 둘이라고 말을 하면 되는구나.'라고 생각할 수 있게 방향을 잡아 주는 것이 좋다.

반사반응(reflection: r)은 좌우대칭으로 동일한 2개의 대상을 언급하지만, 실제 대상은 하나이고 나머지 하나는 거울이나 물에 비친(반영된) 모습으로 말할 때 채점한다. r은 단독으로 표기할 수 없으며(형태가 존재하지 않으면 대칭 자체가 불가능하므로), 형태가 있는 대상이 반사된 것을 언급하는 경우가 많아서 rF는 거의 없고 Fr이 훨씬 많다.

Fr: Ⅷ번 카드 '사자가 땅을 걷고 있는데, 이게 호수에 비치고 있어요.' ('사자'라는 명확한 형태가 있으면서 반사가 나타나고 있다.), Ⅲ번 카드 '사람이 거울을 보고 있어요.' ('사람'이라는 명확한 형태가 있으면서 반사가 나타나고 있다.)
rF: Ⅷ번 카드 '호수에 숲이 반사된 것 같아요. 여기가 숲이고요.' (반사되었다는 것을 먼저 강조했고, 숲은 형태가 불분명한 대상이다.)

반사반응은 전체반응 중에서 단 하나만 있어도 그 심리적 특성이 강하게 나타나는 경우가 많다. 그리스 신화를 보면 나르키소스가 물에 비친 자기 모습에 반해서 결국 물에 빠져 죽는 장면이 나온다. 이처럼 자기애가 심하면 목숨을 잃을 정도의 폐해가 생길 수 있다는 말인데, 여기서 중요한 것은 '물에 비친 자기 모습'이라는 문구이다. 평소보다 유난히 거울 보는 시간이 길어질 때가 있다. '오늘은 잘 자서 그런지 피부가 좋네. 이 정도면 오늘 모임에 나갈 만하겠는 걸.' 이렇게 자신에 대해서 긍정적인 생각을 할 때 자신을 더 많이 보고 싶어지는데, 이는 거울을 보는 것뿐만 아니라 다른 행동을 통해서도 알 수 있다. 가끔 SNS에 글을 하나 올려놓고 나서 스스로 잘 썼다는 생각이 들면 자신이 쓴 글을 반복해서 읽는다. SNS에 셀카를 자주 찍어 올리는 사람들은 자신감이 넘친다. 자기개방, 특히 자기 얼굴을 개방하는 것은 확실한 자신감의 표현이다. 그런데 자존감이 낮은 사람들은 대개 사진을 찍기 싫어한다. 심한 사람들은 자신의 비중이 그리 크지 않은 단체사진을 찍는 것까지도 병적으로 피하기도 한다.

[그림 3-11] 나르키소스

반사반응은 무언가를 비춰 보고 싶은 마음을 드러내는데, 여기서 '무언가'는 수검자에게 중요한 대상, 즉 자기 자신이다.

그렇다면 쌍반응은 어떤 의미인가? 사람 2명, 고양이 두 마리, 곰 두 마리 등 쌍으로 되어 있는 대상들을 많이 보는 사람은 어떤 심리상태에 있는가? 자기중심성 지표의 계산식과 해석을 보면, 쌍반응의 의미를 이해하는 데 도움이 된다. 먼저 계산식을 보면 반사반응과 쌍반응의 증가는 모두 자기중심적 성향의 향상에 기여한다. 그러나 반사반응이 3배의 기여도를 가짐으로써 상대적으로 자기중심적 성향에 대한 쌍반응의 기여도는 낮아진다. 그리고 이 두 기호의 해석을 살펴보면 반사반응이 있을 때는 자기애적 성향이 있지만, 반사반응 없이 쌍반응만 있을 때는 우울감이 커진다고 되어 있다(Exner, 2006). 따라서 쌍반응은 '자기반추' 성향을 나타낸다고 보는 것이 적당한 것 같다.

자기중심성 지표={3r+(2)}/R

가만히 생각해 보면 자기반추와 쌍반응은 이미 우리 생활에서 익숙하다. 의사결정을 할 때 우리는 항상 머릿속에 착한 놈과 나쁜 놈이 다투는 과정을 거친다. 싸워야 하나, 말아야 하나? 먹어야 하나, 말아야 하나? 줘야 되나, 안 줘도 되나? 항상 양자택일을 하게 되고 대부분의 사람은 무리 없이 하나를 선택하지만, 결정을 하지 못하는 사람은 계속해서 양쪽을 모두 포기하지 못하고 미결정 상태에 애매하게 있는데 익숙해진다. 이러한 행동을 반추라고 하는데, 자기반추, 사고반추는 우울, 불안 등의 불안정한 정서상태에서 많이 나타난다.

8) 복합결정인-혼합반응

한 반응에서 결정인은 여러 가지를 같이 쓸 수 있고 이론적으로 개수의 제한은 없지만, 4개 이상인 경우는 거의 없다. 그리고 결정인이 많아지면 중복 채점이 되는 경향이 있어서 이를 피하기 위한 몇 가지 규칙이 있다. 기록 순서는 수검자가 말한 시간 순서대로 기록하는 것이 기본이다. 그리고 동일한 단어나 구는 2회 이상 채점할 수 없다. 하나의 단어가 하나의 결정인으로 채점이 되었다면, 다른 결정인의 근거로 다시 사용되어서는 안 된다. 동일한 결정인도 2회 이상 채점할 수 없는데, 여기서 동일하다는 것은 앞의 결정인 구분에서 동일 영역을 뜻한다. 예를 들면, C, CF, FC, Cn의 4가지 기호는 유채색이라는 하나의 동일한 결정인으로 묶인다. 따라서 1개 반응 내에서 CF로 한 번 채점했으면 FC로 추가 채점을 하면 안 된다.

FM^a.CF: '두 마리의 곰이 빨간 모자(FC)를 쓰고 서로 싸우고 있고, 아래 붉은 것은 곰들에게 묻어 있는 피(CF)이다.' [우선 곰이 싸우고 있다는 정보가 가장 먼저 나온 중요한 정보이기 때문에 FM^a를 먼저 표기한다. 다음은 빨간 모자(FC)와 곰에게 묻은 피(CF)가 동일 결정인이기 때문에 어느 하나로 결정을 해야 하는데, 모자보다는 피가 중요한 정보이기 때문에 CF로 결정했다.]

한 반응에서 동일 결정인이 겹칠 때는 가장 의미가 강한 것으로 하나만 쓴다.

4. 형태질

〈표 3-5〉 형태질의 기호와 기준

기호	정의	기준
+	정교한 형태 (Ordinary－Elaborated)	o로 채점할 수 있는 반응에서 형태를 비일상적으로 자세하게 설명한 경우. 형태사용의 적합성이 유지되면서 반응의 질을 풍부하게 하는 방식으로 설명되는 경향이 있음. +반응은 반드시 독창적이거나 창조적이지는 않지만 자세한 형태가 사용되고 설명하는 방법이 두드러짐
o	온전한 형태 (Ordinary)	대상을 설명하기 위해 일반적인 형태특징을 쉽게 말한 일상적인 반응. 이러한 반응들은 형태질 자료(data pool)에서 W와 D 영역에 대해서는 적어도 2% 또는 Dd 영역에 대해서는 적어도 50명이 보고한 반응임. 형태특징을 정교화시켰다고 해서 반응이 비일상적으로 풍부해지지는 않아야 함
u	특이한 형태 (Unusual)	포함된 기본적인 윤곽이 적절한 낮은 빈도의 반응. 빨리 쉽게 알아볼 수 있는 비일상적인 반응
−	왜곡된 형태 (Minus)	반응을 형성하는 데 있어서 형태가 왜곡되고, 임의적이고, 비현실적으로 사용된 경우. 사용한 영역의 윤곽을 전부 또는 거의 전부 무시하고 반점 구조에 대해 반응한 경우. 흔히 반점에 없는 인위적 선이나 윤곽을 만들어서 반응할 수 있음

출처: Exner (2006: 76).

형태질(form quality)은 수검자가 말한 반응 형태의 질적 수준을 4가지(+, o, u, −)로 나눈 것으로 다음과 같이 결정인에 붙여서 표시를 한다.

FM^p.FC**+**, M^a**o**, TF**u**, FD−

발달질과 헷갈릴 수 있는 부분이 있어서 비교해서 설명해 보겠다. 우선 발달질의 초점은 자극 간 관계 맺기(+)의 정도를 구분하는 것이고, 형태질의 초점은 수검자가 말한 대상의 형태적합성(대상의 형태가 얼마나 진짜 그 대상과 비슷한가)을 파악하는 것이다.

발달질: 관계 맺기(+)의 정도
형태질: 외형상 수검자의 반응과 실제 대상의 형태가 비슷한 정도

발달질에서는 '형태의 존재를 지각하는지' 정도만 감별했다면 형태질에서는 '지각한 형태의 질적 수준'을 구분해야 한다. 수검자가 사용한 반점 영역이 수검자가 보고한 대상의 시지각적인 형태적 요소와 얼마나 일치하는지가 중요하다. 따라서 발달질이 o인 것과 형태질이 o인 것은 별개의 사안이고, 발달질이 무엇이든 상관없이 형태질은 언제나 4개가 모두 가능하다.

발달질이 o라고 해서 형태질이 꼭 o인 것은 아니다.

I번 카드 D2 영역을 보고 '사람'이라고 했을 때, 정말 사람의 형태와 시각적으로 얼마나 가까운가를 판단해서 그 수준을 표기한다. 여기서 D2를 '사람'이라고 하는 것은 o이다. 그런데 형태의 비슷함을 어떤 기준으로 정의할까? Exner(2006)가 정리한 형태질 기준표에는 9,500여 명의 자료를 바탕으로 10개 카드의 각 영역과 영역별 형태질에 대한 정보가 정리되어 있다. 'W와 D 영역에서의 형태질 o'는 9,500여 명 중에서 W와 D 반응을 보인 사람들 중 적어도 2%(190명) 이상의 사람들이 한 반응이다. 'Dd 영역에서의 형태질 o'는 9,500명 중에서 Dd반응을 보인 사람들 중 적어도 50명 이상이 해당 영역을 사용했고, 그중에서 2/3 이상이 같은 반응을 했을 때 형태질 기준표에 포함된다. 로르샤하에서는 이와 같은 수리적 방법을 통해서 기준을 제시하고 있다.

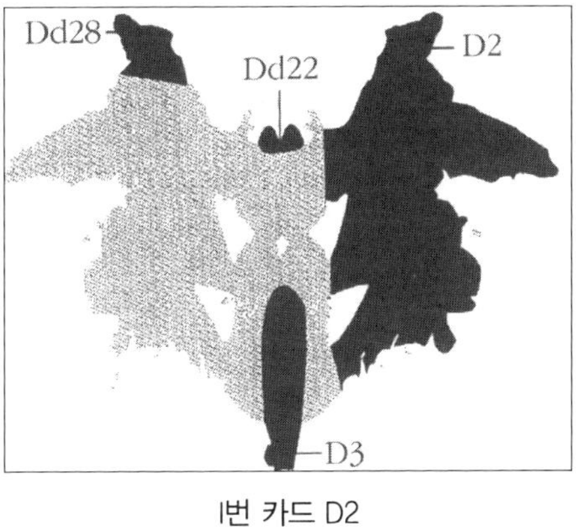

I번 카드 D2

간단히 말하면, 형태질 구분의 기준은 '다른 사람들이 얼마나 많이 그 반응을 했는가'이다.

D8

–		가슴
–		강
u		게
u		골격(늑골을 제외한 구체적)
o		골격(불특정)
u		괴물
u	V	꽃병
–		뇌간
o		늑골, 갈비뼈
u		돌
u		램프
u		모래시계
u	V	바구니
o		뼈(들)
u	V	술잔
u		얼굴(외계인, 괴물)
–		용
–		질(해부)
–		호박
u		호수(산 위에 있는)
u	V	횃불
–		X-ray

D9

o		개
–		개미
–		거미
–		곤충
u		괴물
u		구름
o		꼭두각시
–		나무
u		동물(불특정)
o		마녀
o		만화 인물
–		벌레
u		병아리
–		뿌리
u	V	산
u		조각상
o		새
o		새끼양
u		악마, 귀신
u		앵무새
o		양
u		도깨비 상자(열면 물건이 튀어나오는 상자)
u		오리
o		원숭이
u		귀신
o		인간
o		인형
–		잎(나무 전체의)
–		킹콩
–		토끼
u	V	풍경
u		골격
–		해부
–		X-ray

[그림 3-12] 형태질 기준표 Ⅲ번 카드 D9 영역 '인간'의 형태질 o

출처: Exner (2006: 173).

형태질의 표기를 위해서는 수검자의 반응을 형태질 기준표에서 찾으면 된다. III번 카드에서 D9 영역을 '사람'이라고 하면, 형태질 기준표에서 III번 카드 D9 영역에서 가장 비슷한 대상을 찾으면 된다. 'o 인간'이라고 되어 있다([그림 3-12] 참조).

II번 카드에서 전체 영역(W)을 대상으로 '양쪽에 곰 두 마리'를 보면 o이다. 위쪽을 머리로 보고 아래는 몸통으로 보면 대부분 별다른 이견 없이 '그렇게 볼 만하다.'라고 여길 수 있는 반응이다. 그런데 II번 카드의 전체 영역(W)을 대상으로 '심장'이라고 하면 −이다. 어떤 사람들은 심장이라는 반응에 동의할 수도 있겠지만, 통계적으로 사람들이 많이 하지 않는 반응이기 때문에 −가 된다.

한글로 소통하기 편하게 하기 위해 o는 '온전한 형태', u는 '특이한 형태', −는 '왜곡된 형태'로 칭한다.

특이한 형태(u)와 왜곡된 형태(−)의 수리적 근거를 살펴보자. 사람들이 흔히 보는 영역인 W와 D에서 2% 미만이 반응했고 Dd 영역에서는 50명 이하가 반응했는데, 전문가 3명이 개연성을 인정하면 특이한 형태(u)가 되고 그렇지 않으면 왜곡된 형태(−)가 된다. 왜곡된 형태(−)는 그만큼 사람들이 거의 하지 않은 반응이지만, 자료로 나올 정도라면 누군가는 그 반응을 한 것이다. 형태질 기준표에 있는 왜곡된 형태(−)는 많은 사람이 하진 않았지만 9,500여 명의 자료 중에서 적어도 4번 이상 나온 반응이다.

형태를 보는 방식은 수검자의 사고방식을 나타낸다고 생각하면 된다. 온전한(ordinary) 형태를 많이 보는 사람은 사고방식이 온전하다고 볼 수 있다. 온전한 사고방식은 현실적이고 객관적인 판단을 할 수 있음을 뜻한다. 특이한(unusual) 형태를 많이 보는 사람은 사고방식이 특이하다고 볼 수 있고, 왜곡된(distorted) 형태를 많이 보는 사람은 사고방식이 왜곡되어 있다고 보면 된다.

온전한(ordinary) 형태(사고방식)
특이한(unusual) 형태(사고방식) vs. 왜곡된(distorted) 형태(사고방식)

일단 온전한 사고방식(o)과 특이한 사고방식(u)을 하나로 묶고, 왜곡된 사고방식(−)을 따로 보는 것이 좋다. 온전하거나 특이한 사고방식으로는 현실적이고 객관적인 판단을 하는 데 무리가 없는 반면, 왜곡된 사고방식으로는 현실적인 판단을 하기 어렵다. 2×7이라는 곱하기 문제를 풀 때, 제대로 곱셈을 외워서 해도 되고(o), 2를 7번 더해도(u) 답을 구할 수 있지만, 2에서 7을 빼면 완전히 틀린 답이 된다. 이럴 때는 대부분 상황을 객관적으로도 보지 못하는 경우가 많다. 그래서 현실적 판단과 객관적 판단은 같이 언급되는 경우가 많다.

현실적 판단은 현실적 손익에 따른 판단을 말하고, 객관적 판단은 보통의 주변 사람들 다수가 동의할 수 있는 판단을 말한다.

동료직원과 갈등이 있다고 해서 다음 날 출근을 하지 않는다면 연령과 학력에 맞는 현실적 대응을 하지 못하는 것이다. 그런데 이렇게 현실적 및 객관적 대응을 하지 못하는 경우는 크게 3가지가 있다. 조현병이나 양극성장애와 같은 정신증적인 상태에서 뇌기능이 떨어져서 판단력이 흐려지는 경우, 극심한 스트레스로 인해 상황적으로 의사결정을 하지 못하는 경우 그리고 지능이 낮아서 애초에 대처 능력이 부족한 경우이다.

특이한 사고방식을 가지는 경우 현실적 판단을 하는 데는 크게 문제가 없어서 아주 심한 문제 상황에는 처하지 않기 때문에 본인이나 주변 사람들이 문제를 눈감아 줄 수는 있지만, 본인에게도 크게 이득이 되지 않고 주변 사람들이 불편해하기 쉽다. 시험장에는 나타나지만 시험공부를 해야 하는 기간에 해당 과목을 공부하지 않고 드라마를 보거나, 출근은 하지만 갈등을 해결하기보다는 화려한 옷차림과 액세서리에 더 초점을 맞추는 경우이다. 우리는 이러한 사람들을 '특이하다.' '유별나다.' 등의 단어로 표현한다.

- +의 사례(IV번 카드)
  - 반응 단계: "자전거나 오토바이를 타고 구부린 자세로 앉아 있는 사람 같습니다. 작은 헬멧을 쓰고 발은 앞으로 내밀고 있습니다."

– 질문 단계: "여기가 사람의 다리 같고 길이 있고 중간에는 오토바이 바퀴가 있습니다. 손잡이도 있습니다. 아래로 몸을 기울여서 머리는 앞을 보고 있습니다. 앞에서 보면 헬맷이 보이고 여기에 큰 발이 있습니다."

출처: Exner (2006).

〈표 3-5〉의 형태질 표에서 가장 위에 있으면서 계속 설명을 뒤로 미루고 있는 정교한 형태(+: ordinary-elaborated)에 대해서 이제 설명을 하려고 한다. 이는 형태를 말하면서 자발적으로 더 정교하게 말한 것이다. 솔직하게 저자는 지금까지 10년 넘게 실무에서 심리평가를 진행하면서 한 번도 +를 채점해 본 적이 없다. Ⅳ번 카드를 보여 주었을 때, 앞 글상자의 예처럼 길고 정교하게 말하면서도 형태 묘사의 질적 수준을 높이면 +로 채점한다. 그런데 상담센터나 정신과 장면에 힘들어서 온 사람 중에 '무엇처럼 보이나요?'라는 간단한 질문에 이렇게 길게 자발적으로 말하는 사람은 거의 없다. +반응을 하는 사람은 적응적이면서 창의성도 높은데, 이런 경우 상담이나 치료를 받으러 올 가능성이 적고, 기능이 높았더라도 치료장면에 왔을 때는 어떤 형태로든 기능이 저하된 상태이기 때문에 이렇게 고차원적인 반응을 하기는 쉽지 않다. 물론 심리적인 문제가 없는 정상인을 대상으로 정상보다 더 높은 기능을 습득하는 것이 목표인 상황에서 평가를 진행한다면 이 반응이 충분히 나올 수 있겠지만, 로르샤하를 공부하는 사람들과 직업적으로 접하는 사람들에게 +가 나타날 가능성은 거의 없다. 그래서 + 채점에 대해서는 통계적 기준이 제시되지 않았고, 대부분의 상황에서는 +를 제외한 나머지 3가지 형태질을 잘 구분하는 것이 중요하다.

로르샤하에서 형태를 제대로 본다는 것은 세상을 바라보는 시각이 충분히 현실적이고 객관적이라는 것을 말한다. 형태질, 즉 사고방식에 있어서 '고수'는 자기가 처한 상황을 정교하고 구체적으로 파악할 수 있는 사람이다. 이런 경우 로르샤하에서는 검사자가 물어보지 않아도 스스로 정교하게 대답한다(+). '중수'는 2가지 유형이 있는데, 하나는 일상적인 문제해결을 적당히 할 수 있는 사람으로 로르샤하에서는 온전한 형태(o)를 잘 본다. 다른 하나는 문제 상황에서 특이하지만(보통은 사람들이 많이 하지 않는) 일상적인 수준을 크게 벗어나지 않는 대응을 하는 사람으로 로르샤하에서는 특이한 형태(u)를 많이 본다. 이런 사람들은 독특함이 무기가 되어 보통

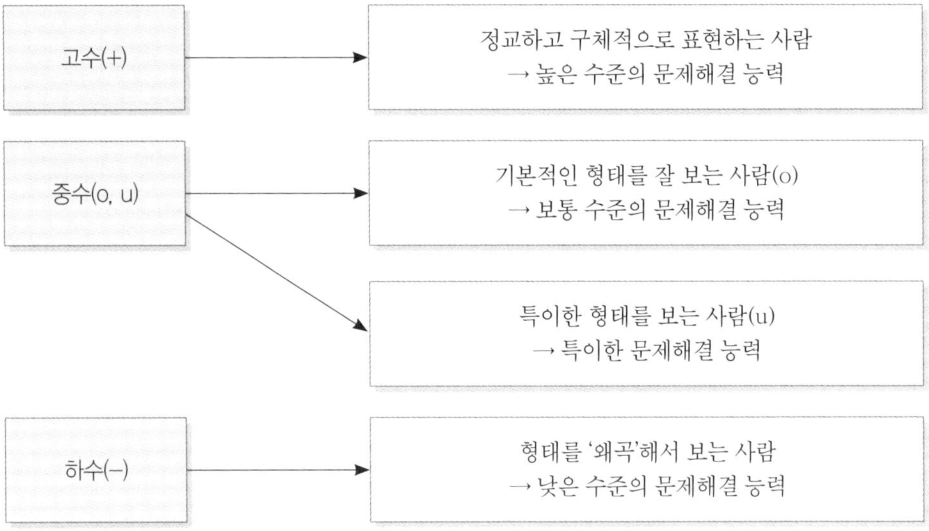

[그림 3-13] 형태질 수준의 비유적 표현

사람들보다 훨씬 더 높은 기능을 발휘할 수도 있지만, 영화 〈건축학개론〉의 캐릭터인 납득이처럼 주인공이 되지 못하고 특이한 친구에 그칠 수도 있다. '하수'는 일상적인 문제들조차 해결하기 힘든 사람으로 로르샤하에서는 왜곡된 형태(−)를 많이 보인다.

마지막으로 형태질 채점의 다양한 경우를 살펴보겠다.

형태질 기준표에서 똑같은 반응을 찾으면 그에 맞게 기호를 부여하면 되고, 유사한 반응을 찾지 못하면 −로 채점하는 것이 기본이다. 그런데 '보외법'을 적용해야 하는 경우가 있다. Exner(2006)는 110쪽(pp. 141−250)이라는 많은 분량을 형태질 자료로 제시하고 있지만, 이 세상의 모든 사물을 자료로 만들 수는 없기 때문에 수검자가 반응했으나 자료에 없는 경우가 있을 수 있다. 이럴 때 적용하는 규칙을 보외법이라고 한다. 형태질 기준표에 없지만 형태질 기준표에 있는 반응과 유사하면 똑같이 채점한다. 수검자가 '여우'라고 했다면 형태질 기준표에서 '늑대'가 u이니 똑같이 u로 채점하면 된다. II번 카드의 DS5 영역을 보고 '회전의(gyroscope)'라고 했다면 형태질 기준표에는 없지만 비슷한 형태를 가진 '팽이'가 o로 되어 있으니 o로 채점하면 된다.

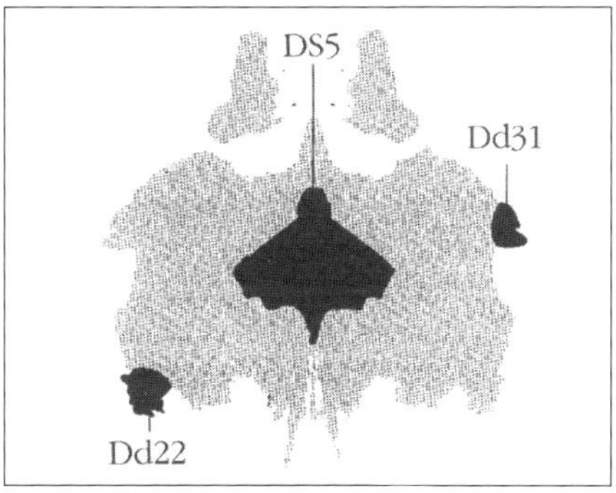

II번 카드 DS5

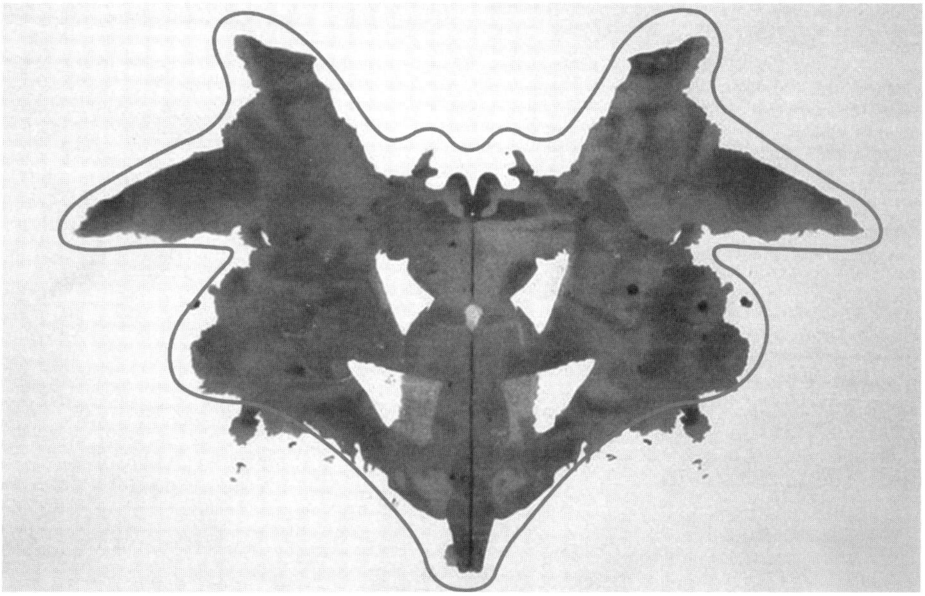

[그림 3-14] I번 카드: 약간 잘린 나비

I번 카드에서 '나비(형태질 o)'라고 하면서 그림과 같이 전체 영역과 비슷하지만 약간의 변형이 있는 부분 영역(Dd33 영역을 제외한 나머지 전부)을 대상으로 했을 때, 전체 형태의 변화가 크지 않다면 형태질 수준을 o로 유지해도 된다. 단, 이때 영역 기호는 Dd가 되고, 영역이 맞지 않

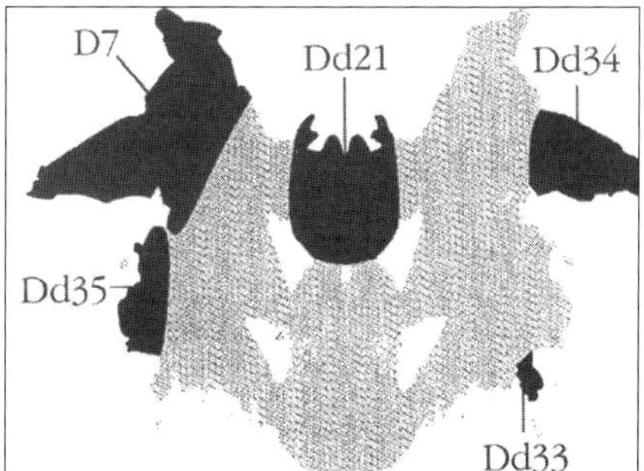

I번 카드 Dd33

기 때문에 평범반응에도 해당되지 않는다.

III번 카드에서 '양쪽에 사람(D9)이 있고 가운데 있는 호박(D7)을 뺏으려 한다.'라고 할 때, 사람은 o이고 호박은 u인데 대표 형태질은 o가 된다. 그런데 III번 카드에서 '양쪽에 사람(D9)이 있고 가운데 있는 폐(lung, D7)를 뺏으려 한다.'라고 하면 사람은 o, 폐는 −가 되고, 폐가 더 중요한 정보가 되면서 대표 형태질은 −가 된다.

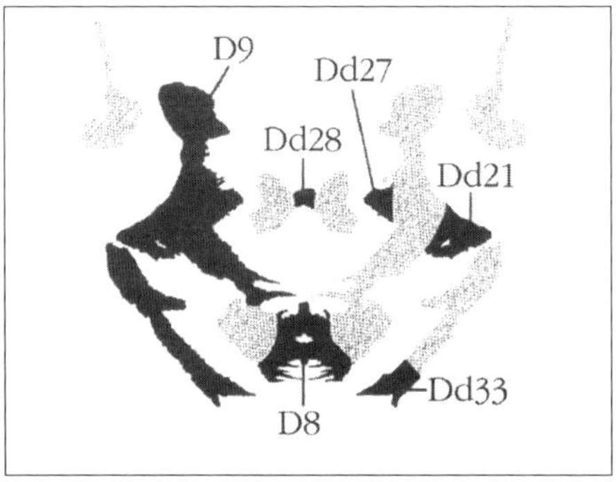

III번 카드 D9

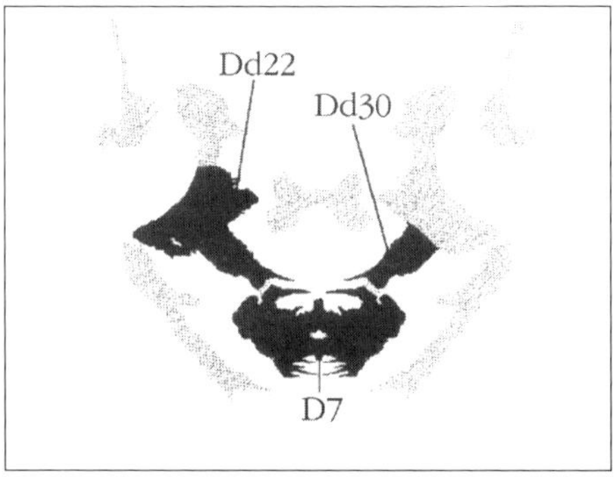

III번 카드 D7

형태질은 1개 반응에 하나만 주어야 하기 때문에, 이렇게 다른 형태질이 여러 개 있을 때는 반응 내에서 가장 의미 있는 대상의 형태질을 대표 형태질로 결정한다. 그런데 대개 가장 의미 있는 대상은 '(형태의) 질적 수준이 낮은' 대상이 되고, 이는 수검자가 상당한 고통감을 느끼고 있음을 나타내기 때문에 더 중요한 정보가 된다. 수검자는 자신의 생존에 중요한 (자신에게 더 스트레스가 되는) 자극에서 −를 보일 가능성이 높다. 모두 그런 것은 아니지만, 대개는 o와 u가 있으면 o가 대표가 되고, o나 u와 −가 있으면 −가 대표가 되기 쉽다.

형태질이 여러 개일 때 보통은 다음과 같이 결정된다.

o+u→o

o+−→−

u+−→−

말로 풀어서 설명하면, u는 형태질 결정에서 별다른 힘을 발휘하지 못하고 −의 영향력이 가장 크다고 볼 수 있다.

5. 반응내용

반응내용은 구조적 요약에 나오는 기호 중에서 가장 편하게 공부할 수 있는 영역이다. 27개의 반응내용(Id까지 포함)을 볼 줄 알면 일상생활에서 사람들하고 대화를 하면서도 상대의 마음을 어느 정도 파악할 수 있다. 로르샤하에서 구름을 보는 사람은 일상생활 중에도 구름(또는 구름이 시사하는 주제)을 떠올릴 가능성이 높다. 로르샤하에서 사람보다 동물을 많이 언급하는 사람은 평소에도 사람보다 동물에 더 관심이 많을 수 있다. 다시 말하지만, 로르샤하 방식의 관점을 가지는 것은 세상을 보는 눈이 하나 더 생기는 것이다.

〈표 3-6〉 반응내용의 기호

분류	기호	분류	기호
Whole Human(실제 인간 전체)	H	Botany(식물)	Bt
Whole Human, Fictional or Mythological (가상 인간 전체)	(H)	Clothing(의복)	Cg
Human Detail(실제 인간 부분)	Hd	Clouds(구름)	Cl
Human Detail, Fictional or Mythological (가상 인간 부분)	(Hd)	Explosion(폭발)	Ex
Human Experience(인간 경험)	Hx	Fire(불)	Fi
Whole Animal(실제 동물 전체)	A	Food(음식)	Fd
Whole Animal, Fictional or Mythological (가상 동물 전체)	(A)	Geography(지도)	Ge
Animal Detail(실제 동물 부분)	Ad	Household(가정용품)	Hh
Animal Detail, Fictional or Mythological (가상 동물 부분)	(Ad)	Landscape(경치)	Ls
Anatomy(해부)	An	Nature(자연)	Na
Art(예술)	Art	Science(인공적 대상)	Sc
Anthropology(고고학)	Ay	Sex(성)	Sx
Blood(피)	Bl	X-ray(엑스선)	Xy

출처: Exner (2006: 83-86).

〈표 3-6〉에서는 왼쪽 가장 위에 있는 것이 가장 좋다. 우리는 사람이니까 사람(H)이 가장 좋은 반응이고 표에서 가장 위에 있다. 그런데 사람 관련 반응이 4개나 있다. H를 순수한 인간반응(pure human response)이라고 하면서 가장 좋다고 보는데, 막연히 좋다고 하기보다는 다른 기호들과 비교해서 그 차이를 생각해 보면 의미를 더 잘 파악할 수 있다.

1) H(실제 인간 전체)와 Hd(실제 인간 부분)

H는 머리부터 발끝까지 인간의 전체 형태를 언급한 것이고, Hd는 전체 형태가 아닌 부분을 언급한 것이다. 인간이라는 주제가 똑같다고 볼 때, 반응 영역의 W와 D의 차이와 비슷하다. 소개팅에서 이성을 만났는데 다른 조건이 모두 같다면 상대의 얼굴만 보고 있는 사람(Hd)과 얼굴 표정부터 옷차림, 손짓, 말투 등을 다 보는 사람(H) 중에서 누가 다음 만남을 가질 가능성이 더 높을까?

2) H(실제 인간 전체)와 (H)(가상 인간 전체)

H는 실제 사람이고 (H)는 가상의 사람이다. 로르샤하에서는 현실적 판단을 중요하게 생각하고 실제로도 문제해결을 위해서는 현실적인 판단을 할 수 있어야 한다. 친구와 싸움을 하고 나서 다음 날 어떻게 대응할지 고민하는 아이(H)가 도라에몽 만화만 반복해서 돌려 보는 아이[(H)]보다 더 적응적인 대응을 할 것이라고 예상할 수 있다. 실제로 축구 게임을 잘하는 아이들은 인터넷 축구 게임을 할 필요가 없다. 현실 상황에서 느끼는 건전한 쾌감을 가상의 환경에서는 느끼기 힘들기 때문이다. 따라서 상상의 세계에 더 빠지는 아이들[(H)]은 현실에서 문제가 있을 가능성이 높다.

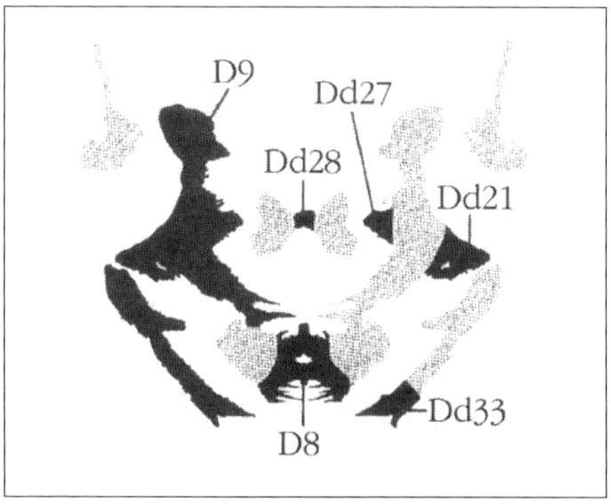

Ⅲ번 카드 D9

H와 (H)는 모두 인간-전체반응이다.

이때 W(전체 영역반응)와 헷갈리지 않도록 주의하자. H가 되기 위해서 W일 필요는 없다. 그림의 부분을 사용했더라도(예: III번 카드의 D9), '수검자가 말한 인간'이 머리부터 발끝까지 인간의 전체 형태를 말하는지 여부가 중요하다. '잔다르크'라는 실존 인물은 H로 표기한다. '광대'는 실존 인물 같지만 만들어진 캐릭터이다. 탈을 씀으로써 자신의 모습이 아니라 탈 쓴 광대로서의 가상 인물이 만들어진 것이기 때문에 (H)가 된다. '요정'은 환상의 존재이고, 우리가 통상 말하는 일반인보다 훨씬 덩치가 큰 '거인'도 〈반지의 제왕〉 같은 영화에서나 볼 수 있는 가상의 대상이다. '악마' '유령' '귀신' 등도 대표적인 가상의 대상인데, 이들은 통상 인간의 형태를 부여해서 말하는 경우가 많기 때문에 (A)보다는 (H)가 된다. '우주인' 중에서도 'ET' 같은 우주인은 (H)이고, '우주복 입은 인간'은 H이다. 그리고 인간이어도 '짱구' '캔디' 같은 만화 캐릭터는 가상의 인물이기 때문에 (H)이다. 같은 만화 캐릭터이지만 뽀로로는 가상의 동물이므로 (A)에 해당된다.

3) (Hd)(가상 인간 부분)

(H)(가상 인간)와 (Hd)(가상 인간 부분)는 모두 가상의 대상이기 때문에 이미 부적응적인 반응이다. 그중에서 도토리 키 재기를 하면 (H)가 더 좋다고 할 수 있지만, 무엇이 더 좋은가보다는 무엇이 더 나쁜가를 판단하는 것이 더 편하다. 당연히 현실도 아니고 전체도 아닌 (Hd)가 더 질적으로 나쁜 반응이라고 볼 수 있다.

구조적 요약에서 보면 인간 관련 반응 4개 중에서 Hd, (H), (Hd)의 3개를 묶어서 H와 비교하는 공식이 있다[H:Hd+(H)+(Hd)]. 이 공식을 통해 볼 때 온전한 인간반응(H)을 하지 못한다면 부분으로 보나 가상의 대상을 보나 부적응적인 건 똑같다고 보는 것이다.

4) Hd(실제 인간 부분)와 (Hd)(가상 인간 부분)

수검자가 사람의 손이나 머리 같은 부분만 보는 경우 채점한다. 조심할 것은 전체를 본 듯한 반응인데 그렇지 않은 경우이다. 예를 들어, I번 카드의 반응 단계에서

'사람'이라고 했지만, 질문 단계에서 D4 영역을 보고 "여기가 몸통(Dd21), 여기가 다리요(Dd24)."라고만 하면 얼굴은 보지 않은 것이기 때문에 Hd가 된다. IV번 카드에서 D7 영역을 '사람'이라고 한 다음에 '팔이 없다.'라고 하는 경우도 있다. 이렇게 전체 형태에서 필수 요소가 조금만 빠져도 Hd 또는 (Hd)가 된다. 악마의 머리는 (Hd)이고, 가면도 (Hd)인데, 가면은 스스로 움직이지 못하지만 인간의 문화에서는 가면에 가상의 인격을 부여하는 경우가 많다. 투구도 비슷한 이유로 (Hd)로 채점하는데, 이 경우에는 Ay(고고학)도 추가한다.

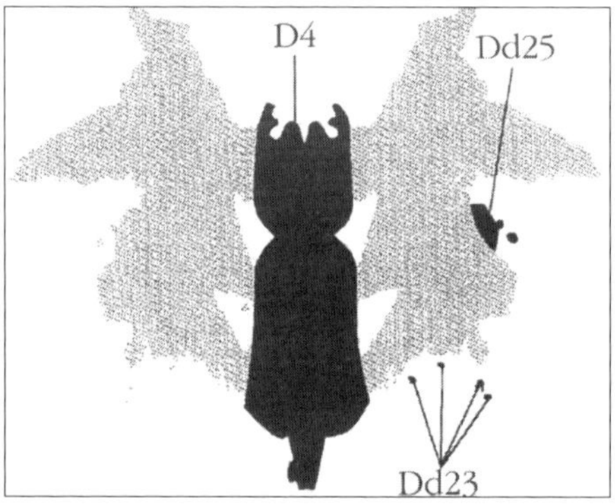

I번 카드 D4

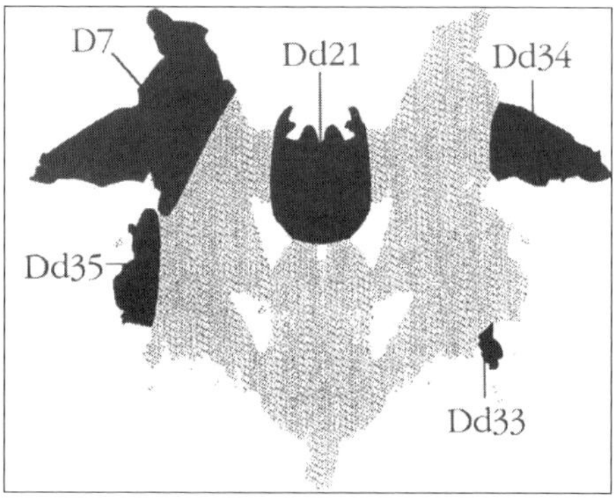

I번 카드 Dd21

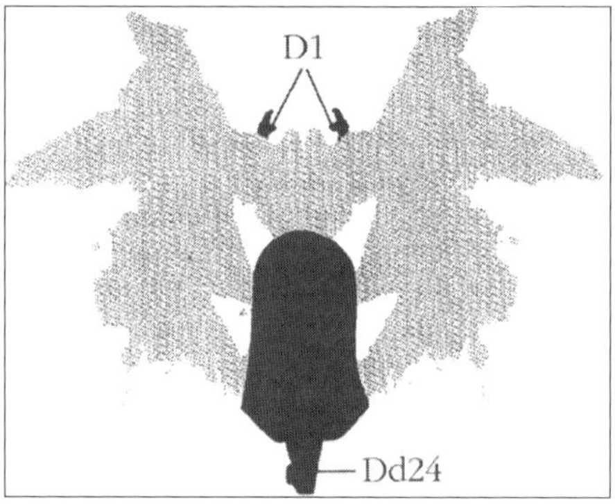

I번 카드 Dd24

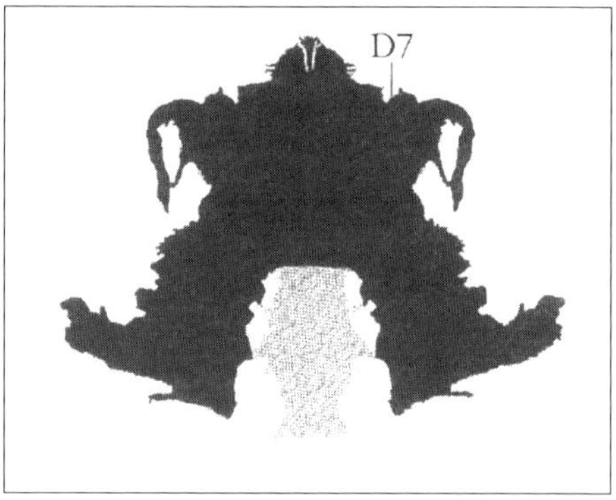

IV번 카드 D7

D 또는 Dd와 헷갈리지 말자. D여도 Hd가 될 수 있고 Dd여도 H가 될 수 있다.

5) Hx(인간 경험)

앞과는 조금 다르지만 사람과 관련된 또 하나의 반응으로 Hx가 있다. 여기서 인간의 경험이란 '감정(emotion)'과 '감각(sensation)' 경험을 말한다. 영화에서 인간의 외형과 기능이 비슷한 인공지능 로봇과 비교를 할 때 '인간답다.'의 근거로 감정의 유무를 언급하는 것을 많이 보게 된다. 또한 우리는 개인에게 의미가 있는 핵심적인 주제에 접근했을 때 감정을 더 잘 느낀다. 따라서 감정반응은 인간의 심리적 과정을 파악하는 데 중요한 정보가 된다. '사랑' '증오' '우울' '행복' 등 감정과 관련된 단어가 나오면 Hx로 채점한다. 그리고 "이건 사랑이에요."라고 하면 Hx와 함께 특수점수로 AB(추상적 반응)도 채점하고, "사람 둘이 있어요. 사람 둘이 서로 화를 내고 있어요."라고 하면 'H, Hx'로 채점한다. 중요한 것은 감정의 주체가 그림 속의 대상(사람 둘)이어야 한다는 것이다. "이것을 보니 내가 화가 나요."라고 하면 이때 감정은 기호로 채점하는 대상이 아니고, 질적 해석의 대상이 된다(그림 자극과 경계를 유지하지 못할 정도로 감정조절이 어렵다는 것을 의미한다). 그리고 '매우 슬픈 고양이'는 A, Hx로 채점한다. 고양이는 동물이지만 슬픔은 인간의 감정이다. 참고로 이때 결정인은 M이 된다. 슬프다는 감정은 고양이의 전형적인 행동이 아니고 인간의 감정 경험이기 때문이다. 고양이도 슬퍼할 수 있지만 우리가 그것을 알 수는 없다.

'그림에 대한 언어적 반응'만이 채점의 대상이 된다.

인간만 감각 경험을 하는 것은 아니지만 우리는 인간이 경험한 감각 경험만 알 수 있기 때문에 수검자가 지각한 동물의 감각 경험은 Hx로 채점한다. 그러나 이러한 감정과 감각 정보는 모두 그림에 있는 것이 아니기 때문에 그 출처는 수검자(인간)의 내면 경험일 수밖에 없다. '악취를 풍기는 여자'는 H, Hx로 채점하고, '웅성거리는 소리가 들리는 것 같아요.'는 Hx로 채점한다.

6) A(실제 동물 전체), Ad(실제 동물 부분), (A)(가상 동물 전체), (Ad)(가상 동물 부분)

Hx를 제외한 인간 관련 반응 4가지[H, Hd, (H), (Hd)]의 구분이 확실하게 되었다면, 동물반응 4가지의 구분은 어렵지 않다. '사자' '부엉이' '박쥐' 등 실제 동물 전체는 A가 되고, '말발굽' '동물의 머리' 등 실제 동물의 부분반응은 Ad가 된다. '유니콘'과 같이 아예 상상의 동물로 알려진 대상은 (A)로 채점하는 것이 당연한데, '날아다니는 말'과 같이 언어적 표현만으로 상상의 대상인지 여부를 판단해야 하는 경우는 주의가 필요하다. '말'은 실존하지만 '날아다니는 말'은 실존하지 않기 때문에 상상의 대상이고 (A)가 된다. '다리가 6개인 사자'도 같은 이유로 (A)로 채점하고, '달나라 토끼의 머리'는 (Ad)로 채점한다. 토끼는 실제 동물이지만, '달나라 토끼'는 가상의 동물이고, 부분반응이기 때문이다.

실존하지 않는 대상=가상의 대상

사람반응과 동물반응의 차이는 무엇일까? 보통 사람이 인생에서 동물을 가장 많이 생각하고 접하는 때는 미취학 시기이다. 온갖 동화책과 영상물은 모두 동물을 의인화해서 친근하게 표현하고, 부모님 품에 안겨서 강아지를 쓰다듬어 보는 것이 짜릿한 쾌감을 주기도 한다. 인간반응뿐 아니라 다음에도 계속될 다양한 경우의 수 중에서 동물반응을 많이 보인다는 것은 일종의 퇴행이고 미숙함을 뜻한다. 뽀로로와 지내는 것이 일상인 5세 아이가 동물반응을 많이 보이는 것과 30세 성인이 동물반응을 많이 보이는 것은 모두 미숙함인데, 5세 아이에게 미숙함은 정상적이지만 30세 성인에게 미숙함은 비정상적이고 부적응적이기 쉽다.

7) An(해부)

해부반응이 나오면 채점한다. '골격' '근육' '뼈' 등 해부를 생각할 때 떠오르는 대상의 공통점은 (조금 잔인하긴 하지만) 피부를 벗겨야 보인다는 것이다. 위궤양이 심해져서 입원을 하면 친척들과 지인들이 하나둘 모여든다. 문병을 오는 손님이 올 때마다 자신의 증상을 설명하다 보면 어느새 모두 위장에 대해서 거의 전문가가 되어 있음을 느낀다. 이때 말하는 단어들은 대부분 피부 안에 있어서 평소에는 보이지 않는 내부 기관들이다. 피부 안의 내용물을 많이 언급할수록 몸이 아프거나 아프다고 생각하고 있을 가능성이 높고, 실제 아픈 사람들은 관련 병원에 갈 것이니 같은 증상을 가지고 상담센터나 정신과 병원에 온 사람은 아프다고 '생각하는' 사람일 가능성이 높다. 진단적으로 신체화(somatization) 가능성이 높은 사람들이다.

8) Art(예술)

예술적 의미가 있는 반응이라고 하면 너무 거창하고, 채점의 기회가 훨씬 줄어들 것이다. Art는 (아름답게) 꾸미는 의도를 가진 대상을 언급할 때 채점한다. '물 먹는 컵'은 물을 먹는다는 기능적 의미만 가지고 있어서 Hh(가정용품)로 채점한다. 그런데 '예쁜 와인잔'은 Art가 된다. 꾸미는 요소가 들어간 것이다. '동상' '보석' '그림' 등은 모두 '아름다움을 보이는 것'(꾸미는 것)이 존재 목적이다. 옷은 Cg(의복)이고 브로치는 Art이다. 옷은 신체보호라는 기능적 의미가 있는데, 브로치의 목적은 오로지 꾸미는 것이다. 치마(의복)가 없으면 밖으로 나갈 수 없지만 브로치(꾸미는 것)는 없어도 나갈 수 있다. 와인을 마실 때도 실용적인 차원에서만 보면 그냥 와인을 담을 수 있는 잔은 필요하지만 굳이 예쁜 와인잔일 필요는 없다. 더 극단적인 예로, 어려운 경제 상황에서 서민들의 생활대책을 마련하는 회의가 열렸는데 노동부 장관이 화려한 원피스에 명품 머플러를 하고 나타나서 서민들 힘내라고 고가의 미술품을 기증하는 장면을 상상해 보자. 자기를 과시하는 것에만 신경 쓰고 회의 참석자들과는 전혀 공감하지 못하기 때문에 서민의 생활대책 마련이라는 문제해결을 할 가능성은 확연히 줄어든다. 일상적인 수준을 넘어서서 더 꾸미기 위해서는 더 많이 알아야 하기 때문에 Art는 지적인 자기과시의 의미가 강하다.

9) Ay(고고학)

역사적 또는 문화(인류학)적 대상일 때 채점한다. '토템' '투구' '(고대)화살촉' '성(castle)' '옛날 갑옷' '만리장성' 등 역사 관련 책이나 다큐멘터리 프로그램에서 볼 법한 것들이다. 같은 카드의 같은 영역에 대해서 그냥 '사람'과 '갑옷 입은 사람'이라는 반응은 어떻게 다른 해석을 해야 할까? Ay도 일반적으로 사람들이 많이 하지 않는 반응이면서 지식이 더 있어야 할 수 있는 반응이고, 굳이 사람들이 많이 알지 못하는 것까지 끄집어내서 말하는 것이다. 따라서 Art와 마찬가지로 주지화(intellectualization) 경향을 잘 나타내 주는 기호이다. 주지화는 감정을 소통해야 하는 상황에서 더 많이 나타난다. 지식은 많은데 감정 소통에 익숙하지 않은 사람들은 감정을 표현해야 하는 상황에서도 자기가 가장 잘하는 것(지식을 과시하는 것)을 할 수밖에 없다. 나쁘게 보면 잘난 체하는 것이지만 좋게 보면 그 사람 입장에서는 관계를 맺기 위한 시도를 하는 것인데, 불행하게도 이러한 시도가 주변 사람들을 불편하게 만들기 쉽다는 것이다. 관계를 맺으려면 결국은 감정을 나누어야 한다.

10) Bl(피)

인간의 것이든 동물의 것이든 피반응을 하면 채점한다. 피는 기본적으로 분노감을 나타낸다. 우리는 '피'를 '끓어오른다.' '거꾸로 솟는다.' 등의 부정적이고 공격적인 서술어에 붙여서 사용하는 데 익숙하다. 전쟁이 일어나 총격전을 처음 하면 고개를 푹 숙이고 앞은 제대로 보지도 않고 총만 위로 해서 하늘로 쏘기 때문에 전쟁 전체에서 총알 대비 사살률은 대략 1만 발에 1명일 정도로 총알의 낭비가 심하다고 한다. 그런데 겁에 질린 사람들이 하늘로 총을 쏘다가 영화 〈태극기를 휘날리며〉에 나오는 장동건처럼 '돌격 앞으로' 하는 순간이 있다. 내 옆에 동료가 총에 맞아 피를 흘리며 죽어 갈 때 "이 새끼들! 다 죽었어!" 하면서 달려 나간다. 피를 보면 자신의 목숨을 감수할 정도로 분노감이 상승한다. '피를 볼 정도로 싸운다.'라는 표현이 있다. 누군가가 피를 많이 흘렸다면 피를 흘린 만큼 가해자의 공격성과 분노감이 크고, 피해자의 피해와 고통감도 크다. 따라서 수검자가 지적한 피의 양은 가해자의 공격성 또는 피해자의 고통감에 비례한다.

11) Bt(식물)

식물반응(Bt)은 '나무' '잎' '꽃' '뿌리' 등 식물을 대상으로 반응했을 때 채점한다. '새의 둥지'도 Bt에 해당되는데, 새가 나뭇가지를 모아서 만든 자연 상태의 둥지는 Bt로 채점하고, 인간이 나무를 깎아서 만든 둥지는 Sc(인조물)로 채점한다. 뜬금없이 식물은 왜 나왔는지 생각하는 사람이 있을 수 있다. '나무'나 '꽃'을 언제 보게 되는가? TV에서 한 연예인이 힘든 시기에 식물을 키우면서 버텼다는 얘기를 들은 적이 있다. 식물(Bt)뿐만 아니라 산에 가고 싶거나(경치, Ls), 길을 가다 멈춰서 하늘에 떠다니는 구름을 보거나(구름, Cl), 여행을 가고 싶어서 지도를 보거나(지도, Ge), 해지는 노을을 구경할 때(자연적 대상, Na) 사람들은 대부분 같은 심정이다. 여기서 말한 5가지 대상은 쉬고 싶고 일상에서 벗어나고 싶을 때 주로 떠올리게 된다. '난 이렇게 힘든데 해는 오늘도 아무 일 없던 듯이 뜨는구나.'라는 생각을 한 번쯤은 해 보게 된다. 조폭 영화의 마지막 장면에서 두목이 산전수전 다 겪고 나서 한발 물러나 집 뒤의 화원에서 꽃을 다듬고 있을 때 주인공이 찾아가면 "난 이제 떠난 몸이야. 앞으로는 이놈들(화초들) 키우는 재미로 살 거야."라며 인생무상의 멘트를 한다. 식물반응을 비롯한 5개 반응내용은 모두 우울감과 관련이 있다. 스트레스로 인해 자존감이 떨어지고 에너지도 부족할 때, 상호작용을 하는 데 에너지가 많이 들어가는 대인관계를 멀리하면서 자신에게 부담을 주지 않고 편하게 관리할 수 있는 대상에 주의를 기울이게 되는 것이다.

> 구조적 요약에서는 5개 반응내용(Bt, Ls, Ge, Na, Cl)을 모두 합쳐서 '고립지표'라고 한다.

12) Cl(구름)

Bl와 함께 채점의 혼란이 가장 적은 반응내용이다. 보통 사람들이 구름을 볼 때는 하늘을 볼 때인데, 하는 일이 잘되고 있을 때는 일에 집중을 하기 때문에 하늘을 보진 않는다. 하늘을 보는 상황은 대개 힘들고 지쳐서 여유가 필요할 때이다.

13) Ge(지도)

'세계지도 같다.' '섬인데 섬 지도 같다.' 등은 Ge로 채점한다. 지도는 떠나고 싶을 때 본다. 떠나고 싶다는 것은 지금 현재 있는 곳이 싫다는 것을 의미한다. 현실이 힘들어서 벗어나고 싶은 상태를 나타낸다.

14) Ls(경치)

'경치 좋다.'라고 말하는 상황에 어울리는 장면을 생각하면 된다. 『내셔널지오그래픽』이라는 유명 잡지에 자주 나오는 대상인지 생각해 보면 더 쉬울 것 같다. 경치, 풍경 등의 단어와 연결되는 대상들로 '산' '언덕' '섬' '동굴' '사막' '바다 속' 등이 있다. 길 중에서도 '자연적인 숲길'은 Ls로 채점하고, '아스팔트로 만든 길'은 인공적으로 만들어진 것이기 때문에 Sc(인공물)로 채점한다. '바위(또는 돌)'는 크기에 상관없이 소위 자연적인 경치나 풍경에 포함되는 대표적인 구성물이니 Ls로 채점한다. 경치를 보고 싶을 때도 현실에서 벗어나고 싶을 때이다.

15) Na(자연적 대상)

자연적인 대상이면서 Bt나 Ls로 채점되지 않는 것들을 Na로 채점한다. 이 정도의 설명으로도 명확하게 이해하기 어렵기 때문에 다양한 예를 통해서 개념을 형성하는 것이 좋다. '태양' '달' '노을' '하늘' '폭풍우' '얼음' '눈' '밤과 낮' '물' '안개' '무지개' 등이 Na의 대상인데, 식물이나 경치와는 달리 자연적 대상들만이 공유하는 특성은 '자연적 현상 또는 자연적 현상의 결과물'이라는 것이다. 특히 '물'과 관련된 내용들('물' '얼음' '빗방울' '안개' 등)은 모두 Na로 채점한다고 생각하면 편하다. 그리고 호수는 물로 이루어져 있지만 물과 테두리(식물과 땅)의 조합으로 이루어진 경치에 더 가깝기 때문에 Ls로 채점한다. 자연적 대상도 역시 현실에서 벗어나 거리를 두고 싶을 때 떠올리는 것들이다.

16) Cg(의복)

옷의 기능적 목적은 (신체)보호이다. '소방관이 보호복을 입고 있다.'라고 하면 보호의 의미가 더 명확하긴 하지만, 단순히 '윗도리'와 '바지' 정도만 언급해도 옷의 기본적인 의미는 보호이다. 의복반응이 많은 사람은 스스로를 보호가 필요한 대상으로 인식하는 것이고, 외부 환경을 위협적으로 지각하거나 자신을 약한 존재로 생각하고 있는 상태이다. 보호라는 개념은 강자와 약자가 있을 때 떠올리게 되는데, 보통 자신이 강할 때는 보호보다는 공격적인 개념을 떠올리기 쉽기 때문에 의복은 현재 자신이 약해져 있는 상태를 반영할 가능성이 더 높다.

17) Ex(폭발)

'불꽃' '폭탄 폭발' '폭풍우' 등 '폭발하는 현상'을 나타내는 반응내용으로, 대개 결정인으로 무생물운동반응(m)이 포함된다. 폭발이라는 현상을 좀 더 풀어서 표현하면 '강도 높은 움직임이 갑작스럽게 나타나는 것'이다. 심리적 특성을 나타내는 용어 중에서 이에 가장 적합한 것은 '충동성'이다. '화가 폭발한다.'라는 표현에 익숙한 것을 보면 Ex는 공격적인 충동을 참기 어려운 정도로 화가 많이 쌓여 있는 상태를 나타낸다. 따라서 Ex가 나타나면 충동적인 표현뿐만 아니라 내면의 분노감에도 초점을 맞춰야 한다.

18) Fi(불)

불을 채점하기는 어렵지 않은데 연기도 불과 동격으로 본다. 연기는 불이 있어야 날 수 있기 때문이다. 분노가 치밀어 오를 때 "확 불 질러 버려!"라고 말한다. 피(Bl)와 불(Fi)은 분노감을 표현하는 대표 주제이다. 아주 단순하게 생각할 때, 우리 집이 불탔다고 생각하면 불 지른 사람에게 화가 날 것이고, 내가 너무 싫어하는 사람의 집이 불타고 있으면 분노가 해소될 것이다. 또 자신이 어떤 사람을 그렇게 싫어하는 줄 몰랐는데, 그 사람의 집이 불타는 걸 보면서도 불쌍하다는 생각이 들지 않는 것을 통해 싫어했다는 것을 확인할 수도 있다. 누군가의 고통에 공감하지 못한다면 그 사람에 대한 화가 해소되지 않았을 가능성이 높다.

19) Fd(음식)

'아이스크림' '팥빙수' '과자' 등 통상적으로 음식으로 보는 것뿐 아니라 식물(Bt)과 비슷해 보이는 채소류와 과일류('시금치' '사과')도 (Bt가 아닌) Fd로 채점한다. 채소와 과일은 식용으로 재배하는 대상이기 때문이다. 그리고 '새가 벌레를 먹고 있다.'와 같이 동물이 그에 적합한 먹이를 먹는 반응을 할 때, 벌레가 새에게는 음식이기 때문에 (A가 아닌) Fd로 채점한다. 물론 새가 A이기 때문에 최종적으로는 'A, Fd'로 채점한다. 직장에서 마케팅 회의를 하고 있는데 더 이상 좋은 방법이 생각나지 않는다. 심각한 상황에서 모두들 열심히 대안을 생각하고 있는데 한 직원이 회사 근처에 새로 생긴 아이스크림 가게의 최신 메뉴만 생각하고 있다면 어떤 일이 벌어질까? 문제해결은 되지 않았지만 순간적으로 그 직원의 마음은 편해진다. 문제해결에 대한 책임이 있는 성인이 음식반응을 보이는 것은 문제해결을 회피하는 것이고, 정신역동적으로는 구강기의 의존적인 상태로 퇴행된 것임을 나타낸다. 초등학교 1학년 아이가 음식반응을 했을 때, 성인보다는 퇴행이나 미숙함의 강도를 낮춰서 의미부여를 하는 것이 좋지만 초등학생 또래에 비해서 더 미숙할 가능성은 여전히 높다.

20) Hh(가정용품)

가정 내에서 흔히 볼 수 있는 대상들로, 주로 가구('침대' '의자' 등)나 주방 용품('컵' '칼' '그릇' 등)이 포함된다. 반응내용 중에서 가장 의미부여가 적게 되는 반응으로, 해석의 여지가 거의 없어서 심리평가 보고서에도 거의 쓰이지 않는다. 그러나 의미가 하나도 없지는 않다. 로르샤하의 그림들은 스트레스를 주는 자극인데 해석의 여지가 없는 반응을 했다는 것은 스트레스 상황에서 아무 동요 없이 일상적인 대응을 한 것으로, 자극으로부터 거리를 유지하는 데 초점을 두고 있는 것이다.

21) Sc(인공적 대상)

Science의 약자이기 때문에 공상과학 영화를 떠올리기 쉽지만, 채점의 대상인 '비행기' '건물' '다리' '현미경' '오토바이' 등은 우리가 알고 있는 공상과학 영화보다는 오히려 〈러브 액츄얼리〉같이 공상과학적인 요소가 전혀 없는 영화에도 일상적으로 나오는 대상들이다. Sc는 차라리 인간이 만든 인공적 대상, 영어로 표현하면 'artificial(unnatural) things by human'에 더 가깝다. 주방에 있는 컵은 사람이 만들었지만 가정용품으로서의 의미를 부여할 수 있기 때문에 Hh로 채점하고, 비행기는 반응내용의 여러 종류 중에서 해당되는 것이 없으면서 '인간이 만든 인공적 대상'이라는 기준에 맞기 때문에 Sc로 채점한다. 인간은 자연의 산물이다. 따라서 자연적 대상과 비교해서 볼 때 인공적 대상은 인간(수검자 자신이나 주변 타인)에게 거리를 두고 있음을 나타낸다. 통상 인간적인 것을 감정과 연결시키고 비인간적인 것(사물)은 무감동과 연결시킨다는 것을 고려하면, Sc는 감정적 상황을 회피하는 경향을 나타낸다.

22) Sx(성)

보통 성(sex)을 생각할 때 연상되는 신체 부위('음경' '엉덩이' '가슴' '질'), 행위('생리' '출산'), 물건('브래지어' '팬티') 등이 채점의 대상이다. 형태질 기준표에 따르면 10개의 카드 중 o에서 7개, u에서 25개의 성적 반응이 포함되어 있다. 또한 Exner(2003)의 연구에서는 성공한 사업가가 한 성적 반응이라고 하자 피험자 대다수가 자신도 카드에서 그 반응과 같이 봤다고 보고하는 등 충분히 성적인 의미를 가지는 대상으로 볼 수 있는 형태들이 많이 있다. 대표적으로 II번 카드의 D3 영역을 '여성의 질(또는 생리)'로 보거나 IV번 카드의 D5 영역을 '남자의 성기(음경)'로 보는 경우는 일반

검사 상황에서도 종종 있다. 그러나 성적인 반응을 인식하면서도 대부분의 사람은 이를 억압한다. 성은 극도의 쾌감을 제공하고 누구나 할 수 있는 것이지만 관습과 규칙에 맞게 행동하지 않으면 매우 심한 불상사를 겪을 수 있는 극단적인 양면성을 갖고 있기 때문이다. "어…… (남자 성기 같은데…… 근데 내가 그대로 말하면 검사자가 이상하게 보겠지. 그래 결정했어.) 기둥!" 보통 사람들은 이러한 내면의 과정을 거쳐서 반응하게 된다. 물론 이 과정은 의식적으로 일어나기도 하지만 무의식적으로 일어나기가 더 쉽다. 특히나 동양문화권인 우리나라에서는 체면을 중시하기 때문에 성적인 반응이 자발적으로 나타나기는 쉽지 않다.

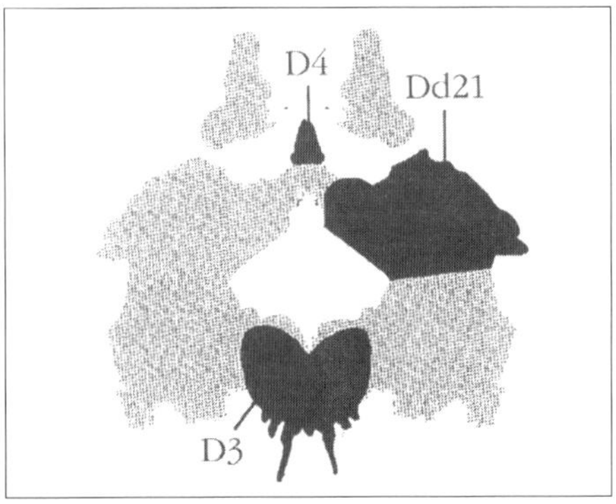

II번 카드 D3

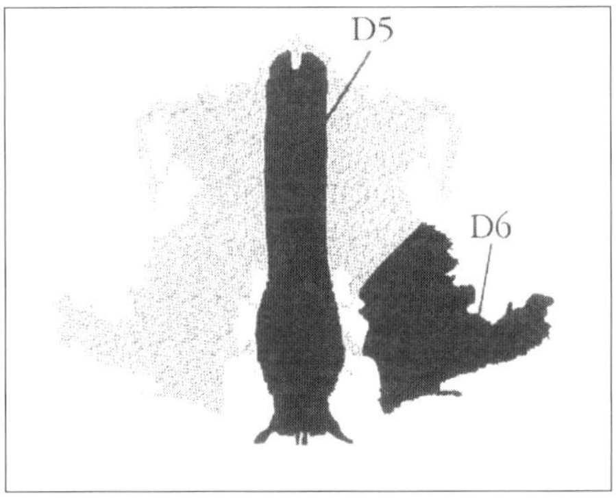

IV번 카드 D5

그런데 성적인 반응이 단순히 성욕 상승만을 의미하지는 않는다. 앞과 같은 관습적 · 문화적 요인에도 불구하고 수검자가 성적 반응을 했다는 것은 좀 더 근본적인 수준에서 원초적인 욕구를 참지 못하고 있는 상태임을 뜻한다. 성욕은 기본적이고 원초적인 욕구이지만, 일상생활에서는 참는 것이 기본 덕목으로 여겨지고 있다. 성욕을 조절하는 기본적인 덕목을 지키지 못하는 것은 단순히 성적 문제의 가능성을 넘어서서 기본적인 욕구조절의 실패를 의미하는 것이다. Freud는 원초적인 욕구로 성욕과 공격욕을 언급했다. 실제 사례를 보면, 로르샤하에서 성적 표현이 많은 사람은 성적 문제의 가능성보다 충동적인 공격 행동의 가능성이 더 높다. 뇌기능이 떨어졌든 스트레스가 많아졌든 욕구통제가 어려운 상황에서는 성적 행동보다는 공격 행동이 실제 행동으로 표출하기 더 쉽고, (말로도 충분히 할 수 있기 때문에) 검사 상황에서는 공격 행동을 하기보다 성적 반응을 하기가 더 수월하다.

검사에서 성적 반응이 나오면 원초적인 욕구통제의 어려움이 커져서 실제 상황에서는 충동적인 공격 행동의 가능성이 높다고 봐야 한다. 그만큼 성(sex)에 대한 사회의 암묵적 억압은 강력하다.

23) Xy(엑스선)

신체 내부를 보는 영상기술(X-ray, MRI, CT 등)의 결과물을 언급하면 채점한다. '폐를 찍은 사진'이라고 할 때, 폐는 An의 채점 대상이지만 여기서의 사진은 영상기술의 결과물을 의미하니 Xy로 채점하면서 An는 제외한다(둘 중에서 Xy가 우선권을 가진다). Xy와 An는 모두 신체 내부를 대상으로 하는 반응으로 같은 의미(신체화)를 가지고 있기에 중복채점을 방지하기 위함이다.

24) 복합내용

각 반응내용을 설명하면서 중간에 반응내용 2개를 같이 채점하는 경우가 있음을 언급한 것처럼, 로르샤하의 1개 반응 안에 반응내용이 여러 개 있을 수 있다. 개수의 제한이 없이 해당되는 반응내용은 모두 기록하고 각각은 쉼표로 구분한다. 반응내용을 기록할 때는 중요한 의미를 가지는 반응내용부터 나열하고, 대부분은 수검자가 말한 순서대로 나열하는 경우가 많지만, 그렇지 않은 경우도 있기 때문에 중요도(내담자의 심리상태에 대한 정보를 많이 전달하는 정도)를 생각해야 한다. '가운데 천사가 1명 있고, 곰 두 마리가 천사를 양쪽으로 당기고 있다.'라고 하면 천사가 더 중요한 정보를 제공하기 때문에 '(H), A' 순서로 기록한다. '큰 모자(Cg)를 쓰고 있는 사람(H)'에서는 통상적으로 사람반응이 더 중요하기도 하고, 모자는 별다른 의미를 가지지 않는다. 따라서 'H, Cg' 순으로 기록한다. '사람(H)이 달리는 그림(Art)'에서는 사람(H)을 포함하는 더 큰 규모의 개념인 그림(Art)을 언급하고 있어서 'Art, H' 순으로 기록한다. 한편, '사람(H)이 달리는 그림(Art)'에서 '사람이 달리는'까지만 하면 M^a가 되지만, '그림'이라고 함으로써 결과적으로 정적인 상태가 되기 때문에 최종 결정인은 M^p가 된다.

반응내용의 나열이 어려워지는 것은 주로 고립지표 중 3가지 반응(Na, Bt, Ls)이 같이 나올 때이다. Na가 고립지표(Isolation Index=2Na+2Cl+Ge+Ls+Bt)에서 2배의 가중치를 가진다는 것을 고려하면 Na가 Bt, Ls보다 더 강한 의미를 가진다는 것을 알 수 있다. 나무(Bt)나 산(Ls)보다 태양(Na)이 더 강력한 자연적 현상이라고 기억하면 편할 것 같다. 그리고 이 3가지 반응 중에서 2개 이상이 같이 나왔을 때 모두 포함시키면 고립지표의 점수가 지나치게 과장될 가능성이 있기 때문에, 중복 제외 규칙을 적용하여 점수의 과장을 방지한다. 한 반응 내에 Na가 있으면 Bt, Ls 등은 채점하지 않고, Bt와 Ls가 있으면 둘 중 하나만 기록한다. '물속에 있는 돌 위를 걷고 있는 동물이 덤불을 잡으려고 한다.'라고 하면 물은 Na, 돌은 Ls, 동물은 A, 덤불은 Bt이다. 이럴 때 Ls와 Bt를 제외하고 'A, Na'라고만 기록한다.

25) Id(특이한 내용)

앞에서 언급한 26개의 반응내용에 포함되지 않는 것이 있을 수 있는데, 이 경우에는 Id로 채점하면 된다. 세상 만물을 모두 포함시킬 수는 없기 때문에 빠져나갈 구멍을 하나 마련하여 유연성을 발휘하고 있다. 특이한 내용(Id)으로는 어디에도 포함시키기 어려운 대상도 있고 여러 가지 영역에 포함되는 대상도 있다. '그림자' '막대기' 등이 Id의 대표적인 예이고, 별다른 의미부여를 하기 어려운 경우가 많다.

6. 평범반응

9,500여 명의 수검자가 각 카드에서 3명 중 1명 정도의 비율로 반응한 내용들을 정리한 것이 평범반응(Popular response: P)이다. 총 13개이고 각 카드마다 1개씩 기본적으로 포함되어 있으며 I, V, X번 카드는 2개씩 있다. 4개는 전체 영역반응, 7개는 부

분 영역반응이고, 2개는 전체와 부분이 모두 가능하다. 그리고 영역이 〈표 3-7〉에 제시된 대로 완전히 일치해야 한다. V번 카드에서 '나비'라고 했는데, 가장 윗부분인 Dd34 영역을 제외한 나머지를 지정하면 P로 채점할 수 없다. (이 경우 제외된 영역이 미미하기 때문에 형태질은 o로 해도 된다.) 카드의 방향도 고려해야 하는데, I번 카드에서 '박쥐'라고 했지만 정방향으로 카드를 봤을 때 머리가 밑이라고 하면 P로 채점할 수 없다. 따라서 영역과 방향을 모두 확인해야 한다.

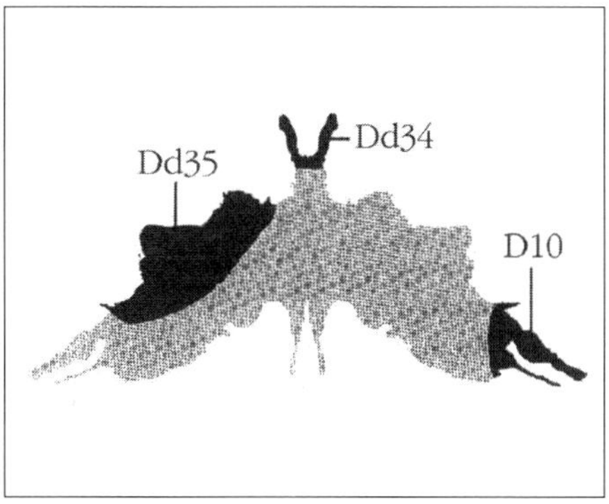

V번 카드 Dd34

〈표 3-7〉 종합체계에서 사용된 평범반응

카드	영역	기준
I	W	**박쥐**. 반점의 꼭대기가 박쥐의 상단부로 지각되고 항상 반점 전체를 포함해야 한다.
I	W	**나비**. 반점의 꼭대기가 나비의 상단부로 지각되고 항상 반점 전체를 포함해야 한다.
II	D1	**구체적으로 밝혀진 동물**. 곰, 개, 코끼리 또는 양. 이런 반응은 보통 머리나 상체가 있으나 동물 전체를 포함하고 있어도 P를 부여한다.
III	D9	**인간상이나 또는 인형, 만화 등의 묘사**. D1이 두 인간상으로 사용되었다면, D7이나 Dd31은 인간상의 부분으로 보고되지 않아야 P로 기호화한다.
IV	W or D7	**인간이나 거인**. 괴물, 공상과학에서 나오는 생명체와 같이 인간을 닮은 모양. 동물상은 P로 기호화하지 않는다.
V	W	**박쥐**. 반점의 꼭대기를 박쥐의 상단부로 지각해야 하고 항상 반점 전체를 포함해야 한다.
V	W	**나비**. 반점의 꼭대기를 나비의 상단부로 지각해야 하고 항상 반점 전체를 포함해야 한다.
VI	W or D1	**동물가죽, 짐승가죽, 융단이나 모피**. 가죽이나 융단 또는 모피는 자연적이든 인공적이든 간에 고양이나 여우와 같은 동물 전체를 기술하는 데 자주 포함된다. 이런 반응을 P로 기호화할 때는 수검자가 가죽이나 융단을 실제로 언급하였는지, 수검자의 반응기술에 분명하게 내포되어 있는지에 근거해서 결정해야 한다.
VII	D9	**사람의 머리나 얼굴**. 여자, 아이 또는 인디언처럼 분명하게 밝힐 수도 있으나 성별을 밝히지 않을 수도 있다. 보통 D1, D2, D22과 같은 큰 영역에 대해 평범반응이 나타난다. D1을 사용하였다면 윗부분(D5)은 보통 머리나 날개로 나타난다. 만약 D2나 Dd22 영역을 포함한다면 D9 영역에 한해서 머리나 얼굴이라고 할 때만 P로 기호화된다.

Ⅷ	D1	**전체 동물상**. 일반적으로 개나 고양이나 다람쥐 같은 종류로 보고 D4 영역과 가까운 부분을 동물의 머리로 지각한다.
Ⅸ	D3	**인간 또는 인간과 유사한 형상**. 마녀, 거인, 괴물, 공상과학에 나오는 생명체
Ⅹ	D1	**게**. 모든 부속기관은 D1 영역에 한정되어 있어야 한다.
Ⅹ	D1	**거미**. 모든 부속기관은 D1 영역에 한정되어 있어야 한다.

출처: Exner (2006: 89).

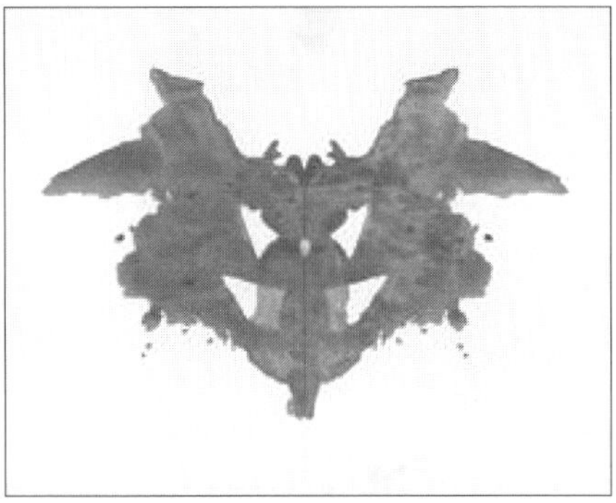

I번 카드: W 박쥐, 나비

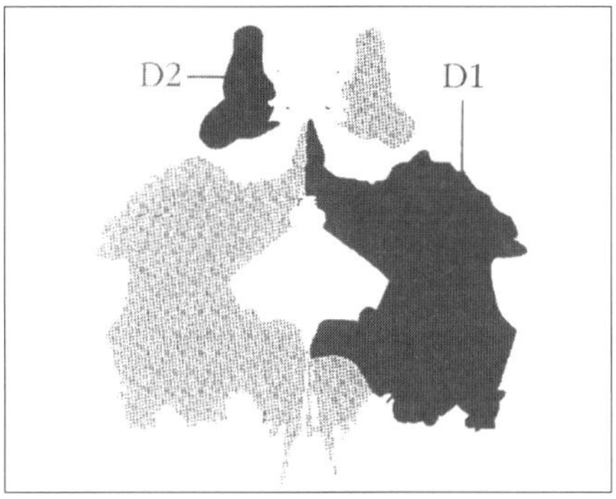

II번 카드: D1 네발 달린 포유동물
(곰, 개, 코끼리 등)

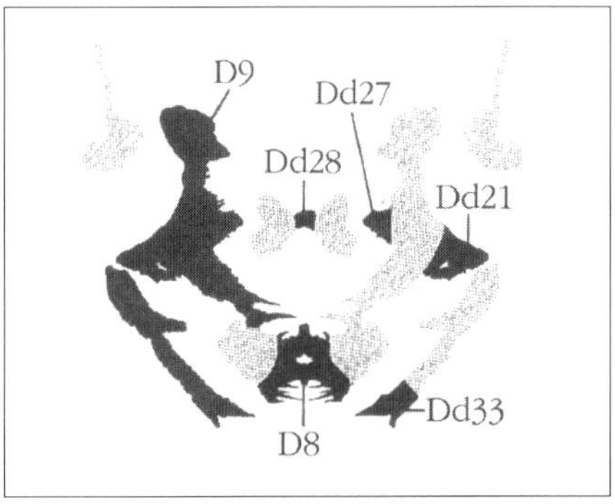

III번 카드: D9 인간

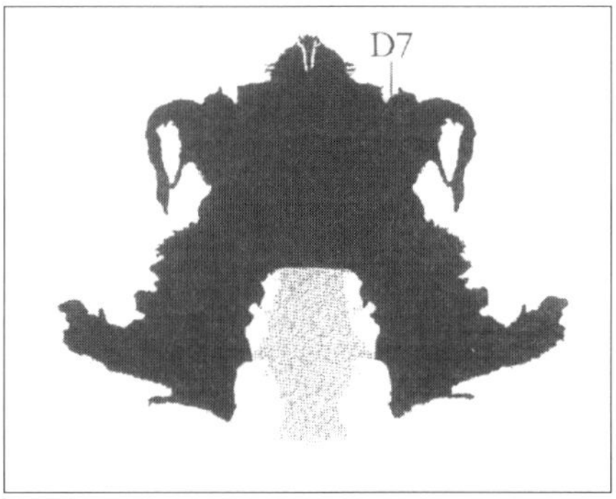

IV번 카드: W 또는 D7 인간 또는 거인

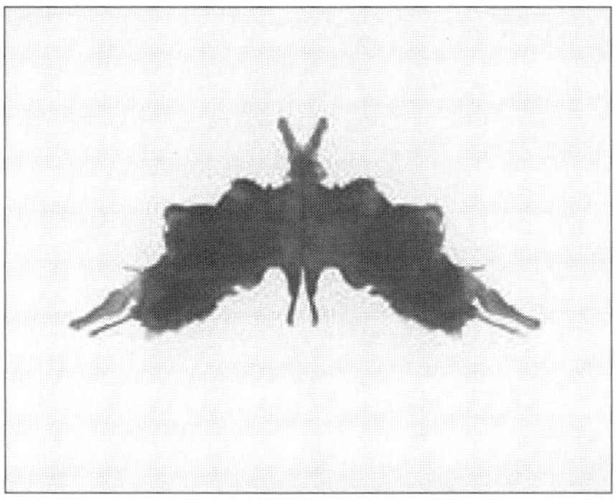

V번 카드: W 나비, 박쥐

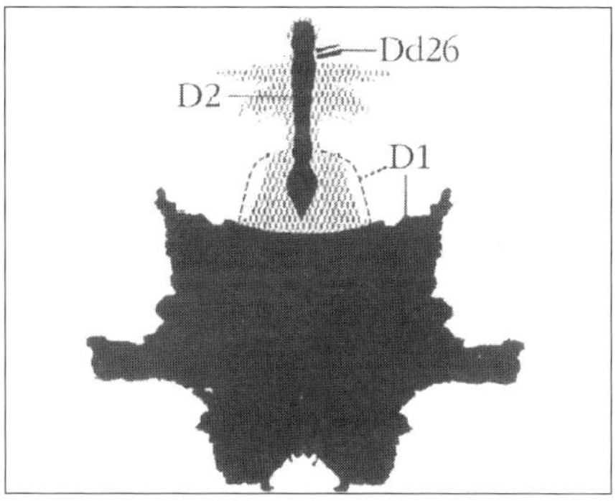

VI번 카드: W 또는 D1 동물가죽, 모피

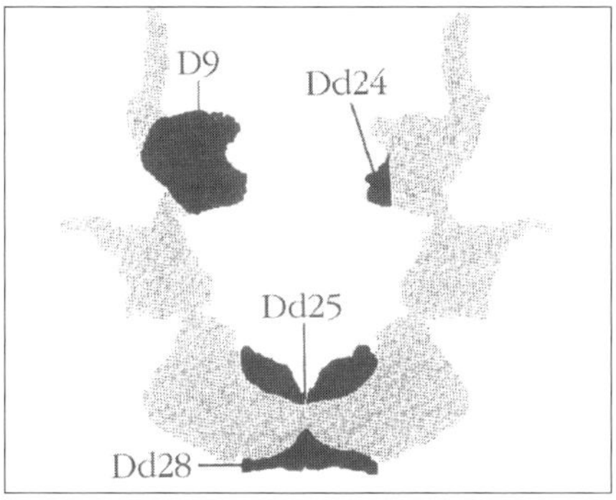

VII번 카드: D9 사람의 머리나 얼굴

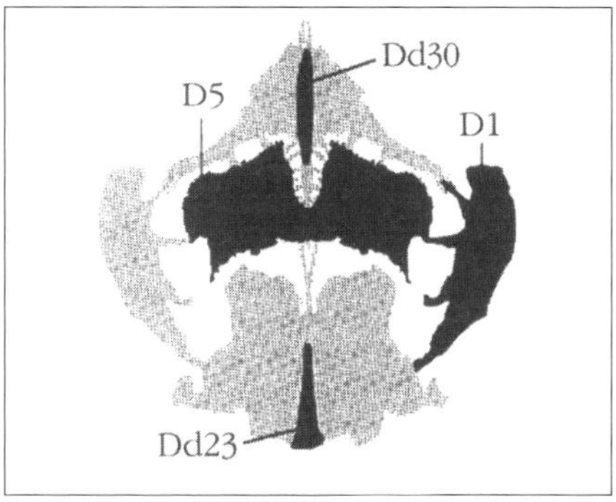

VIII번 카드: D1 네발 달린 포유동물

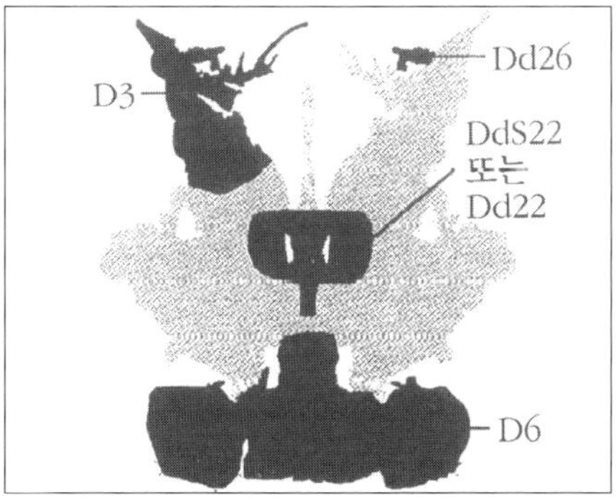

IX번 카드: D3 인간이나 그와 유사한 반응

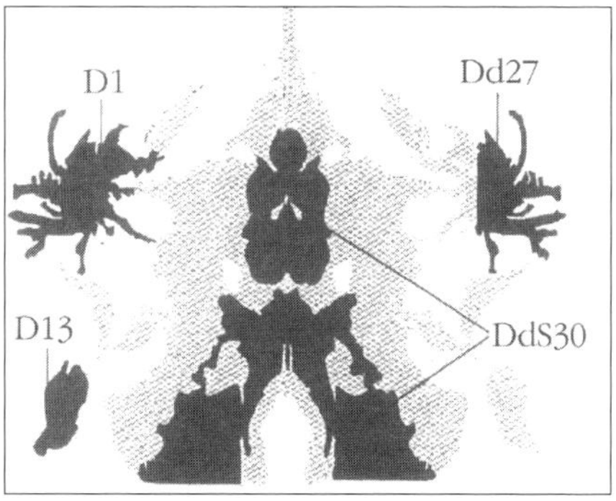

X번 카드: D1 게나 거미

[그림 3-15] 카드별 평범반응 영역

I번 카드에서는 전체 영역의 '박쥐'와 '나비'가 평범반응이고, 그림의 윗부분을 상단부로 지각해야 한다. II번 카드에서는 D1 영역을 '네발 달린 포유동물(곰, 개, 코끼리 등)'로 보는 것이다. 간혹 D1 영역을 보고 '코끼리'라고 하지만 더 물어보면 '코끼리의 머리'만 보는 경우도 있어서 간단한 질문을 통해("다른 부분들은 어디 있나요?") 머리, 몸통, 다리 등의 위치를 지정하게 하는 것이 좋다. III번 카드의 평범반응은 D9 영역을 인간 전체반응(H)으로 하는 것이다. 여기서는 H(사람)뿐 아니라 (H)(처녀귀신, 짱구 등)도 된다. D7이나 Dd31을 사람의 손이라고 하는 경우가 있기 때문에 형태 구분을 명확하게 해야 한다.

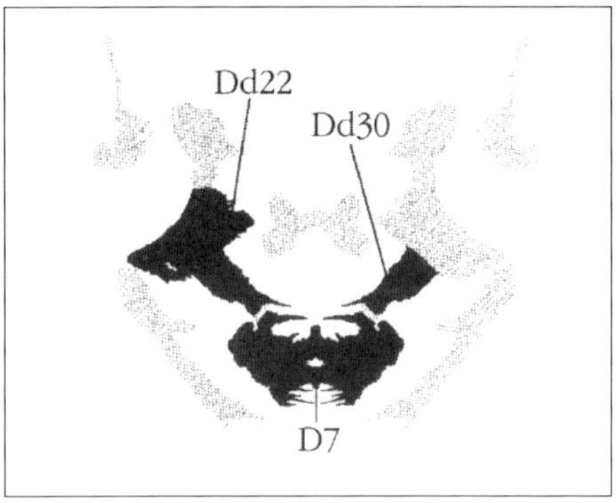

III번 카드 D7

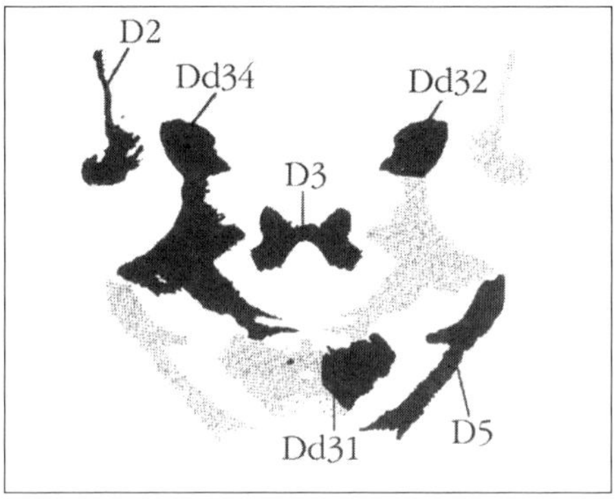

III번 카드 Dd31

IV번 카드의 평범반응은 W 또는 D7 영역 모두 가능하고, 인간이나 거인으로 볼 때 채점한다. III번 카드와 같이 H와 (H) 모두 해당된다. 수퍼비전 중에 수련생과 논란을 벌이는 주된 대상은 '괴물'이다. 저자는 '귀신'과 '유령'을 (H)로, '괴물'은 (A)로 채점한다. 그러나 Exner(2006)는 괴물(monster)을 인간과 유사한 개념으로 보고 있으니 수련생들은 괴물을 (H)로 채점하고 P를 부여하는 경우가 많다. 로르샤하에서는 언어반응의 질적 수준을 고려하여 채점하게 되어 있기 때문에 문화적이고 관습적인 수준에 맞게 채점해야 한다고 생각한다. 우리나라의 문화적 개념에서 '괴물'은 동물에 더 가깝다고 생각한다. V번 카드의 평범반응은 전체 영역을 대상으로 한 '박쥐'와 '나비'이고, I번 카드에서와 같이 영역과 방향이 달라지면 안 된다. 뒤집어서 반응하는 경우에는 형태질은 o가 될 수 있지만 P로 채점하지는 못한다. VI번 카드에서는 W나 D1 영역에서 '가죽'과 유사한 반응을 하는 것이 평범반응이다. 여기서 알아야 할 것은 재질반응(T)과 P는 별개의 채점이라는 것이다. T로 채점하지 않아도 P는 채점할 수 있다. VII번 카드에서는 D9 영역을 보고 '사람의 머리나 얼굴'이라는 반응을 하는 것이 평범반응이다. 기호로는 Hd나 (Hd)인 경우이다. 다른 인접 영역을 포함하더라도 D9 영역을 보고 확실하게 '인간의 머리'라고 하면 P를 줄 수 있다. VIII번 카드의 D1 영역을 보고 A나 (A)를 언급하면 P로 채점한다. '개' '호랑이' '늑대' 등 '네발 달린 포유동물'인 경우가 많고, D1 영역의 위쪽을 머리로 인식해야 한다. IX번 카드에서는 D3 영역을 보고 H나 (H) 반응을 보이면 채점하는데, 이는 평범반응 중에서 가장 애매하고 문화적으로 가장 받아들이기 힘든 반응이다. D3 영역은 디즈니 만화에 나오는 긴 모자를 쓰고 길고 울퉁불퉁한 손가락을 가진 콧부리 마법사를 닮은 형상이다. 이러한 대상에 익숙한 사람들은 마법사를 인식하면서 인간이나 그와 유사한 반응을 보일 수 있겠으나, 그렇지 않은 경우가 더 많다. X번 카드에서는 D1 영역을 보고 '게'나 '거미'라고 하는 것이 평범반응이다. 이 두 동물의 외형상 특징은 몸체가 작아서 다리가 사방으로 뻗어 있는 것처럼 보인다는 것이다. 문어나 오징어도 다리가 사방으로 뻗은 형태를 취할 수 있지만, 일반적인 형태는 머리가 위에 있고 다리가 아래에 있는 모습으로, '게'나 '거미'와는 다르다.

평범반응을 많이 한 사람은 대부분의 다른 사람들과 주변 환경 자극을 보는 시각이 비슷하다고 볼 수 있다. 적당한 정도로 비슷하면 공감대를 형성하면서 무난한 대인관계를 유지할 수 있을 것이다. 그러나 평범반응이 너무 많으면 남들이 보는 대로만 보려고 하는 것이니 타인의 시선에 민감하고 자신의 욕구는 억누르는 사람이기 쉽고(강박성 성격장애), 너무 적으면 주변 사람들의 시선을 고려하지 못하거나(조현병) 고려하지 않는(자기애성 성격장애) 사람일 수 있다.

7. 조직활동

앞서 로르샤하에서는 발달질을 통해서 인지발달의 수준을 측정한다고 했다. 관계 맺기(+)를 많이 할수록 인지발달의 수준이 높다고 보는 것인데, 발달질의 구분은 개별 반응의 수준을 분류하는 정도에 그칠 뿐 전체적인 인지발달 수준을 대표하지는 못한다.

조직활동(Z) 점수는 발달질의 구분을 좀 더 체계적으로 만들어서 수치를 부여한 것이다. 조직활동(organizational activity)을 가장 잘하는 사람은 CEO라고 불리는 기업의 사장들이다. 사장이 회사를 만든 다음 10명의 직원을 뽑아서 4명은 생산을 하고, 3명은 영업을 하고, 3명은 회계 처리를 하라고 배치하면 조직화(organization)가 이루어진 것이다. 처음에 모인 10명은 애매한 자극이었지만 조직활동을 통해 회사는 좀 더 명확하고 객관적인 자극이 되었다.

조직활동은 목표를 달성하기 위해 자극 간의 연결을 조절하는(연결하거나 끊는) 행위를 말한다.

사장의 주된 역할은 조직활동을 하는 것이기 때문에 가령 삼성생명 직원이 삼성전자 직원이 되긴 힘들어도 삼성생명 사장은 삼성전자 사장이 될 수는 있다. 사장이 하는 일은 금융, 전자 등 전문 영역에서 성과를 내는 것이 아니라 각 사업부서가 효율적이고 유기적으로 협응할 수 있도록 조절하는 것이기 때문이다. 다시 말하면, 한 분야의 문제를 해결하는 것이 아니라 여러 다른 사람(직원)이 문제해결을 할 수 있게 좀 더 큰 시각에서 환경(내외부 자원의 연결)을 조성하는 것이 사장의 역할이고, 조직활동 수준이 높을 때 잘할 수 있는 일이다.

Z점수는 조직활동의 정도를 나타낸다. Z점수가 높으면 조직활동을 많이 한 것이고, Z점수가 낮으면 조직활동을 적게 한 것이다. 그리고 조직활동은 효율성이라는 개념과 연결해서 볼 수도 있는데, 조직활동을 적당히 하면 효율성이 높지만 조직활동을 너무 안 하거나 너무 많이 하면 효율성은 떨어진다. 효율성은 문제해결의 질적 수준과 관련이 있는데, 사장이 직원관리에 너무 신경을 안 써도 문제가 생기겠지만 너무 세세한 것까지 신경 써서 직원들을 피곤하게 해도 업무 효율성이 떨어져서 결국 기업의 생산성이 떨어지게 된다.

'사람이요.' '곰이요.'라고 각각을 따로 말한 사람과 '사람을 사이에 놓고 곰 두 마리가 당기고 있다.'라고 말한 사람의 심리상태는 어떻게 다를까? 똑같은 자극을 보고 관계 맺기를 더 많이 하는 사람은 주변 자원을 파악하고 조정해서 성취를 할 가능성이 더 높고, 관계 맺기를 적게 한 사람은 단편적으로 세상을 보기 때문에 고차원적인 문제해결은 어려울 수 있다. 암기 영재가 보여 주는 대부분의 기억술은 다양한 관계 맺기 방식에 의해서 이루어진다. 관계 맺기를 잘하면 많은 자원을 한꺼번에 효율적으로 다룰 수 있다.

로르샤하 그림에는 관계를 유발하는 자극이 없고, 그림을 주면서 '그림은 전체를 묶어서 볼 수도 있고 부분(D 또는 Dd)으로 떼어서 볼 수도 있는데 보기 편한 대로 하면 된다.'라는 식의 구체적 지시는 하지 않는다. 그러나 그림에서는 부분들 간의 관계를 연상시킬 만한 형태들이 주어진다. 그림의 시각적 특성이 관계 맺기를 자극하는 것이다. 관계 맺기를 꼭 해야 하는 것은 아니지만, 부분들을 서로 연결할 수도 있고 아닐 수도 있는 상황에서 연결을 많이 하는 사람은 조직활동에 대한 욕구나 능력이 더 높은 상태이다. 관계를 유발하는 지시가 없는데 관계를 (일부러) 만들어서 대답한다는 건 수검자가 의미 있는 관계를 만들려는 노력을 많이 하는 것이고, 그럴수록 통상적으로 문제해결의 가능성은 더 높아진다. 반대로 단순하고 경제적인 반응(발달질 o에 해당되는 반응)을 하면 정신적 비용이 많이 들지 않고 Z점수도 낮아진다.

Z점수를 기록할 때 무조건 표만 보고 옮겨 적지 말고, 점수를 한번 천천히 살펴볼 필요가 있다. 완전히 일치하진 않지만 몇 가지 특징이 보인다. 먼저, 전체 영역[W(+, o, v/+)] 반응을 하면 관계 맺기를 하지 않아도 무조건 Z점수를 준다. 예를 들어, I번 카드에서 'W, 박쥐'라고 하면 Z점수로 1.0을 준다. 전체 영역반응은 부분별로 떼어서 볼 수도 있는 그림을 하나로 묶었다는 의미를 가지기 때문에 Z점수를 준다.

그리고 똑같이 (관계 맺기가 없는) 전체 영역반응을 해도 I번 카드에서 '박쥐(1.0)'와 X번 카드에서 '왕 같은 사람(5.5)'은 Z점수에서 큰 차이를 보인다. I번은 그림이 가운데에 집중되어 있어서 전체 영역반응을 하기 쉬운 반면, X번 카드는 그림이 외부로 분산되어 있어서 전체 영역반응을 하기가 쉽지 않기 때문이다. 이처럼 관계 맺기가 어려운 상황에서 관계를 맺으면 점수를 더 높게 준다.

〈표 3-8〉 각 카드별 조직활동 Z점수

카드	조직활동의 유형			
	W (DQ: +, v/+, o)	인접부분 (ZA)	비인접부분 (ZD)	흰 공간 통합 (ZS)
I	1.0	4.0	6.0	3.5
II	4.5	3.0	5.5	4.5
III	5.5	3.0	4.0	4.5
IV	2.0	4.0	3.5	5.0
V	1.0	2.5	5.0	4.0
VI	2.5	2.5	6.0	6.5
VII	2.5	1.0	3.0	4.0
VIII	4.5	3.0	3.0	4.0
IX	5.5	2.5	4.5	5.0
X	5.5	4.0	4.5	6.0

출처: Exner (2006: 94).

단, 전체 영역반응이지만 발달질이 v이면 Z점수를 주지 않는다. 로르샤하에서는 형태를 봤는지 여부가 중요한데, 형태를 애매하게 지각한 상태라면 통합의 근거가 없다고 보는 것이다. 그런데 v/+는 Z점수를 준다. Z점수는 관계 맺기를 측정하는 점수인데, 관계 맺기(+)를 말로 했기 때문이다.

• W의 조직화 점수 부여
  - W는 말로 관계 맺기를 하지 않아도 Z점수를 부여한다. W 자체가 지각적인 관계 맺기를 한 것으로 보기 때문이다.
  - W(+, o)→조직화 점수 부여
  - W(v)→조직화 점수 없음. 지각적인 관계 맺기를 할 형태적 근거가 빈약함
  - W(v/+)→조직화 점수 부여. 관계 맺기를 말로 표현하고 있어서 인정함

'인접'과 '비인접'의 구분도 해야 한다. '인접'은 그림에서 시각적으로 붙어 있는 대상 간의 결합을 말한다. II번 카드에서 '곰 두 마리가 싸우고 있다(D1).'라고 하면 그

림에서 양쪽의 D1 영역이 붙어 있기 때문에 '인접'에 해당되고 Z점수는 3.0이 된다. '비인접'은 그림에서 시각적으로 떨어져 있는 두 대상이 관계를 맺고 있는 경우이다. III번 카드에서 '두 사람이 싸우고 있다(D9).'라고 하면 그림 양쪽의 D9 영역은 떨어져 있기 때문에 '비인접'이 되고 Z점수는 4.0이 된다. 그리고 시각적으로 떨어져 있으면 통상적으로 관계를 맺기 어렵기 때문에 대개는 '비인접'의 점수가 더 높다.

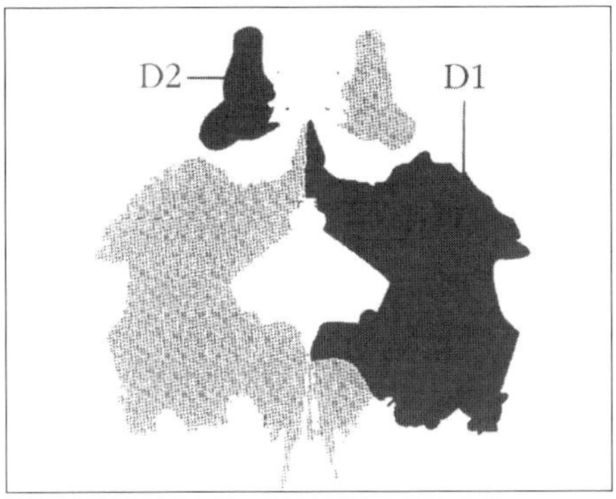

II번 카드 D1

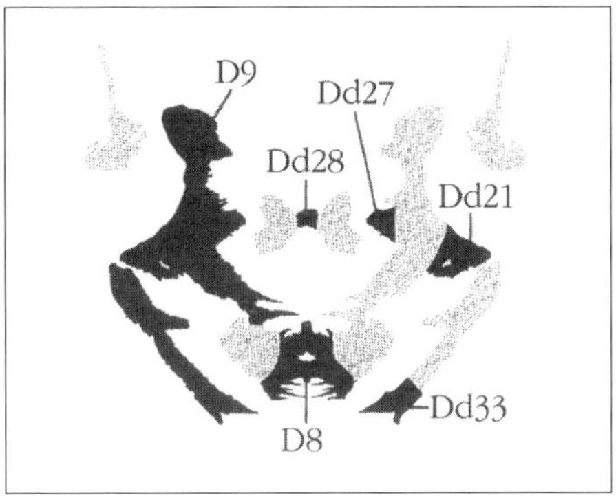

III번 카드 D9

마지막으로, 반응을 할 때 흰 공간(S)을 사용하면 Z점수를 주어야 한다. 그러나 흰 공간이 들어간다고 해서 모두 주는 것은 아니고 다소 복잡한 규칙이 적용된다. 우선, 흰 공간에 조직활동 점수를 부여하는 이유는 흰 공간을 보려면 옆에 색칠된 테두리를 봐야 하기 때문에 흰 공간을 지각한다는 것은 공간과 옆의 테두리를 같이 엮어서 봤다는 의미가 있고, 이는 관계 맺기에 해당하므로 Z점수를 부여한다. 채점에 있어서 애매한 부분은 예를 통해서 확인하는 것이 가장 확실하다. II번 카드에서 가운데 DS5 영역만 보고 비행기라고 하면 Z점수를 부여하지 않는다. 이 경우 흰 공간만 사용했기에 그림의 다른 부분과 관계 맺기가 이루어졌다고 보기 어렵다. 로르샤하에서 흰 공간만 봤다는 것은 어떤 면에서 아무것도 안 본 것과 마찬가지이다. 그러나 DS5 영역에 D3 영역을 더해서 '비행기 엔진에서 불을 뿜고 있다.'라고 하면 Z점수를 주는데, 이때는 흰 공간과 색이 있는 영역이 관계를 맺고 있다. 그리고 I번 카드에서 전체 영역을 '괴물얼굴'이라고 하고 DdS30을 '눈'이라고 하면 이때도 Z점수를 부여하는데(3.5), 흰 공간이 색이 칠해진 영역과 합쳐져서 결과물을 만들었기 때문이다.

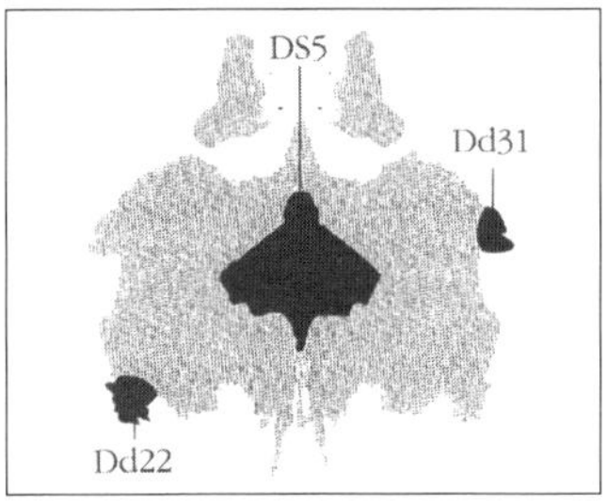

II번 카드 DS5

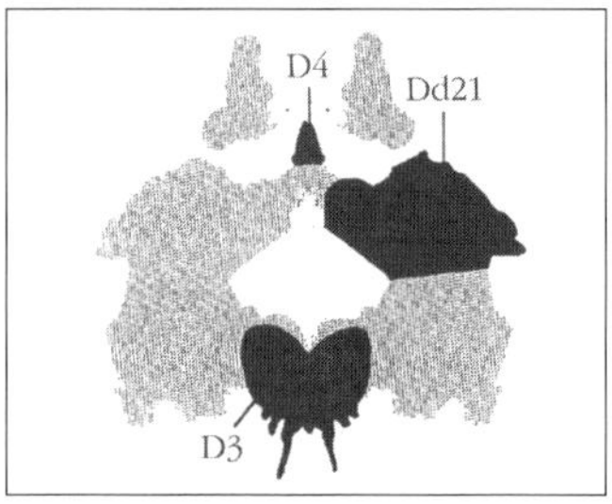

II번 카드 D3

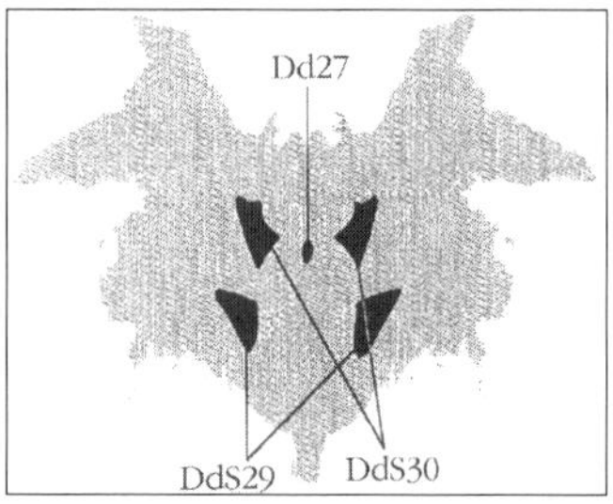

I번 카드 DdS30

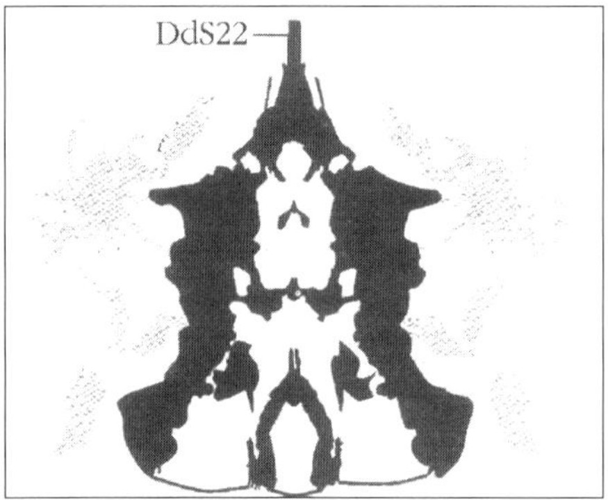

X번 카드 DdS22

Z로 채점하기 위해서는 반드시 형태가 사용되어야 한다. '페인트의 얼룩'처럼 발달질이 v이면 Z점수를 주지 않는다. 흰 공간이 어느 영역인지 불분명할 때도 Z점수를 주지 않고, 어떤 대상을 넣기 위해서 흰 공간에 임의적인 선을 그어서 말할 때도 Z점수를 주지 않는다. 로르샤하에서는 있는 그대로를 놓은 상태에서 그 상황에 맞는 설명을 해야 한다. X번 카드에서 밑에 선을 그어서 얼굴이라고 하는 경우(DdS22) 공간을 사용했기 때문에 S를 주지만, '얼굴'이 되기 위해서는 하단에 임의적인 선을 그어야 하기 때문에 원래의 형태를 훼손하는 것이 되어 Z점수는 주지 않는다.

Z점수를 줄 때 1개 카드에서 여러 개의 조직활동 점수가 가능하다면 그중에서 더 높은 점수를 선택한다. I번 카드에서 '전체 영역, 발달질+('가운데 사람이 있고, 양옆에서 곰이 사람을 끌어당기고 있다.')'인 경우 1.0과 4.0이 모두 해당되는데, 이럴 때는 높은 점수(4.0)를 선택한다.

8. 특수점수

Z점수까지 다룰 수 있으면 기본적인 채점은 다 되었다고 볼 수 있다. 병원 장면에

서 볼 수 있는 정신증적 경향이 강한 환자들을 보는 것이 아닌 다음에야 지금까지의 기호들로 수검자들이 보인 대부분의 반응을 채점할 수 있다. 그런데 지금까지의 채점 방법에 포함되지 않았지만, 수검자의 심리상태를 반영하면서 독특한 의미를 가지는 반응들이 있고, 이런 반응을 기호화한 것이 '특수점수'이다. 그리고 특수점수를 사용하면 과거에 질적으로만 해석하던 여러 가지 반응의 특징들을 수량화하여 보다 객관적인 시각에서 해석할 수 있다.

- 15개의 특수점수
  특이한 언어반응 6개, 반응반복 1개, 특수내용 4개, 인간표상반응 2개, 개인적 반응 1개, 특수색채현상 1개

1) 특이한 언어반응(DV, DR, INCOM, FABCOM, CONTAM, ALOG)

15개 특수점수 중에서 '특이한 언어반응' 6개를 구분하는 것이 가장 힘들고 복잡하다. 그러나 간단히 말하면 특이한 언어반응 6개는 모두 사고장해(thought disorder)와 관련이 있다. 따라서 조현병이나 1형 양극성장애 정도의 정신증적 증상이 있을 때 주로 나타나는 반응들로 신경증적인 상태에서는 거의 나타나지 않는다(나타나도 그 빈도는 적은 경우가 많다). 특이한 언어반응 6개가 구조적 요약에서 다음과 같이 사고장해의 정도를 나타내는 WSum6를 구성한다는 것을 알면 이해하기가 더 쉽다.

WSum6
=(1)×DV1+(2)×DV2+
(2)×INCOM1+(4)×INCOM2+
(3)×DR1+(6)×DR2+
(4)×FABCOM1+(7)×FABCOM2+
(5)×ALOG+
(7)×CONTAM

6개는 다시 2-3-1로 〈표 3-9〉와 같이 구분해 보자.

〈표 3-9〉 특이한 언어반응 구분

구분	개수	수준
일탈된 언어(일상적인 언어사용에서 벗어난 표현형태)(DV, DR)	2	수준1, 수준2
부적절한 조합(INCOM, FABCOM, CONTAM)	3	수준1, 수준2
부적절한 논리(ALOG)	1	-

그리고 ALOG를 뺀 나머지 5개는 수준1, 수준2로 나누는데, 수준1은 일상적으로 할 수 있는 정도의 벗어남이라면 수준2는 심각한 수준, 즉 사고장해의 가능성이 높은 상태를 말한다.

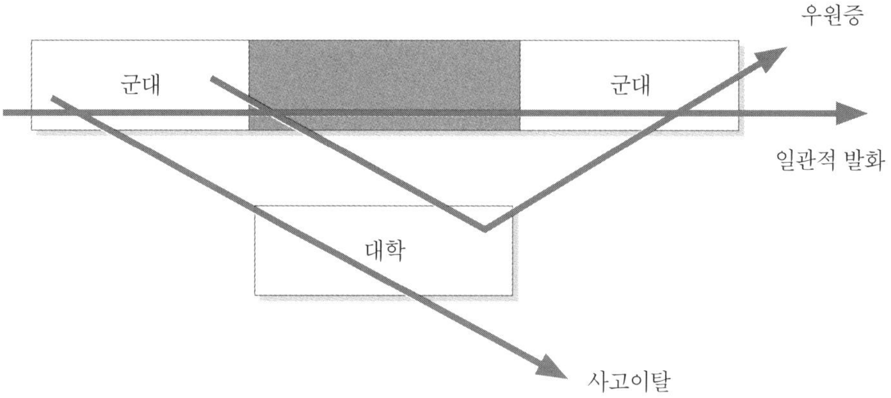

[그림 3-16] 일관적 발화, 우원증, 사고이탈 비교

일탈된 언어인 DV(Deviant Verbalization)와 일탈된 반응인 DR(Deviant Response)은 의사소통을 방해하는 독특한 언어표현이다. DV는 일상에서도 쉽게 말할 수 있는 말실수에 가깝고, 여러 개를 해도 해석상의 의미를 가지는 경우는 거의 없다. 반면, DR은 심각한 언어적 일탈이고, 대개 1형 양극성장애에서 많이 나오며, 우원증(circumstantiality)과 사고이탈(tangentiality)을 반영하는 경우가 많다. [그림 3-16]을 보면, 우원증은 어느 한 주제로 말을 시작했다가 다른 내용으로 빠졌다가 다시 시작했던 주제로 돌아오는 것이고, 사고이탈은 한 주제에서 시작해서 일탈

을 했다가 다시 처음 내용으로 돌아오지 못하는 것이다. 쉽게 말해서, 군대 얘기를 하다가 대학 얘기를 하다가 다시 군대 얘기로 끝맺으면 우원증이고, 군대 얘기로 돌아오지 못하면 사고이탈이라고 보면 된다. 두 증상의 공통점은 말은 많이 하는데 정리가 되지 않는다는 것이다. 조현병은 사고가 단순화되는 경우가 많아서 우원증이나 사고이탈이 잘 나타나지 않고, 나타나더라도 짧게 끝나는 경우가 많다.

• 우원증과 사고이탈의 심각성 정도
거리를 보면 모두 정상과는 상당한 차이를 보이는 이상 증상이며, 둘 중에서는 사고이탈이 조금 더 심각하다.
(정상)일관적 발화<<<<<<<<<<<<<<<<우원증<사고이탈(이상)

DV는 '역전 앞'과 같이 불필요한 단어를 반복하거나('전'과 '앞') '학교'라고 해야 하는데 '학과'라고 하는 것처럼 말실수를 하는 것이다. "눈송이 같아요. 양쪽 면이 사면체나 육면체 같아요."라고 하면 뒷문장은 말을 더 했지만 정교화에 도움이 되지 않는 필요 없는 말들이기 때문에 DV로 채점한다.

DV는 도움이 되지도 않지만, 반응의 수준을 질적으로 크게 떨어뜨리지도 않는다.

DR은 말을 많이 했는데 오히려 반응의 수준이 질적으로 떨어지는 것이고, 우원증과 사고이탈을 생각하면 비교적 쉽게 판단할 수 있다. '이것은 고양이다. 내가 고양이를 싫어하기 때문이다.'라고 하면 DR로 채점한다. 이는 언뜻 말이 되는 것 같지만 말이 되지 않는다. 로르샤하에서는 자신의 의견이 아니라 그림의 특성을 말로 표현해야 반응의 근거가 된다. '이것이 무엇인지 확실하지 않지만 동물의 코 같아요. (다른 얘기를 하다가) 그래요. 동물의 코입니다.'라는 반응을 보면, 코에서 시작해서 코로 마무리를 했으니 우원증에 해당한다. 여기서 마지막 문장('그래요. 동물의 코입니다.')이 없으면 사고이탈이다.

부적절한 조합에 해당하는 3가지(INCOM, FABCOM, CONTAM)를 보자. 이 3가지가 앞의 일탈된 언어반응 2개(DV, DR)보다 개념적으로는 더 쉬울 수도 있다. 3가지 모두 관계 맺기 양상을 나타낸 것인데, 관계가 정상적이지 않은 상태를 말한다.

INCOM(Incongruous Combination)은 대상이 하나이고, 구성 요소의 조합이 부적절한 상태이다. '닭의 머리를 한 여자'에서 대상은 하나이다. 단, 여자를 구성하는 요소(닭의 머리, 여자의 몸)의 조합이 부적절하다. '빨간 곰'은 빨강과 곰이 연결되어 있지만 현실에 존재하지 않는 것이기 때문에 부적절한 조합이 된다.

닭 머리+여자의 전신(머리를 제외한)=하나의 대상
빨강+곰=하나의 대상

FABCOM(Fabulized Combination)은 대상이 둘(또는 그 이상)이고 각 대상은 온전한 모습이지만 그 대상들이 관계를 맺는 방식이 부적절한 것이다. '두 마리 닭'은 이상하지 않은데 '두 마리 닭이 농구를 한다.'는 이상하다. 닭은 농구를 할 수 없기 때문이다. 로르샤하 식의 관계 맺기가 무엇인지 익숙해져야 하는데, '눈에서 연기가 나오고 있는 토끼 머리'를 생각해 보자. 여기서는 '토끼 눈'과 '연기'를 말로 연결(+)하고 있는데, 이는 현실에서 있을 수 없는 관계 맺기이다. 말로 연결했는데 부적절한 연결이 된 것이다.

닭+닭=2개의 대상(각각의 대상은 온전한 형태임)
토끼 눈+연기=2개의 대상(각각의 대상은 온전한 형태임)

CONTAM(Contamination)은 대상이 둘(또는 그 이상)인데 애매하게 관계를 맺고 있는 것이다. 발화내용으로만 판단하기 어려운 경우가 많고, 심한 조현병을 가진 경우에나 나오는 반응이기 때문에 상담 장면에서는 보기 어렵다. INCOM과 FABCOM은 현실성이 없긴 하지만 무슨 말인지를 명확하게 알아들을 수 있고, 들은 대로 시각화하기가 어렵지 않다. 그러나 CONTAM은 대상들 간의 관계에 대한 언어표현이 명확하지 않은 것이다. 따라서 수검자의 표정과 말투 그리고 면담과 다른 검사에서의 수행 수준 등을 고려하여 판단해야 한다. Exner(2006)는 '곤충황소'를 CONTAM으로 채점했는데, 보통 '곤충황소'가 CONTAM으로 채점되는 경우는 '곤충황소요.'

와 같이 단번에 말하기보다는 '아…… 이게…… 곤충…… 얼굴인가…… 황소인가…… 아…… 그냥 곤충황소라고 할까요……?'와 같이 표정과 말투에서 지각의 애매함과 판단의 혼란스러움이 나타나야 한다. 단번에 곤충황소라고 대답을 한다면 이는 신조어(neologism)에 해당되어 DV2(명백한 오류로 수준2)로 채점하는 게 더 맞다. contamination은 '오염'이라는 뜻이다. 곤충도 분명히 말하지 못하고 황소도 분명하게 말하지 못한 채로 애매하게 '곤충황소'라고 함으로써 어느 것 하나 제대로 말하지 못한 것이 된다. '섬 같기도 하고…… 피 같기도 하고…… 섬에서 피를 흘리는 건가…… 모르겠는데요…….'라는 반응도 반응기록지에는 '섬에서 피 흘리는 거'라고 쓰겠지만, 명확하게 반응을 구분해서 끝맺지 못하고 둘을 애매하게 섞어서 말하는 것으로 CONTAM으로 채점한다. CONTAM은 조현병 환자들의 미결정성(indecisive)을 잘 나타내 주는데, 이 증상은 사고력이 저하되어 명확한 결정을 내리지 못하는 혼란스러운 상태를 반영한다.

부적절한 논리(Inappropriate Logic: ALOG)는 검사자가 더 요구하지 않은 상태에서 수검자가 자발적으로 논리적 근거를 말하려고 하는 것인데 대부분은 실패로 끝난다. '북극이에요. 카드 위쪽에 있어서요.'라는 반응은 언뜻 말이 되는 것 같지만 그렇지 않다. '여기 생긴 모양이 지구 같고 여기가 아시아, 여기가 아메리카, 그 위에 있으니까 북극이죠.' 정도는 말해야 그림의 시각적 특성을 근거로 말한 논리적인 설명이라고 할 수 있겠다. '당근이에요. 토끼 옆에 있어서요.'라는 반응도 마찬가지이다. 로르샤하에서는 '당근'이라는 근거를 그림의 특성을 통해서 말해야 한다(예: '빨간색이어서요.'). '거대한 새예요. 카드를 모두 차지하고 있어요.'라고 할 수도 있지만 누군가는 카드를 모두 차지하고 있어도 그림 전체를 '작은 개미'라고 할 수도 있다. 따라서 '거대하다.'가 그림에서의 논리적 근거를 가지려면 그림 내에서의 상대적 크기 차이를 활용해야 한다.

2) 반응반복(PSV)

PSV(Perseveration)의 해석은 보통 '보속증'이라고 하고, 이는 통상 치매로 인해 신경심리검사를 실시해야 하는 정도의 노인 환자군에서 자주 언급되는 증상이다.

'1+1'을 물었을 때 '2'라고 하고, 뒤이어서 '2+2'도 '2'라고 하고 '4+4'도 '2'라고 하는 등 질문이 바뀌었는데도 이전의 대답을 똑같이 하는 증상을 말한다. 사고가 단순해져서 새로운 상황에 전혀 적응하지 못하는 것이다.

그런데 치매나 조현병과 같이 뇌기능이 떨어졌을 때뿐만 아니라 일상에서도 반응반복에 해당하는 행동을 보일 때가 있다. 엄마 몰래 친구들과 놀러 갔다 왔는데 엄마가 저녁에 어디 있었냐고 의심 어린 말투로 물으면, 아이는 엄마와 눈을 마주치지 못하고 '도서관'이라고 대답을 한다. 시간대를 바꿔서 낮에는 어디 있었냐고 물어봐도 급한 마음에 '도서관'이라고 같은 대답을 단순 반복한다. 자신이 솔직히 말했을 때 피해를 입을 것이라 생각하면 간단한 대답을 찾아내어 아무 생각 없이 반복할 때가 있다. 뭔가를 숨기고 싶을 때도 반응반복이 나타날 수 있다.

PSV를 채점하는 상황은 3가지가 있다. 첫 번째는 동일한 카드에서 기본 채점(반응영역, 발달질, 결정인, 형태질, 반응내용, Z점수)이 동일한 반응을 연속으로 하는 경우이다. 평범반응과 특수점수는 달라도 된다. 대표적인 것이 I번 카드에서 '박쥐' '나비'를 연속해서 하는 것이다. 발화내용은 다르지만 반응내용은 모두 동물(A)이어서 채점 결과는 똑같다. '박쥐(A)' '사람 얼굴(Hd)' '나비(A)' 순으로 반응하면 PSV가 아니지만, '박쥐(A)' '나비(A)' 순으로 연속해서 말하면 '나비'를 채점할 때 PSV를 부여한다.

두 번째는 앞 카드에서 말한 반응내용을 뒷 카드에서 동일하게 반복하는 경우이다. I번 카드에서 '박쥐'라고 하고 II번 카드에서 '아까 그 박쥐요.'라고 하면 이 경우에 해당한다. 카드마다 상당히 다른 그림이 주어짐에도 불구하고 이전 카드에서의 반응을 직접적으로('아까 그 박쥐') 반복하는 것은 사고가 매우 빈약하거나 어느 하나에 집착해서 빠져나오지 못하는 상황일 수 있다.

세 번째는 기계적인 반복이다. 조현병 중에서도 사고의 단순화가 주된 환자이거나 지능이 매우 낮은 수검자들이 이렇게 반응하기 쉽다. 10개 카드를 보고는 '곤충'이라는 반응만 반복하는 경우이다.

다만 지능이 양호한 수준인데 이렇게 기계적인 반복을 보인다면, 평가에 대해 강한 반항을 가지고 있을 가능성이 높으니 라포 형성부터 다시 시작해야 한다. 일단 10개 카드를 끝까지 해 본 다음에 검사를 중단하고 불편감에 대해 대화를 나누고 나서 재검사를 해 보길 권한다. **"솔직히 말해서 지금 하신 걸 보면 생각을 충분히 하지**

않고 말한 것 같습니다. 이렇게 하면 검사를 진행하는 것이 의미가 없는데요. 그래도 괜찮으시다면 그냥 이렇게 해도 되지만, 다시 한번 해 보셨으면 좋겠습니다. 한번 더 보실지 안 보실지는 본인이 결정하시면 됩니다." 대부분은 다시 검사를 한다고 하고, 반응 수와 다양성이 눈에 띄게 증가하진 않지만 조금만 더 반응이 나와도 이전보다는 훨씬 더 많은 정보를 얻을 수 있다. 그리고 반응을 더 얻어 내는 것보다는 반응반복을 보이는 행동 자체가 사고의 특성이나 대처 방식을 잘 나타내 주기 때문에 굳이 반응 수를 더 얻으려고 너무 노력하진 않아도 된다.

3) 특수내용(AB, AG, MOR, COP)

추상적 반응(Abstract Response: AB)은 인간(만)의 경험이나 상징적 반응을 나타낸다. "화합을 상징해요. 두 사람이 손을 맞대고 있는 모습이 그렇게 보여요."라고 할 때 '화합'은 그림에 없는 대상이다. 그림에 있을 수 없는 추상적인 개념이기 때문이다. '슬픔' '우울' 등의 감정반응을 포함하여 '평화' '사랑' 등의 추상적 언어개념은 물리적 실체로 존재하지 않기 때문에 그림에도 나타날 수 없다. 단지 그림에 있는 시각적 실체를 통해 간접적으로 그 존재를 알 수 있을 뿐이다. 참고로 AB에 해당하는 경우, 결정인과 형태질은 Mnone이 된다. 인간의 경험과 감정은 인간운동반응(M)이며 형태가 아예 없기 때문에 형태질을 채점할 수 없다. 그리고 실제 채점에서는 none이라고 쓰지 않고 형태질을 비워 둔다(기록할 때는 형태질 없이 M이라고 쓴다).

공격적 반응을 AG(Aggressive Response)로 채점하고 손상된 반응은 MOR(Morbid Response)로 채점한다. 다시 말해서, 어떤 식으로든 피해를 당하는 입장이면 MOR, 피해를 주는 입장이면 AG로 채점한다. '화난 얼굴' '몸을 관통하는 총알' '노려본다.' 등은 모두 공격적인 반응의 예인데, 주의할 것은 공격의 주체가 그림 안에 있어야 한다는 것이다. "누군가가 여기 사람을 때리고 있어요."라고 할 때 때린다는 표현이 있어서 공격적인 듯 보이지만, 그림 안에 있는 대상은 맞고 있어서 피해자가 되고, 그림 안에 가해자가 없다면 채점은 MOR이 되어야 한다. 다만 맞는다(피해를 입는다)는 행위는 때리는(공격하는) 행위가 있어야 가능한 것이기 때문에 MOR 채점이 된다는 것은 공격자의 존재를 인정하는 것이고, 피해자의 마음속에는 공격자에 대한 분노가 있을 가능성이 높기 때문에 AG로 채점할 반응이 없다고 하더라도 내면의 분노가 쌓여 있고 언젠가 갑자기 표출될 가능성이 높다는 것을 예상할 수 있어야 한다. 다만 영어에서 'aggressive'의 의미는 '공격적인'뿐만 아니라 '적극적인'이라는 의미도 가지고 있다. 따라서 AG가 많을 때 무조건 우리 식으로 '공격적' '파괴적'이라고만 해석하지 말고 그 내용을 살펴보고 해석하도록 하자.

MOR은 정서적 고통감과 우울감을 시사하는 매우 중요한 반응이다. (조금이라도) 파괴된 대상이거나 우울감과 관련된 내용이 나오면 채점한다. '부서진 라디오' '슬픈 나무' '불행한 사람' 등이 그 예이다.

협동반응은 COP(Cooperative Response)로 채점한다. '협동'이라 하면 '돕는다.'라는 개념만을 떠올리기 쉽지만 로르샤하에서 협동이란 '같은 목적을 가지고 함께 행동하는 것'을 말한다. 그래서 '두 사람이 무언가를 같이 들어 올리고 있다.'라는 반응뿐만 아니라 '3명이 같이 춤을 춘다.'라는 반응도 COP로 채점한다. 그래서 '돕는다.'는 말보다는 '같이'라는 말이 있는 것이 더 중요하다.

COP와 AG를 같이 채점해야 하는 경우도 있다. 협동이라는 말에 도덕적 의미를 실어서 판단하기 쉬운데, 항상 채점은 객관적으로 해야 한다. '한 사람을 두 사람이 같이 공격하고 있다.'라고 하면 COP와 AG를 같이 채점한다. 그런데 여기서는 MOR도 넣어야 한다. 한 사람은 맞고 있고(MOR), 두 사람은 같이(COP) 때리고 있다(AG).

4) 인간표상반응(GHR, PHR)

우리가 인간이기 때문에 로르샤하에서는 인간반응이 언제나 중요하다. 관계 맺기도 부적절하게 하면 적응을 해치듯이 인간반응도 마찬가지이다. 기본적으로 인간반응을 많이 하는 것은 좋은 것이지만, 어떤 인간반응은 부정적인 해석을 해야 하는 경우가 있기 때문에 이를 구분하는 것이다. 인간표상반응은 좋은 인간반응(Good Human Response: GHR)과 빈약한 인간반응(Poor Human Response: PHR)의 2가지로 나뉜다. 그리고 인간에 대한 반응이거나[H, (H), Hd, (Hd), Hx], 결정인에 M을 포함한 반응이거나, COP나 AG를 포함하는 FM 반응을 하는 등 3가지 중 하나에 해당되면, 무조건 인간표상반응(GHR, PHR)을 채점해야 한다.

〈표 3-10〉 인간표상반응에 좋은(GHR) 또는 빈약한(PHR) 특수점수를 주기 위한 단계

1. 순수인간반응(전체인간반응: H)이고 다음의 조건에 모두 일치할 때 GHR로 기호화한다.
   (a) 형태질이 FQ+, FQo 또는 FQu일 것
   (b) DV를 제외한 인지적 특수점수가 없을 것
   (c) AG 또는 MOR 같은 특수점수가 없을 것
2. PHR은 다음의 경우에 채점한다.
   (a) FQ 마이너스 또는 FQ가 없는 반응(형태가 없는 반응) 또는
   (b) FQ+, FQo, FQu 반응이면서 ALOG, CONTAM 또는 수준2의 인지적 특수점수를 가지고 있는 경우
3. GHR은 인간표상반응 중에 특수점수 COP를 채점한 모든 반응에 채점된다. 하지만 AG가 있는 경우는 채점하지 않는다.
4. 다음의 인간표상반응에는 PHR을 채점한다.
   (a) 특수점수가 FABCOM이거나 MOR인 경우
   (b) 내용 채점이 An인 경우
5. 카드 Ⅲ, Ⅳ, Ⅶ, Ⅸ에서 평범반응으로 채점되는 인간표상반응이 있는 경우 GHR로 채점한다.
6. 다음에 해당할 경우 모두 PHR로 채점한다.
   (a) AG, INCOM, DR과 같은 특수점수에 해당하는 경우
   (b) Hd 채점을 하는 경우[주의할 점은 (Hd)는 해당되지 않음]
7. 그 외의 인간표상반응에는 모두 GHR로 채점하게 된다.

출처: Exner (2006: 110-111).

인간표상반응 채점 기준은 〈표 3-10〉에 따라 하면 된다. 채점 기준을 전반적으로 살펴보면, 전체인간반응(H)이 있으면서 형태질이 양호하거나 COP가 있으면 GHR이 되고, 일탈된 언어반응, MOR, AG, An 등이 같이 있으면 PHR이 된다. 특수점수가 있거나 An이 있으면 아무리 좋은 인간반응이 있어도 PHR이 된다. 그리고 Hd가 같이 있으면 PHR로 채점한다. 이렇게 전반적인 양상을 볼 때 반응에서 GHR이 많은 사람은 전반적으로 무난한 대인지각을 하는 사람이고, 어떤 이유에서든 대인관계가 불편해지면 PHR이 많아질 수 있다.

5) 개인적 반응(PER)

개인적 반응(Personalized Response: PER)은 정확히 말하면 개인화된 반응이다. 로

르샤하의 질문 단계에서 그림의 시각적 특성을 근거로 대답해야 하는데 그림의 특성은 말하지 못하면서 '개인의 경험'을 근거로 말하는 것이다. 검사자가 "그림의 어떤 점 때문에 박쥐처럼 보입니까?"라고 했는데 수검자가 "저, 이거 과학책에서 봤어요."라고 한다. 이러한 반응은 그림을 근거로 하지 않았기 때문에 일단 반응에 실패한 것인데, 대답을 제대로 못하면서 자신의 경험을 말한다는 것은 자신의 경험이 대단하다는 의미를 가지는 경우가 많다. 즉, '왜 그렇게 보이는지는 모르겠고, 난 책에서 이런 비슷한 걸 볼 정도로 책을 많이 보는 사람이야.'라고 오히려 부적절하게 자기자랑을 하는 것이다. 다시 정리하면, 개인적 반응은 아동부터 성인까지 나이에 상관없이 문제해결 능력은 부족한데 자존심이 센 사람들이 주로 하는 반응이다. 이러한 상태가 초등학교 저학년 정도일 때는 정상이라고 볼 수 있지만, 그 이상의 연령대에서는 미숙하고 문제해결 능력이 떨어질 가능성이 높다. 주로 '아빠가 예전에 보여 줬다.' '이전에 파리 여행 가서 본 거다.' '수업 시간에 들었다.' '엄마랑 자주 가지고 놀았다.' 등의 방식으로 표현된다.

6) 색채투사(CP)

IV번 카드에서 '꽃이에요. Q) 여기가 보라색이잖아요.'라는 반응은 무채색을 보고 유채색 반응을 한 것이어서 CP(Color Projection)로 채점한다. 다시 말해서, 수검자가 자신의 마음속에 있는 보라색을 무채색에 투사(projection)한 것이다. 흑백 자극을 보고 유채색이라고 한 것이니 분명한 오지각이고, 이렇게 비현실적인 지각 양상을 강조하면 '지각상의 혼란감'으로 보여 현실검증력이 저하된 정신증적 상태까지도 의심할 수 있다. 따라서 지각상의 혼란감으로 인해 색채투사가 나타날 가능성이 있지만 대부분은 우울감을 시사한다.

간단하게 말해서, 무채색은 우울감, 유채색은 유쾌감을 자극한다. 흑백 자극은 우울감을 자극하는데, 우울감이 너무 커서 불편감을 말로 언급하는 것조차 힘든 사람들은 우울 자극을 극단적으로 부인하게 된다. 이럴 때 우울 자극을 차단하는 가장 확실한 방법은 우울 자극을 없애는 정도를 넘어서서 아예 반대 극단에 있는 유쾌 자극으로 바꾸는 것이다. 우울증이 오래되고 심한 사람들이 상담 내내 웃다가 가는 경우가 있다. 너무 고통스러워서 힘든 것들을 입에 담기조차 어려운 상태이기 때문이다.

CP는 불편감(특히 우울감)에 직면하지 못할 정도로 우울감이 심한 상태를 나타낸다.

7) 다중적 특수점수

공식적으로는 한 반응에 해당되는 모든 특수점수를 포함시킬 수 있다. 다만, 일탈된 언어반응의 경우 6개 반응의 가중치가 달라서 중첩 규칙이 적용되는 경우가 있다. WSum6의 계산식을 참고하면 가중치의 정도를 쉽게 파악할 수 있는데, 가중치가 더 높은 것이 표기에 있어서 우선순위를 가진다. 단, DV, DR의 2개 중에서 상대적으로 비교하고, INCOM, FABCOM, CONTAM의 3개 중에서 상대적으로 비교하며, ALOG는 별개로 친다.

- 일탈된 언어반응 내에서의 가중치
  DV < DR
  INCOM < FABCOM < CONTAM

'두 마리의 곰이 손바닥을 서로 마주친다.'라는 반응은 INCOM(곰+손)과 FABCOM(곰+손바닥을 서로 마주침)이 모두 가능하다. 이런 경우 FABCOM으로 채점한다. FABCOM의 가중치가 더 높기 때문이다. 단, 손이 애매할 수 있는데, 곰에게 있는 것은 발이기 때문에 곰끼리 손을 마주치는 것은 부적절한 조합이 된다.

'두 마리 분홍색 곰이 아이스크림을 기어 올라가고 있다.'라는 반응도 INCOM(곰+분홍색)과 FABCOM(곰+아이스크림을 기어 올라감)이 모두 가능하며, 이 경우에는 INCOM, FABCOM을 모두 채점한다. '분홍색 곰(INCOM)'과 '아이스크림을 기어 올라가는 곰(FABCOM)'은 두 요소를 분리할 수 있고, 언어적 중첩이 일어나지 않기 때문이다.

반응 영역부터 시작해서 특수점수까지 적용하면 구조적 요약의 상단부를 완성할 수 있다. 그리고 다음에 이어서 나오는 공식들을 적용하면 구조적 요약의 하단부를 채울 수 있다.

9. 구조적 요약

구조적 요약에서는 처음 접하는 계산식들이 많이 나오기 때문에 무작정 어려워하기 쉽다. 그리고 특수점수까지의 채점 결과를 인터넷에서 구할 수 있는 컴퓨터 프로그램에 입력하면 구조적 요약이 자동으로 계산되어서 나오기 때문에 볼 필요가 없다고 생각할 수도 있다. 그러나 이 부분에 나오는 계산식들을 이해할 수 있다면 로르샤하를 이해하고 활용할 수 있는 폭이 훨씬 넓어질 것이다. 계산식은 결코 어렵지 않다. 다만 이해하는 데 약간의 시간과 끈기가 더 필요할 뿐이다.

모든 반응에 대해서 반응 영역부터 특수점수까지의 채점이 완료되었다면, 각 개별 반응의 기호화가 끝났고, 각 기호의 개수를 더하기만 하면 구조적 요약의 상단부를 대부분 작성할 수 있다. 그러나 수검자의 전반적인 심리적 특성을 파악하기 위해서는 각 기호의 양적 수준을 파악해야 하고, 더 복잡한 계산식을 통해 나온 수치를 구조적 요약의 하단부에 표기한다. 그리고 대부분의 해석은 하단부의 점수를 통해서 이루어진다.

〈표 3-11〉 점수계열과 구조적 요약

점수계열

카드 번호	반응 번호	영역과 발달질	영역 번호	결정인과 형태질	(2)	내용	평범 반응	Z점수	특수점수
I	1	Wo	1	Fo		A	P	1.0	
	2	D+	4	M^ao	2	H, Id		4.0	GHR
	3	WSo	1	M^au		(Hd)		3.5	GHR
II	4	WSo	1	M^p.CF−		Hd		4.5	MOR, AB, PHR
III	5	D+	1	M^ao	2	H, Hh	P	3.0	COP, GHR
	6	WSo	1	F−		Hd		5.5	PHR
IV	7	Wo	1	FDo		(A)		2.0	
V	8	Wo	1	Fo		A	P	1.0	
	9	Do	7	Fu		(A)			
VI	10	Wo	1	Fo		(A)		2.5	MOR, DV
VII	11	D+	9	M^a.FYo	2	Hd	P	3.0	AG, GHR
VIII	12	W+	1	FM^a.Fr.FCo		A, Na	P	4.5	INC
	13	Dv/+	4	FC.FVo		Ls		3.0	
	14	DdSo	99	FC−		Ad		4.0	PER
IX	15	Wv	1	M^a.C		Hx			AB, PHR
X	16	W+	1	M^pu		(H), Art		5.5	GHR
	17	DdS+	22	F−		Hd, Id		4.0	PHR

* Zsum=1.0+4.0+3.5+4.5+3.0+5.5+2.0+1.0+2.5+3.0+4.5+3.0+4.0+5.5+4.0

구조적 요약

반응 영역

Zf	= 15
Zsum	= 51.0
ZEst	= 49.0
W	= 10
D	= 5
W+D	= 15
Dd	= 2
S	= 5
DQ	
+	= 6
o	= 9
v/+	= 1
v	= 1

결정인

혼합	단일	
M.CF	M	= 4
M.FY	FM	=
FM.Fr.FC	m	=
FC.FV	FC	= 1
M.C	CF	=
	C	=
	Cn	=
	FC′	=
	C′F	=
	C′	=
	FT	=
	TF	=
	T	=
	FV	=
	VF	=
	V	=
	FY	=
	YF	=
	Y	=
	Fr	=
	rF	=
	FD	= 1
	F	= 6
	(2)	= 3

반응내용

H	= 2
(H)	= 1
Hd	= 4
(Hd)	= 1
Hx	= 1
A	= 3
(A)	= 3
Ad	= 1
(Ad)	=
An	=
Art	= 1
At	=
Bl	=
Bt	=
Cg	=
Cl	=
Ex	=
Fd	=
Fi	=
Ge	=
Hh	= 1
Ls	= 1
Na	= 1
Sc	=
Sx	=
Xy	=
Id	= 2

접근방식

카드:	위치
I	W.D.WS
II	WS
III	D.WS
IV	W
V	W.D
VI	W
VII	D
VIII	W.D.DdS
IX	W
X	W.DdS

특수점수

		Lv1	Lv2
DV	=	1x1	x2
INC	=	1x2	x4
DR	=	x3	x6
FAB	=	x4	x7
ALOG	=	x5	
CON	=	x7	
Raw Sum6		= 2	
Wgtd Sum6		= 3	

AB	= 2	GHR	= 5
AG	= 1	PHR	= 4
COP	= 1	MOR	= 2
		PER	= 1
CP	=	PSV	=

형태질

	FQx	MQual	W+D
+	=	=	=
o	= 9	= 3	= 9
u	= 3	= 2	= 3
−	= 4	= 1	= 2
none	= 1	= 1	= 1

비율, 백분율, 산출한 점수

R = 17	L = 0.55				
EB = 7:4.0	EA = 11.0	EBPer = 1.8			
eb = 1:2	es = 3	D = +3			
	Adj es = 3	Adj D = +3			
FM = 1	SumC′ = 0	SumT = 0			
m = 0	SumV = 1	SumY = 1			

FC:CF+C	= 3:2
Pure C	= 1
SumC′:WSumC	= 0:4.0
Afr	= 0.55
S	= 5
Blends:R	= 5:17
CP	= 0

COP = 1	AG = 1
GHR:PHR	= 5:4
a:p	= 6:2
Food	= 0
Sum T	= 0
Human Cont	= 8
Pure H	= 2
PER	= 1
Iso Index	= 0.18

a:p = 6:2	Sum6 = 2	XA% = 0.71	Zf = 15	3r+(2)/R = 0.35
M^a:M^p = 5:2	Lv2 = 0	WDA% = 0.80	W:D:Dd = 10:5:2	Fr+rF = 1
2AB+Art+Ay = 5	Wsum6 = 3	X−% = 0.24	W:M = 10:7	SumV = 1
MOR = 2	M− = 1	S− = 4.00	Zd = +2.0	FD = 1
	Mnone = 1	P = 5.00	PSV = 0	An+Xy = 0
		X+% = 0.53	DQ+ = 6	MOR = 2
		Xu% = 0.18	DQv = 1	H:(H)+Hd+(Hd) = 2:6

PTI = 0	DEPI = 5	CDI = 1	S-Con = 3	HVI = Yes	OBS = No

출처: Exner (2006: 124-125).

각 반응 번호마다 '반응 영역, 발달질, 형태질, 결정인, 반응내용, 쌍반응, 평범반응, 조직화, 특수점수'를 입력한다. 이때 반응 영역, 발달질, 형태질, 결정인, 반응내용의 5개는 필수적으로 입력해야 하고, 뒤의 4개(쌍반응, 평범반응, 조직화, 특수점수)는 필요할 때만 입력한다. 쌍반응은 결정인과 반응내용 사이에 넣고[예: Do Fo (2) A], 운동반응에서의 a, p는 결정인 뒤에 윗첨자로 붙인다(M^a, FM^p).

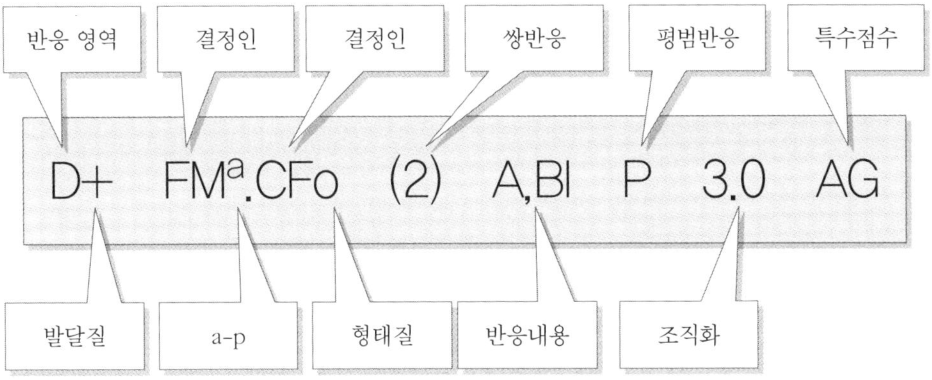

[그림 3-17] 반응 표기 방법

〈표 3-12〉 1번 반응에 대한 반응 표기 방법의 예

카드 번호	반응 번호	시간	반응	질문	채점
I	1	5'	박쥐	여기가 박쥐예요. 여기가 머리, 날개예요.	Wo Fo A P 1.0

1번 반응으로 I번 카드 반응 단계에서 '박쥐', 질문 단계에서 '전체가 박쥐이고, 머리, 날개'라고 했고, 'Wo Fo A P 1.0'으로 기호화가 이루어진 사례를 살펴보자. 이 경우 반응 영역(W)과 발달질(o)은 어렵지 않게 채점할 수 있다(전체 영역을 사용했고 박쥐는 전형적인 형태가 있는 대상이다). 머리, 날개 등 형태적 구성 요소만 말하고 있어서 결정인은 F가 되고, 형태질 기준표에서 W 영역에 박쥐가 있는지 찾아보면 형태질은 o로 나온다([그림 3-18] 참조). 그리고 반응내용은 동물(A)에 해당한다. I번 카드의 전체 영역 박쥐는 평범반응(P)이고, 전체 영역에 발달질이 o이니까 조직활동도 이루어졌다. 앞의 〈표 3-8〉을 보면 I번 카드 전체반응의 Z점수는 1.0이다. 이렇게 하면 1번 반응의 채점이 완성된다.

W(계속)

–		도로지도
o		독수리
u	∨	둥근 지붕(dome)
u	∨	동굴(앞에서 본 모습)
u		동굴(날개 달린, 불특정)
–		동물(주의: 곰, 고양이, 개, 사자 등과 같이 날개나 지느러미가 없는 동물)
–		둥지
u		드라큘라
u	∨	드릴프레스
u		딱정벌레(날개 달린)
u	∨	뗏목배(앞에서 본 모습)
u		다람쥐(나는)
u		돌(조각된)
–		램프
u		로봇
u	∨	로켓선
o		마녀(2 또는 3명)
–		마차(2륜 경마차)
u		말벌
u	∨	머리(모양을 갖춘)
o	∨	머리장식
u		먼지(얼룩)
u		먼지, 쓰레기
u		메두사
–		멜론
u		모기
u	∨	눈 내린 꼭대기(cap, snow)
o	∨	모자(여자용), 머리(얼굴을 보라)
–		목
–		목뼈
u		무늬, 도안
–		문
o		가면(주의: 여러 동물의, 핼러윈, 파티, 주술에서 사용되는 가면, 괴물의 가면)
–		물탱크
–		미제 자동차 플리머스의 문장
–		민들레
–		바다 거북이
o		바다동물(D2나 Dd34를 지느러미로 반응)
–		바닷가재
u	∨	바위
–		버클(허리띠)
o		박쥐
–		배
–		배(바닥이 평평한 보트, keel)
o		배지
–		밸브
u		벌
o		벌레(날개 달린)
o		벌레(산산조각 난)
–		벌집(곤충)
–		범선, 요트
u		벼룩
–		보트(지붕이 없는 작은 배)
–		복부
–		분화구
–		불
–		비행기(위에서 본)
u		비행기(앞에서 본)
u	∨	빌딩
u		뼈(해골)
u	∨	산
u		산호

[그림 3-18] 형태질 기준표 I번 카드 W 영역 '박쥐'의 형태질 o

출처: Exner (2006: 148).

모든 반응의 채점을 완성하고 나서 컴퓨터 채점 프로그램에 입력하면 구조적 요약이 자동으로 계산되어 나온다. 업무 효율성을 위해서라도 실무에서 구조적 요약을 수기로 계산하길 권하지는 않는다. 그러나 계산식을 이해하지 못한 채로 결과로 나온 점수만 보는 것은 아이를 깨워서 억지로 밥 먹이고 옷 입혀서 학교에 보내고, 출근해서 회의에 참석하다가 중간에 아이 담임 선생님의 전화를 받고, 저녁에는 학원 선생님과 통화를 하면서 퇴근하는 생활을 반복하는 워킹맘에게 저녁에 설거지가 안 되어 있다고 짜증 내는 남편과 똑같은 사람이 되는 것이다.

앞으로 나오는 계산식들은 공식을 외우기보다는 그 의미를 파악하는 데 중점을 둬야 한다.

Zf: Z반응의 개수(f는 frequency의 약자이다.)

Zsum: Z점수의 총합

Zest: 〈표 3-13〉에서 Zf를 대입해서 구한 점수/최적의 Zsum

Zd=Zsum－Zest

Zf는 Z점수의 개수(Z점수가 기록된 반응의 수)를 나타내고, Zsum은 모든 Z점수를 산술적으로 합산한 점수이다. Z점수의 개수에 비해 합산 점수가 크다면 조직활동을 더 많이 한 것으로 보고, 합산 점수가 적다면 조직활동을 더 적게 한 것으로 본다. 예를 들어, A와 B 2명의 학생(수검자)이 똑같이 학원에 30일 동안 다녔는데(Zf=30) 성적은 100점과 50점으로 다르다면(Zsum), A가 학습에 있어서 조직활동을 훨씬 더 많이 했다고 보는 것이다. 높고 낮음을 판단하기 위해서는 Z점수의 기준이 필요한데, 적당한 조직활동의 정도를 Zest 값으로 제시하고 있다(〈표 3-13〉 참조).

〈표 3-13〉 최적의 Zsum값 추정(Zf를 아는 경우)

Zf	Zest	Zf	Zest	Zf	Zest	Zf	Zest	Zf	Zest
1	–	11	34.5	21	70.0	31	105.5	41	141.0
2	2.5	12	38.0	22	73.5	32	109.5	42	144.5
3	6.0	13	41.5	23	77.0	33	112.5	43	148.0
4	10.0	14	45.5	24	81.0	34	116.5	44	152.0
5	13.5	15	49.0	25	84.5	35	120.0	45	155.5
6	17.0	16	52.5	26	88.0	36	123.5	46	159.0
7	20.5	17	56.0	27	91.5	37	127.0	47	162.5
8	24.0	18	59.5	28	95.0	38	130.5	48	166.0
9	27.5	19	63.0	29	98.5	39	134.0	49	169.5
10	31.0	20	66.5	30	102.5	40	137.5	50	173.0

출처: Exner (2006: 126).

Zf=15일 때(Z점수의 개수가 15개일 때) 〈표 3-13〉에서 Zest값은 49.0이다. 수검자의 Zsum이 51이라고 하면(모든 Z점수의 산술적 합산이 51점이면) Zd는 2가 된다(51-49=2). 만약 Zd=0이면 수검자의 조직활동 정도가 기준치와 같기 때문에 적당한 조직활동을 하고 있다고 보고, Zd가 +방향이면 더 많은 조직활동을 하고 -방향이면 더 적은 조직활동을 하는 것으로 본다. 따라서 Zd의 방향과 점수로 조직활동(관계맺기)의 정도를 예측할 수 있다.

FQx는 형태 F가 들어간 모든 반응의 빈도를 말한다. F뿐만 아니라 CF, YF 등 F가 들어간 모든 반응의 총합이다. 다만 로르샤하에서 평범한 사람을 가장 건강하게 보고 있지만 검사를 하는 이유는 평범하지 않은 사람을 가려내기 위함이기 때문에 별다른 문제를 나타내지 않는 이 수치는 실제로 그렇게 볼 일이 없다.

FQx의 FQ는 Form Quality의 약자이며, 이후에 나오는 Q도 모두 Quality의 약자이다. MQx의 MQ는 M이 들어간 반응의 형태질(form quality)을 뜻한다.

MQx는 인간운동반응(M)의 빈도이다. 각 결정인별로 묶어서 비교를 할 때 전체적인 형태질 수준은 낮았는데 인간운동반응의 형태질이 좋은 편이라면, 인간운동반응 외의 다른 결정인에서 형태질이 떨어진 것이기 때문에 직업적이거나 기능적인 영역에서는 판단력이 떨어지지만 대인관계 상황에서는 판단력이 좋은 것을 반영한다. 사실 이보다는 반대의 경우가 더 많다. 전체적인 형태질은 양호한데 인간운동반응에서의 형태질이 떨어지는 경우이다. 겉으로는 멀쩡해 보이는데 대인관계에서의 판단력은 부족한 사람이다. 익숙한 직장에서 시킨 일은 잘하지만 사회성이 부족할 수 있다.

W+D는 무난한 반응 영역을 뜻한다. 반응 영역은 수검자가 외부 환경에 반응하는 범위를 나타낸다. W, D, Dd의 3개 반응 영역이 있는데, Dd는 빈도가 매우 적은 반응 영역이기 때문에 대부분은 W와 D를 많이 본다. 그래서 W와 D를 보통 영역(common area)이라고 한다. W는 전체적인 시각, D는 일반적인 시각, Dd는 특이한 시각이라고 할 때 W와 D 영역에서의 특성만 보겠다는 것은 수검자가 특이한 시각을 가지지 않을 때, 즉 평범한 상황에서의 기능을 보겠다는 뜻이다. 예를 들면, 평소 직장(W+D)에서는 보고서를 기한 내에 내지 못하고 지각하는 등 말썽만 일으키던 사람이 휴가 때 비행기를 타고 가다가 추락한 다음에 무인도(Dd)에서 생존하는 것은 다른 사람들보다 월등히 잘할 수 있다. 반대로 평소 직장(W+D)에서 모범적이고 성취를 잘하던 사람이 무인도(Dd)에서는 유난히 위축되어 무기력하게 있을 수도 있다. 평범한 상황에서는 기능을 잘하던 사람이 특이한 상황에서 기능을 못할 수 있고, 반대로 평범한 상황에서는 기능을 못하는 사람이 특수한 상황에서 높은 기능을 보일 수 있기 때문에 이러한 비교를 하는 것이다.

RawSum6은 특수점수 중에서 일탈된 언어반응 6개(DV, DR, INCOM, FABCOM, CONTAM, ALOG)의 단순 빈도이다. 그런데 이 단순 빈도는 별다른 의미가 없다. 이보다는 6개 반응에 각기 다른 가중치가 부여된 WSum6을 구하는 것이 중요하다.

WSum6

=(1)×DV1+(2)×DV2+

(2)×INCOM1+(4)×INCOM2+

(3)×DR1+(6)×DR2+

(4)×FABCOM1+(7)×FABCOM2+

(5)×ALOG+

(7)×CONTAM

구조적 요약의 'W'는 모두 Weighted의 약자로 점수별로 차별적으로 가중치가 부여될 때 붙인다.

WSum6을 구하는 앞의 공식은 6개 반응을 합산하는 방법을 알려 주며, 그 결과는 사고장해의 심각한 정도를 나타낸다. 여기 해당되는 6개 반응은 무조건 나오면 안 좋은 것들이다. DV1은 가중치가 1인데 DV2는 가중치가 2이다. DV1이 2개 있어야 DV2 1개만큼의 의미를 가진다는 것이다. 가중치가 INCOM1은 2이고, INCOM2는 4이다. 그러면 DV1이 4개 있어야 INCOM2가 된다는 말이다. 보통은 가중치 순서로 봤을 때 INCOM2부터 시작해서 이보다 가중치가 높은 것들은 심각하게 보면 된다. DR1이 INCOM1보다 더 심각한 반응이고 가중치가 DR1은 3, DR2는 6이다. DR2는 우원증, 사고이탈 등과 관련이 있으니 심각한 수준의 사고장해를 나타낸다. FABCOM1은 4, FABCOM2는 7로 이 정도의 부적절한 조합은 상당한 사고상의 혼란감을 시사한다. 가장 심각한 반응은 CONTAM으로 가중치가 7이다. ALOG는 5이다. WSum6 공식을 외우고 있으면 각 반응의 심각도를 바로 알 수 있다.

L=F(순수 형태반응의 수)/R(전체반응 수)−F(순수 형태반응의 수)

L(Lambda)는 로르샤하 해석의 근간이 되는 가장 기본적인 점수이다. 분모는 전체반응 수에서 순수 형태반응(F만 단독 채점한 것/YF, FC 등은 아님)의 수를 뺀 값으로, 순수 형태반응을 제외한 모든 결정인의 수를 의미한다. 분자는 순수 형태반응(F)의 수이다. 분자의 의미가 곧 분수의 의미가 된다. L가 높다는 것은 순수 F가 많은 것이고, L가 낮으면 순수 F가 적은 것이다. 전체반응에서 F의 비율이 높을수록 사고가 단순하다는 것을 나타낸다. 색채, 음영, 운동 등 많은 결정인이 있는데, 그중에서도 가장 단순한 F만 본다는 것은 볼 수도 있는 여러 가지 시각적 특성을 무시하고 오로

지 형태만 보고 있는 상태를 나타낸다. 기본적으로 형태를 보는 건 매우 중요한 기본적 기능이지만 그 단순함의 정도가 너무 심하면(L가 높으면) 문제가 될 수 있다. 그리고 F 외의 다른 결정인의 비율이 너무 높아도(L가 낮아도) 문제가 된다. L는 사고의 단순함과 경직성의 정도를 나타내며, 유연성이나 창의성과는 반비례 관계를 가질 것이다.

분자의 의미가 곧 분수의 의미이다.

WSumC=(0.5)×FC+(1.0)×CF+(1.5)×C

WSumC는 가중치가 부여된 색채반응의 총합이다. FC는 0.5, CF는 1.0, C는 1.5의 가중치가 붙는다. FC는 3개가 있어야 C 1개랑 같다는 의미로, C 1개의 정서가가 매우 높다는 것을 알 수 있다. 실제로 C는 1개만 있어도 두드러진 정서적 충동성을 시사한다.

EB=SumM:WSumC(자원의 비율)

EA=SumM+WSumC(자원의 합)

eb=SumFM+m:SumC′+SumT+SumY+SumV(스트레스의 비율)

es=SumFM+m+SumC′+SumT+SumY+SumV(스트레스의 합)

D: (EA−es)값을 〈표 3-14〉에 대입하여 얻은 값/자원에서 스트레스(기존+상황)를 뺀 값/현재의 적응 수준

Adj es=es−{(m−1)+(Y−1)}(기존 스트레스의 합)

Adj D: (EA−Adj es)값을 〈표 3-14〉에 대입하여 얻은 값

자원에서 **스트레스(기존)**를 뺀 값

상황적 요소를 제거했을 때의 적응 수준=**원래의 적응 수준**

앞의 수식에서 나온 모든 지표는 D를 중심으로 묶여 있다. 따라서 한꺼번에 수식을 제시하였고, 덕분에 설명이 조금 길어졌다.

- D와 관련된 용어 정리
  - EB(경험 유형): 스위스어로 erlebnistypus의 약자이며, 'EB'라고 읽는다.
  - EA(경험 실제): Experience Actual의 약자이고, 'EA'라고 읽는다.
  - eb: 'small eb'라고 읽는다.
  - es: Experienced Stimulation의 약자이고, 'es'라고 읽는다.
  - Adj es: 'adjusted es'라고 읽는다.
  - Adj D: 'adjusted D'라고 읽는다.

앞에 있는 공식은 복잡해 보이지만, 로르샤하에서 적응 수준을 보는 방법은 매우 간단하다. 수검자가 가지고 있는 심리적 자원의 총량(EA)에서 스트레스의 총량(es)을 빼면 된다. 간단하게 보면, 이 값(D)이 −이면 부적응적이고 +이면 적응을 잘한다고 본다. D가 0이면(자원과 스트레스가 같은 수준이면) 보통 정도의 적응을 하고 있는 것이다.

적응 수준=심리적 자원−스트레스

자원(EA)은 M과 WSumC의 합인데, M은 이성적인 능력, C는 감정적인 능력이다. 로르샤하는 직관적으로 우리에게 필요한 개념들을 단순화해서 말하고 있는데, EA를 결정하는 방식을 보면 상당한 통찰을 제공한다. 결국 우리가 살아가는 데 필요한 능력은 이성과 감정인 것이다. 이성과 감정 둘 다 적당히 있는 게 당연히 좋겠지만, 건강한 성인이라면 둘 다 있는 가운데 이성이 조금 더 많아야 한다. 감정이 없이 이성만 있는 것도 그다지 적응적이지 않기 때문에 비율이 중요하고, EB는 M(이성)과 WSumC(감정)의 비율을 본다. Weiner(2005)는 EB의 비율에 따라 다양한 해석 방법을 내놓고 있는데 과도하게 복잡한 면이 있다. 간단하게 보면, M이 많으면 이성적이고 WSumC가 많으면 감성적이라고 보면 된다.

스트레스(es)의 총합은 좀 더 복잡하다. 그래도 단순화하면 FM과 m은 이성적인 스트레스이고, C′, Y, T, V의 4개는 감정적인 스트레스라고 할 수 있다. 그리고 이들의 수를 모두 합하면 es, 즉 스트레스의 총량이 된다.

〈표 3-14〉 EA−es, D점수 환산표

(EA−es)값	D점수
+13.0 ~ +15.0	+5
+10.5 ~ +12.5	+4
+8.0 ~ +10.0	+3
+5.5 ~ +7.5	+2
+3.0 ~ +5.0	+1
−2.5 ~ +2.5	0
−3.0 ~ −5.0	−1
−5.5 ~ −7.5	−2
−8.0 ~ −10.0	−3
−10.5 ~ −12.5	−4
−13.0 ~ −15.0	−5

출처: Exner (2006: 130).

EA(자원)에서 es(스트레스)를 빼면 D값을 구할 수 있다. 자원과 스트레스의 양을 비교하여 자원이 더 많으면(D가 +이면) 적응적이고, 스트레스가 더 많으면(D가 −이면) 부적응적이다. 다만, 점수의 범위가 너무 넓기 때문에 EA−es의 값을 〈표 3−14〉에 대입해서 D값을 구한다. 이렇게 구한 D값은 수검자의 적응 수준을 나타낸다. 다만, +2.5에서 −2.5까지가 D=0에 해당하고, 부적응의 기준인 D=−3에 이르려면 EA−es가 적어도 −8.0은 되어야 한다는 것을 보면, 임상적으로 부적응 수준에 이르려면 자원 대비 스트레스의 양이 월등하게 많아야 한다는 것을 알아 두자.

점수에 대한 내용을 다루다 보니 짚고 넘어가야 할 내용이 있다. MMPI에서 2번 척도가 70점이면 어떻게 설명하는가? '수검자가 우울증이다.'라고 하면 틀렸다. '우울감을 느끼고 있을 가능성이 높다.'라고 해야 한다. 검사 해석은 현재의 근거자료를 바탕으로 한 가설이다. 해석된 내용은 현재의 가능성을 말하는 것이지 언제나 진리일 수는 없다. 항상 오류의 가능성을 가지고 있다는 말이다. 로르샤하에서 어느 기호의 점수가 높게 나오면 해당 특성이 나타날 가능성이 높긴 하지만, 오류의 가능성도 항상 존재하기 때문에 항상 개인사 정보와 행동관찰 정보 그리고 다른 검사의 정보를 통합하여 판단해야 한다.

스트레스=오래 지속된 스트레스+상황적 스트레스

es는 스트레스의 총합이다. 그런데 스트레스는 오랫동안 지속된 것이 있고 상황적인 것이 있다. 상황적인 스트레스가 큰 사람은 스트레스를 주는 상황이 지나가면 호전될 수 있겠지만 스트레스를 겪고 있는 시점에서는 검사상으로는 오랫동안 계속 힘들어한 사람과 비슷한 양상을 보일 수 있다. 이 2가지 스트레스를 구분하기 위해서 조정된 스트레스 점수(Adj es)를 구한다. es의 6가지 구성 요소 중에서 상황의 영향을 많이 받는 지표는 m과 Y이다. 그래서 각각에서 1개씩 빼서 Adj es를 구한다 [Adj es=es−{(m−1)+(Y−1)}]. Adj es는 (상황적 스트레스가 있기 이전에) 원래 가지고 있었을 스트레스의 양을 추정한 것이다. EA에서 Adj es를 빼면 Adj D가 되고, 이는 병전의(상황적 스트레스 이전의) 적응 수준을 알려 준다.

D: 현재의 적응 수준
Adj D: 상황적 스트레스 이전부터 오래 지속된 적응 수준

$a:p=M^a+FM^a+m^a:M^p+FM^p+m^p$

a:p는 모든 운동반응(M, FM, m)에서 능동과 수동의 합을 비교한 것이다. 해석적

으로 이 지표는 사고의 융통성을 보기 위한 것이다. 반응에서 능동과 수동 어느 쪽이든 너무 많으면 사고가 경직된 것으로 본다. 그리고 능동이 많으면 적극적으로 사고하는 경향이 있을 것이라고 생각하기 쉽지만, 로르샤하에서는 능동이 많은 상태를 정상으로 보기 때문에 별 의미를 부여하지 않는다. 다만, 능동이 많았는데 내용이 다 공격적이라면 긍정적으로만 볼 수는 없을 것이다. 그래서 지표 하나만 가지고 단정 지어 해석하면 안 된다. 수동이 많으면 당연히 문제가 되는데, 실제 행동도 수동적일 가능성이 높고 수동적인 행동은 문제해결 가능성을 떨어트리기 때문에 갈등이 일어나기 쉽다.

M^a:M^p에서 인간운동반응(M) 자체는 논리적이고 이성적인 사고 경향을 나타낸다. 그래서 그 수가 많으면 기본적으로 판단 능력은 양호하다고 봐야 한다. 그러나 이러한 능력을 M^a가 더 많은 사람들은 적극적으로 활용할 것이고 M^p가 많은 사람들은 수동적으로 활용할 것이다. 여기서 적극적이란 실제 대면 상황에서 이러한 판단이 이루어진다는 의미이고, 수동적이란 직접적인 대면 상황이 아닌 상상이나 환상 속에서만 자신의 판단 능력을 발휘한다는 의미이다.

Intellectualization Index=2AB+Art+Ay

주지화지표(Intellectualization Index)는 AB, Art, Ay의 3가지로 구성되어 있다. 3개 중에서 AB는 2배의 가중치가 붙는다. 추상적 개념을 언급하는 것이 인지적으로 가장 고차원적인 작업이라는 뜻이다. 실제로 과대한 자아상을 가지는 양극성장애나 자기애성 성격장애가 있는 사람들은 '사랑' '평화' 등의 추상적인 단어를 많이 사용한다. 정치인이 선거 유세에서 "제가 올해 안에 체육관을 짓겠습니다."라고 해야 현실적인 공약이 되는데, "제가 여러분의 행복을 책임지겠습니다!"라고 하면 뭔가 대단해 보이긴 하지만 실현 가능성이 떨어지는 공약이 된다. 비슷한 문제가 자기과대성이 높은 사람들에게는 종종 생길 수 있다.

FC:CF+C(+Cn)

형태-색채 비율은 수검자가 감정을 어떻게 조절하는가를 볼 수 있는데, 이 공식을 보면 감정조절을 감정과 이성의 비율로 판단한다. FC가 높으면 감정이 이성적으로 통제되는 사람(보통 수준의 정서적 성숙도를 가진 사람)이다. CF+C가 더 높다면 감정적인(emotional) 사람으로, 순간의 감정에 따라 충동적으로 행동한다고 볼 수 있다. 이런 사람은 주변 사람들의 작은 행동변화에도 큰 감정변화를 보일 가능성이 있다.

SumC′=C′+FC′+C′F

SumC′:WSumC

C′의 합산에서는 F의 유무에 따른 가중치가 없다. 무채색이 단독인 경우 그 의미가 약하다고도 볼 수 있지만, 무채색이 형태가 있건 없건 똑같은 힘을 발휘한다고 본다면 오히려 우울감은 이성적 통제의 영향을 별로 받지 않는다고도 볼 수 있다.

억제 비율(Constriction ratio)은 C′와 C의 비율을 본다. 이 지표는 감정의 내면화, 즉 감정의 억압과 관련이 있다. 무채색이 유채색보다 더 많다면 감정을 주로 억압하는 것으로 보는데, 이는 우울할 때 감정표현이 줄어드는 현상을 잘 나타내 준다.

Afr=카드 VIII, IX, X의 총 반응 수/카드 I~VII의 총 반응 수

정서 비율(Affective ratio: Afr)은 정서적 자극에 대한 관심을 나타낸다. 카드들 중에서 마지막 3개 카드(VIII, IX, X)는 색채가 다양하다. 유채색이 다양한 3개 카드와 주로 무채색으로 이루어진 7개 카드의 반응 양상이 다른 경우가 있다. 로르샤하에서 색채반응은 감정에 대한 정보를 나타낸다. Afr의 속성을 알기 위해서 단순한 예를 들어 보자. VII번 카드까지는 1개씩만 반응을 했는데 VIII번 카드부터는 색채를 말하지 못하지만 각 카드마다 3~4개씩 반응을 한 사람이 있다면 어떤 해석이 가능할까? 로르샤하는 투사가 일어나기 쉬운 검사이고, 수검자가 의식하진 못하더라도 수검자의 판단과 행동에 영향을 준다. 무채색 카드는 수검자에게 부정적 감정을 자극하고 유채색 카드는 즐거운 감정을 자극한다. 무채색 카드를 본 사람이 검은색을 언급하지 못할 수는 있지만 대부분 기분이 나쁠 때의 반응이 나오기 쉽고, 유채색

카드를 본 사람이 파란색을 언급하지 못할 수는 있지만 기분이 좋을 때의 반응이 나오기 쉽다는 것이다. 색채 카드를 보고 색을 말로 언급하지 않더라도 이미 그 색의 영향을 받고 있는 것이다. VIII, IX, X번 카드에서 반응이 많은 사람들은 감정의 영향을 받는 사람이다. Afr이 높으면서 유채색 반응도 많은 사람들은 감정표현을 말로 하기 때문에 감정의 영향을 받는다는 것을 알기 쉬운데, Afr이 높으면서도 유채색 반응이 많지 않은 사람들은 말보다는 행동에서 감정의 영향을 파악해야 한다. 여자친구와 헤어지고 나서(감정을 유발하는 상황 발생) 말로는 괜찮다고 하지만(낮은 WSumC), 계속 일에 집중하지 못하고 손을 떨면서(높은 Afr) 행동으로 슬픔과 화난 감정을 나타낼 수 있다.

XA%=FQ가 +, o, u인 반응의 합/R

XA%는 형태 특성을 적절히 활용한 반응의 비율을 나타낸다. 형태질이 −인 것을 뺀 것으로, 매우 질적으로 낮은 형태질(−)만 빼고 나머지를 합쳐서 질적 수준을 보는 것이다. 점수가 높으면 객관적 사고 경향이 높다는 뜻이긴 하지만 상대적으로 X−%와는 반비례 관계이며, −형태질이 더 중요하기 때문에 주로 X−%를 더 많이 활용한다.

WDA%=(W+D)반응 중 FQ가 +, o, u인 반응의 합/W+D

일반 영역(W, D)에서의 형태질(WDA%)은 무난한 상황에서의 판단력을 나타낸다.

X−%=SumFQx−/R

SumFQx−는 수검자의 전체반응 중에서 (결정인의 종류에 상관없이) −형태질의 총 개수를 말한다. 왜곡된 형태질(−)은 판단력의 저하를 나타내는 점수로서 로르샤하의 해석에서 매우 중요한 부분을 차지한다. 정신과 병원 장면에서 이 점수가 높다면 정신증을 의심해야 하겠지만, 상담 장면에서는 성격장애, 부적응적 방어기제, 지적 능력의 부족 등과 관련된 경우가 더 많다.

X+%=SumFQx(+ and o)/R

관습적 형태 사용(X+%)은 전체반응 중에서 형태질 +와 o의 비율을 본 것으로 특이한 형태질(u)까지도 제외한 점수이다. 그만큼 매우 정형화된 지각 경향을 측정하는 것인데, 통상 보고서에 언급해야 하는 경우는 많지 않다.

Xu%=SumFQxu/R

특이한 형태 사용(Xu%)은 전체반응 중에서 형태질 u의 비율을 계산한 것이다. 특이한 사고 경향을 나타내는데, 이러한 경향이 강한 사람들은 대개 고집스럽다. 그리고 사람들이 다 왼쪽으로 가는데 혼자 오른쪽으로 간다면, 뭔가 이유는 있겠지만 왼쪽으로 가는 사람들과 갈등이 생길 여지도 커진다.

왜 Xu%에 대한 해석에서 창의성 같은 긍정적인 내용은 언급하지 않느냐고 궁금해할 수 있다. 물론 많은 사람을 검사하다 보면 창의성이나 다양성으로 해석해야 하는 경우도 있을 수 있지만, 현실적으로 로르샤하는 대부분 병원이나 상담센터에서 스트레스 때문에 방문한 사람들에게 실시하게 된다. Xu%가 나타내는 심리적 특성이 부적응에 영향을 주었을 가능성이 높고, 남들이 가지 않는 길을 가는 것의 부적응적인 이름은 고집이다.

Human Cont=H+(H)+Hd+(Hd)

대인관계 흥미(Human Content)는 적응적이든(H), 부적응적이든[(H), Hd, (Hd)] 사람에 대한 관심을 나타낸다. 이는 관계 형성에 대한 욕구와 관련이 있기 때문에 추후 상담에서 동기를 강화하는 데 중요한 단서가 될 수 있다.

Isolate Index=(Bt+2Cl+Ge+Ls+2Na)/R

고립지표(Isolation Index)는 고립감, 외로움 등과 관련이 있으며, 이는 우울과 관련된 핵심적인 특성이다. Cl와 Na가 2의 가중치를 가지고 있는 것을 볼 때, 사람들이 대인관계에서 지쳐서 혼자 있고 싶을 때 자연물(하늘, 노을 등)이나 구름을 더 많이 보게 된다는 것을 알 수 있고, 이러한 해석은 로르샤하를 굳이 실시하지 않아도 일상에서 적용할 수 있다.

3r+(2)/R={3x(Fr+rF)+Sum(2)}/R

자기중심성 지표(Egocentricity Index)는 반영반응과 쌍반응의 합인데, 반영반응의 가중치가 3이어서, 자기중심적인 사고를 가지는 사람은 자기반영을 정말 많이 한다는 것을 알 수 있다.

이제 마지막으로 6가지 특수지표가 있다. 특수지표는 각 지표의 기준에 맞춰 일정한 조건을 충족시키면 +(positive), 그렇지 못하면 −(negative)로 결과가 나온다. 예를 들어, 자살지표(S−Con)가 +로 나온다면 자살 사고, 계획, 시도 등의 여부를 확인하면 된다. 각 특수지표를 계산하는 방법을 외울 필요는 없다. 사실 저자는 특수지표를 잘 보지 않는다. 자살, 사고장해, 강박 등 특수지표를 통해 보고자 하는 심리적 특성은 꼭 이 지표들을 보지 않아도 세부적인 기호들을 통해 알 수 있는 경우가 많다. 그리고 특수지표의 결과는 여러 가지 기호를 여러 번 합산해서 나온 가공된 것들이다. 해당 지표가 +일 때는 관련된 지표가 정말 많다는 것을 뜻하기 때문에 관심을 가져야겠으나, 그 정도라면 그 지표를 보기 전에 다양한 지표를 통해 이미 관련 주제가 중요하다는 것을 알게 될 것이고, −라고 해서 그 주제가 중요하지 않은 것은 아니기 때문에 특수지표를 필수적인 관심의 대상으로 볼 필요가 없다. 이렇게 가공이 많이 된 점수는 신뢰도가 떨어지는데, 특히 검사자가 초심자라면 더욱 그렇다. 초심자일수록 가공이 가장 덜 된 개별 기호들부터 해석하길 권한다.

간단하게 해석해 보면, S−Constellation은 자살, PTI는 사고장해, DEPI는 우울,

CDI는 전반적인 대처 기술의 부족, HVI는 주변 자극에 대한 예민함, OBS는 강박적인 성격적 경향을 나타낸다. 그런데 자살지표가 왜 가장 앞에 있을까? 정신건강에서는 죽음이 가장 심각한 상태이다. 일단 살아 있어야 검사도 하고 치료도 할 수 있다. 뒤에 나오겠지만, 로르샤하 전체 해석을 할 때에도 자살지표를 가장 먼저 확인하게 되어 있다.

〈표 3-15〉 특수지표

특수지표(Constellation Worksheet)	
S-Constellation(Suicide Potential): 자살지표(자살 잠재성)	PTI(Perceptual-Thinking Index): 지각적 사고지표
☐ 8개 이상 해당될 경우 체크 주의: 14세 이상의 수검자에게만 적용 ☐ FV+VF+V+FD>2 ☐ Color-Shading Blends>0 ☐ 3r+(2)/R<.31 or>.44 ☐ MOR>3 ☐ Zd>+3.5 or Zd<-3.5 ☐ es>EA ☐ CF+C>FC ☐ X+% < .70 ☐ S>3 ☐ P<3 또는 P>8 ☐ Pure H<2 ☐ R<17	☐ XA%<.70) and WDA%<.75 ☐ X-%>.29 ☐ LVL2>2 and FAB2>0 *☐ R<17 and WSUM6>12 OR R>16 and WSUM6>17 ☐ M->1 OR X-%>.40 0 Sum PTI
DEPI(Depression Index): 우울지표	CDI(Coping Deficit Index): 대응결함지표
☐ 5개 이상 해당될 경우 체크 ☐ (FV+VF+V>0) or (FD>2) ☐ (Col-Shd Blends>0) or (S>2) *☐ (3r+(2)/R>.44 and Fr+rF=0) or 3r+(2)/R<.33) *☐ (Afr<.46) or (Blends<4) ☐ (Sum Shading>FM+m) or (SumC′>2) ☐ (MOR>2) or (2×AB+Art+Ay>3) ☐ (COP<2) or ([Bt+2×Cl+Ge+Ls+2×Na]/R>.24)	☐ 4개 또는 5개 이상이면 체크 ☐ (EA<6) or (Adj D<0) ☐ (COP<2) and (AG<2) ☐ (Weighted Sum C<2.5) or *(Afr<.46) ☐ (Passive>Active+1) or (Pure H<2) ☐ (Sum T>1) or (Isolate/R>.24) or (Food>0)
HVI(Hypervigilance Index): 과민성지표	OBS(Obsessive Style Index): 강박성지표
☐ 1번을 만족시키고 아래 7개 중 최소한 4개가 해당될 경우 체크 ☐ (1) FT+TF+T=0 ☐ (2) Zf>12 ☐ (3) Zd>+3.5 ☐ (4) S>3 ☐ (5) H+(H)+Hd+(Hd)>6 ☐ (6) (H)+(A)+(Hd)+(Ad)>3 ☐ (7) H+A:Hd+Ad<4:1 ☐ (8) Cg>3	☐ (1) Dd>3 ☐ (2) Zf>12 ☐ (3) Zd>+3.0 ☐ (4) Populars>7 ☐ (5) FQ+> 1 ☐ 1가지 이상 해당될 경우 체크 ☐ (1)~(5) 모두 해당 ☐ (1)~(4) 중에서 2개 이상이 해당되고 FQ+>3 ☐ (1)~(5) 중에서 3개 이상이 해당되고 X+%>.89 FQ+>3 AND X+%>.89

* 주의: 아동의 경우 교정점수를 적용

출처: Exner (2006: 137).

제 4 장

로르샤하의 특징과 해석 방법 (종합체계 탐색전략)

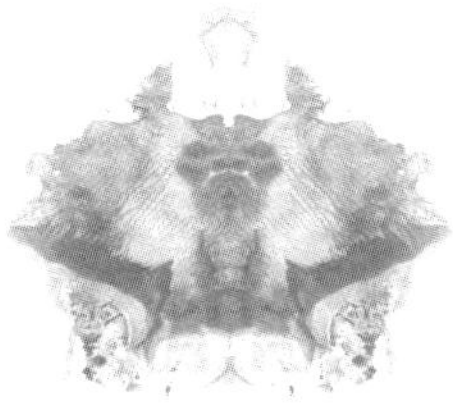

제4장부터 나오는 내용은 Weiner(2005)의 『로르샤하 해석의 원리(2판)』를 좀 더 쉽게 풀어 쓴 것이다. 로르샤하를 공부하고 나면 로르샤하 식의 인생관, 로르샤하 식의 철학이 생긴다. 그리고 이 철학을 이해하고 있으면 채점 및 해석을 할 때 판단이 더 명료해질 것이다.

제3장에서 습득한 각 기호와 점수의 의미를 제6장 '구조변인의 해석'에서 설명하고 있고, 이렇게 수많은 기호와 점수를 통합하여 전체적으로 해석하는 순서를 정한 것이 '종합체계 탐색전략'이다. 다른 말로 하면, '종합체계 탐색전략'은 수많은 구조변인(기호와 점수들)을 해석하는 순서를 알려 주는데, 이 해석 방법이 가장 기본적이고 정석적인 방법이다.

이 외의 해석 방법으로는 각 카드의 의미를 중심으로 해석하는 방법(제5장), 내용주제를 중심으로 해석하는 방법(제7장), 행동관찰을 근거로 해석하는 방법(제7장) 등이 있고, 이 모든 방법을 통합하여 해석하는 계열적인 해석 방법(제7장)이 있다.

1. 로르샤하의 성격

1984년이 H. Rorschach의 탄생 100주년이었다. H. Rorschach는 로르샤하 검사를 1921년에 만들었다고 한다. 그런데 서구권에서는 로르샤하의 활용 수준이 계속 떨어지고 있다고 한다. 결과가 숫자로 나오는 객관적 평가의 중요성이 점점 더 강조되는 상황에서 실용적 가치가 떨어지기 때문인 것 같다. 현시대에 정신분석치료가 인지행동치료보다 더 적게 이루어진다고 해서 정신분석적인 해석의 가치가 떨어지지 않는 것처럼, 로르샤하의 실제 활용 정도는 떨어질 수 있지만 로르샤하를 통한 인간 심리의 이해는 여전히 독자적인 가치를 가진다.

Weiner는 로르샤하가, 첫째, 객관적인 평가와 함께 주관적인 평가도 할 수 있고, 둘째, 지각과정과 함께 연상과정을 측정할 수 있으며, 셋째, 기능적 해석뿐 아니라 구조적 해석이 가능하다고 하였다. 그러면서 넷째, 단순히 검사가 아닌 평가방법(RIM)이라는 거창한 표현을 사용하였고, 다섯째, 건전한 심리측정적 근거를 가지고 있다고 하였다. 저자도 대부분의 내용에 동의한다. 그러나 이러한 장점을 업무에 활용하기 위해서는 공부를 많이 하고 경험도 많아야 한다. 다른 사람이 쓴 보고서를 편안하게 보기만 할 계획이라면 이 책만 읽어도 충분하다. 그러나 로르샤하에서는 애매한 채점도 많고 애매한 영역도 많기 때문에 스스로 실시, 채점, 해석을 하려면 학습하고 수퍼비전 받는 과정을 무수히 반복해야 한다. 이 책은 연탄에 불이 잘 붙게 하는 데 도움을 주는 번개탄 역할을 할 뿐이다.

로르샤하를 해석할 때 철학적인 이해가 없이 기계적으로만 보면 애매한 판단을 할 경우 어려움이 커진다. 앞서 제시한 5가지 기준이 로르샤하 해석의 대전제이자 기준점이라고 보면 애매한 상황에서 도움이 될 것이다.

로르샤하는 인지적 양식(사고방식)의 개인차를 측정한다. 시지각적 도구를 사용하여 생각의 차이를 밝히는 것이다. 같은 그림을 보고 그림의 각기 다른 특성에 주의를 기울이는 것이 생각의 차이를 알려 준다는 가정하에 로르샤하를 해석한다. 가을에 시골집 마당에 감이 주렁주렁 달린 감나무를 보면 사람들은 어떤 생각을 할까? '배고프다.' '나무가 무겁겠다.' '저런 걸 왜 보라고 하는 거야?' 등의 다양한 생각을 예상할 수 있다면 이미 우리는 어느 정도 각각의 성격적 특성을 추정할 수 있다. 생각한 것이든 말로 표현한 것이든 사물을 보고 언어반응을 한 것이기에 똑같은 사물을 보고 어떤 언어반응을 했는가를 통해서 생각을 추론해 낼 수 있다는 것이다.

똑같은 사물을 지각하고 어떤 언어반응을 했는가를 통해서 각 개인의 생각을 추론해 낼 수 있다는 것이 로르샤하의 기본적인 가정이다.

그리고 사고방식의 차이는 문제해결 방식의 차이를 말한다. 따라서 같은 대상이나 상황을 앞에 두고 있지만, 각 개인이 사용하는 시각적인 단서가 다르기 때문에 각기 다른 생각을 하게 되고, 다른 문제해결 방식을 사용하게 된다. 같은 상황에서 '예쁘다.'는 말이 먼저 나오는 사람과 집에 가서 해야 할 숙제를 먼저 떠올리는 사람은 이후에 각기 다른 행동을 할 것이다. 로르샤하는 이를 분석함으로써 한 개인의 문제해결 방식을 찾아낼 수 있도록 도와준다.

반응을 하기 위해서는 그림에 주의를 기울이고 반응을 선택해야 한다. 결정을 해야 한다는 뜻이다. 앞서 말했듯이, 자극에 주의를 기울이고 이전 경험을 토대로 여러 대안을 비교한 다음에 최종반응을 결정하게 되는데(문제를 해결하게 되는데), 이런 복잡한 과정을 거쳐서 반응이 나온다는 것을 알고 해석해야 한다. 만약 20초 만에 반응을 했다면 5초 만에 한 경우보다는 더 많은 생각이 영향을 주었을 가능성이 높다.

수검자의 반응과정: 관심 및 주의→대안 비교→반응 결정

1) 객관성과 주관성

검사가 객관적이라는 말은 실시, 채점 및 해석 방법이 명확하게 정해져 있어서 누구든 매뉴얼대로 하면 같은 결과물을 낼 수 있어야 한다는 뜻이다. 로르샤하는 지시가 명확하고, 채점의 기준과 해석 방법이 구체적으로 제시되어 있다. 그리고 주

의, 지각, 기억, 의사결정, 논리적 분석의 과정을 거쳐서 평가가 이루어진다. 기호화하는 데 있어서 결정하기 어려운 애매한 것들이 있긴 하지만 기호화의 일치율은 80~90%나 된다(Exner, 2006). 평정자 간 일치도도 0.80으로 높게 나타나고 있다. 우울증 환자에게 MMPI를 실시해도 모든 우울증 환자에게서 2번 척도가 상승하는 건 아니라는 것을 고려하면, 이 정도의 일치율은 다른 객관적 검사에 크게 뒤지지 않는다고 볼 수 있다. 로르샤하의 모든 그림은 대칭이고, 검은색, 유채색, 어두운색 등 시각적으로 명백한 특징을 제공한다. 뚜렷하고 일관되고 공통된 자극을 제공한다는 것은 평범반응의 존재를 통해서도 확인할 수 있다.

구조적 요약을 통해 기호와 점수를 구하는 이유는 타인과의 비교가 가능하게 하기 위함이다. 그래서 객관적 평가를 위해서는 수량화가 중요하다. Exner(2006)는 아동・청소년, 성인의 각 반응 빈도자료를 제시하는데, 이를 통해 수검자의 상태를 비교・해석할 수 있다. 그래서 객관적인 도구라고 한다. 그런데 이렇듯 객관적 특성을 가지고 있어서 공통된 자극을 통해 타인과의 비교를 할 수 있는 것에 더하여 주관적 평가의 장점도 취하고 있다. 주관적 평가 도구는 남들과 비교를 하지 않아도 수검자의 심리적 특성을 해석할 수 있는 도구인데, 로르샤하는 이러한 해석도 가능하다. 주관적 해석을 위해서는 투사적 의미가 포함된 반응 분석, 각 카드의 의미 해석 등이 도움이 되는데, 투사와 각 카드의 의미에 대한 설명은 뒷부분에서 더 구체적으로 설명하겠다.

2) 지각과 연상

로르샤하를 지각의 도구라 한다면 그림의 시지각적 특성에 근거하여 반응한 내용들을 해석한다는 뜻이고, 연상의 도구로 본다는 것은 그림을 보고 나서 수검자가 떠올린 것(이는 그림과 관련이 없을 수도 있음)을 해석한다는 뜻이다. 로르샤하의 최초 개발 목적은 지각적 경향을 측정하기 위한 것이었고, 이를 통해서 기능 수준을 측정하기 위한 것이었다. 그러나 지각적 요소만 강조하던 학자들도 연상 작용을 무시할 수 없었고, 연상을 중시하던 학자들도 지각적 특성을 무시할 수 없었기 때문에 결국은 2가지 작용을 모두 고려하게 된 것이다.

여기서 '연상'은 Freud가 말한 '자유연상'의 '연상'을 생각하면 되는데, 개인 특정적인 의미가 포함되어 있는 경우가 많다. 이에 반해 '지각'은 보편적이라는 개념이 들어가 있다. V번 카드는 누가 봐도 검은색이 가장 진한 카드이다. 누가 봐도 그러하다고 할 때 우리는 그것을 객관적이라고 하고, 높은 객관성을 가질 때 지각적 해석을 하게 될 것이다. 누군가에게 V번 카드의 검정색이 절대적으로 진해 보이지 않을 수 있지만(혹자는 더 진한 색을 생각할 수 있으니까), 10개 카드 중에서 V번 카드가 상대적으로 가장 진한 것은 누가 봐도 부인할 수 없는 사실이다. 마찬가지로 누가 봐도 IX번 카드에서 흑백이 없는 건 확실하다. 이런 것들을 지각적 특성이라고 한다.

한편, 연상적 특성을 고려한다면 X번 카드를 보고 나서 한 사람은 혼란스러워할 수 있고(혼란감을 연상하지만) 다른 사람은 행복해할 수 있다(행복을 연상할 수 있다). 연상은 수검자의 언어와 행동 반응을 통해서 추정하는 것이기 때문에 제대로 적용하기 위해서는 심리과정에 대한 높은 수준의 이해와 훈련이 동반되어야 한다.

근데 연상은 언제나 개인적이고 개별적인가? 검사에서 2명에게 자극을 제시했을 때 1명은 괴로워하고 1명은 즐거워한다면 개인의 차이라고 생각할 수 있지만, 100명 중 30명은 불쾌해하고 70명은 좋아한다면 각각 30명, 70명에게는 공통된 자극이 된다. 연상도 지각적 특성을 바탕으로 일어나는 것이기 때문에 연상과 지각 작용은 서로 상호작용한다고 봐야 한다.

다른 사람들과 다른 점을 관찰하는 것이 개인을 더 잘 설명할까, 같은 점을 관찰하는 것이 더 잘 설명할까? 모두 '박쥐'라고 할 때 누군가도 '박쥐'라고 하면 그 사람은 어떤 사람일까? 어떤 생각을 하길래 남들이 많이 하는 반응을 했을까? 또 다른 사람은 어떤 생각을 가지고 있길래 남들은 다 '박쥐'라고 하는데 자기 혼자 '괴물'이라고 할까? 20초 걸려서 '박쥐'라는 반응을 했을 때 20초 동안 머리에서 일어났을 일을 추정해야 한다.

로르샤하에서는 최종적인 언어반응이 수검자의 입을 통해서 나오기 전까지 이루어졌을 사고 및 정서의 과정이 기호에 반영된다.

3) 성격 구조와 성격 역동

성격적인 구조를 측정하는 것이 겉으로 보이는 성격적 특성을 기술하는 것이라면, 성격 역동을 측정하는 것은 성격적 특성이 나타나게 된 기저의 심리적 특성들 간의 상호작용을 파악하는 것이라고 할 수 있다. 외향성과 내향성의 구분이 구조적 해석이라면, 왜 내향적 또는 외향적이 되었는지를 파악하는 것은 역동적 해석이다.

똑같이 회사 회식에 잘 나오지 않는 두 사람이 있을 때 모두 구조적으로는(겉으로 보이는 모습으로는) 같은 내향적인 사람이라고 할 수 있다. 그런데 1명은 성취에 대한 욕구가 높아 퇴근 후 영어학원에 다니고 있고, 다른 1명은 타인의 부정적 평가에 너무 민감해서 바로 귀가하여 컴퓨터 게임만 하는 상황이라면 역동적으로는 매우 다른 사람들이다.

4) 평가방법으로서의 로르샤하

'(단순한) 심리검사'가 아니라 '(더 고차원적인) 평가방법(Rorschach Inkblot Method: RIM)'이라는 명칭을 강조하고 있다. 로르샤하에 대한 Weiner의 높은 신뢰가 느껴지는 부분이다. 그러나 로르샤하는 여러 가지 심리검사 중의 하나이다. 물론 그 가치를 높게 보지만 그렇다고 심리검사가 아닌 것은 아니다. 그러나 로르샤하를 공부하면 로르샤하를 활용하는 능력뿐만 아니라 인간의 심리를 파악하는 데 도움이 되는 로르샤하 식의 관점이 생기는 것도 사실이다. MMPI가 검사를 실시하지 않고는 해석을 할 수 없다는 점에서 검사로서의 기능이 강하다면, 로르샤하는 검사를 하지 않아도 해석적인 관점을 가질 수 있다는 점에서 조금 더 근본적인 가치를 가지고 있다고 볼 수 있다. 로르샤하에서 색채반응(C)이 많은 것은 감정적 자원이 많다는 것이다. 이 정보를 알고 있다면 로르샤하를 굳이 하지 않아도 어떤 사람이 색채를 중요하게 여길 때 감정적인 의사결정을 할 가능성이 높다는 것을 알 수 있다. 이렇게 로르샤하의 기호와 점수들을 알면 로르샤하를 실시하지 않아도 어느 정도는 대상자의 심리적 특성을 파악할 수 있다. 따라서 행동주의, 인본주의 등과 같은 수준의 '로르샤하주의'까지는 아니어도 사람을 볼 수 있는 하나의 도구가 더 생기는 건 맞다.

5) 심리측정적 타당성

Exner(2006)가 9,500여 명의 자료를 바탕으로 규준자료를 만들었고, 각 기호 및 점수별로 신뢰도와 타당도를 구하여 제시하고 있어서, 로르샤하는 검사 도구로서의 통계적 타당성을 확보하고 있다.

• 측정 도구의 심리측정적 건정성

1. 수련받은 검사자들이 어떤 변인을 채점할 경우 합리적인 정도로 일치하는지 여부
2. 측정 도구의 신뢰도가 그 도구가 제공하는 정보의 정확성을 나타내는지 여부, 즉 그 도구에서 얻은 점수가 오차변량이 적고 실제 점수나 진점수에 근접하는 정도
3. 밝혀진 타당도가 그 도구의 타당성을 입증하고 있는지 여부
4. 다양한 모집단에서 도구의 기술통계에 관한 규준자료가 정확한지 여부

4가지 사항을 고려해서 판단하는데(Anastasi & Urbina, 1997; Weiner, 1966), 종합체계에 따라 실시하고 기호화할 경우 로르샤하는 이 4가지 심리측정적 조건을 모두 충족시킬 수 있다.

출처: Weiner (2005: 43).

2. 로르샤하 해석의 태도

해석의 태도는 로르샤하뿐만 아니라 모든 심리검사를 해석할 때 전반적으로 적용하는 태도에 대한 것인데, 결론부터 말하면 직관적 접근과 권위적 접근은 피해야 할 태도이고 개념적 접근을 해야 한다는 것이다.

1) 직관적 태도

대학원 시절부터 전문가 초기까지만 해도 주치료자가 10분 남짓 짧은 시간에 환

자를 보고 판단을 내리면 부족한 자료를 바탕으로 판단을 한다고 생각했다. 그런데 저자도 상담 경험이 늘어날수록 점점 검사를 내지 않는 자신을 보게 된다. 임상 경험이 늘어날수록 짧은 시간에 내담자의 심리적 특성을 알아낼 가능성은 더 높아지기 때문에 굳이 검사를 할 필요가 없어지는 것이다. 내담자에게 검사를 하면서 받게 될 스트레스를 굳이 주고 싶지 않은 이유도 있다. 아는 것이 많아지면 자연스럽게 직관적인 접근을 하게 되기 때문에 검사와 같은 객관적 자료에 대한 의존도가 떨어진다.

직관은 그냥 생기는 것이 아니다. 사람들이 1시간 만에 푸는 문제를 어떤 사람이 5분 만에 풀었다고 했을 때 그 사람의 직관이 5분 만에 생긴 것은 아니다. 나이만큼의 인생 경험이 5분간 농축되어 생기는 것이다. 5분 만에 문제를 풀기 위한 사전 경험치는 5시간 또는 5일, 아니 5년일 수도 있다. 게다가 학습량과 경험이 많을 뿐 아니라 정보를 정리하고 처리하는 효율성이 높아질 때 직관적 판단을 할 수 있게 된다.

직관적 판단은 효율성이라는 아주 큰 장점에 더하여 극적인 결과를 만들기도 하지만 너무 익숙해지면 문제가 생길 수 있다. 잘나가던 전문가가 초보자나 하는 실수를 하는 경우가 있다. 직관에 너무 의지하다 보면 자만하기 때문에 생기는 현상이다. 따라서 스스로 경계하는 시스템을 만들어야 한다. 경험이 쌓이면 구조적 요약을 한번 보기만 해도, 심지어는 반응내용들만 한번 읽어 봐도 수검자의 주된 심리적 특성을 파악할 수 있다. 특히 수퍼비전을 할 때 이렇게 파악된 내용을 토대로 설명을 하면 대개는 들어맞는다. 그러나 직관적 판단에 따라 설명을 했는데 난감하게도 수련생이 도저히 그렇게는 못 쓰겠다는 표정을 지을 때가 있다. 감독자가 시키니까 쓰긴 써야 할 텐데 몸으로 받아들이지 못 하겠다는 표정이다. 그럴 때는 자료를 처음부터 다시 살펴본다. 나의 오류 가능성이 있는 상황이기 때문이다. 수련생은 몇 시간 동안 자료를 봤기 때문에, 내가 몇 십 분 보고 나서 내린 결론이 수련생의 것과 일치하지 않는다면 수련생이 맞을 가능성이 있다는 것을 인정하는 것이다. 다시 꼼꼼히 봤을 때 감독자의 해석이 맞다면 수련생이 납득할 이유를 다시 설명해야 할 것이고, 감독자의 직관적 해석이 틀렸다면 수정할 수 있는 기회를 맞은 것이니 정말 다행이다. 직관적 판단의 오류를 방지하기 위한 저자 나름의 대처 방식이다. 저자는 강의를 많이 하고 그 자체를 즐기기도 하지만 강의를 하려면 기초부터 다시 자료를 봐야 하는데, 이것이 나도 모르게 쌓이고 있는 직관적 판단의 오류 가능성을 방지해 주기도 한다. 로르샤하를 많이 하다 보면 자주 쓰는 기호만 쓰게 된다. 초심자 입장에서는 먼 얘기일 수 있지만, 언젠가 겪게 될 상황이기 때문에 나중에 익숙해지더라도 1년에 한 번 정도는 관련 책을 정독하는 것이 좋은 것 같다.

2) 권위적 태도

권위적 접근은 로르샤하 강의를 들은 다음에 '그 교수가 그랬다는데~'라고 근거를 대는 것이다. 아무래도 교수가 하라고 했으면 맞을 가능성이 높긴 하지만 이것도 적절한 방식은 아니다. 초보자가 빠지기 쉬운 유혹이지만 왜 그렇게 해석해야 하는지 이유를 모르는 것이기 때문에 윤리적으로도 문제이다. 그리고 로르샤하 해석에서 권위적 접근을 사용하는 사람은 다른 영역에서도 권위적 접근을 사용할 가능성이 높다. 병원에서 1년차 수련생이 2년차에게 1차 수퍼비전을 받는 경우가 있다. 그러면 2년차의 지도를 받고 나서 감독자에게 가지고 오는데, 왜 그렇게 썼냐고 물어보면 "2년차 선생님이 쓰라고 했는데요."라고 하는 경우가 있다. 왜 그 내용을 써야 하는지 근본적으로 모른다는 말이다. 항상 강조하지만 보고서는 마침표 하나까지도 그 이유를 설명할 수 있어야 한다. 불필요한 말이 들어가도 안 되고 필요한 말이 안 들어가도 안 된다.

약간 다르지만 "내가 지난번에 양극성장애 환자를 봤는데 C가 많았거든. 이걸 보면 이 사람 양극성장애가 맞아!"라고 한다. 경험이 있는 선배가 쉽게 할 수 있는 수퍼비전 방식인데, 이 역시 경험의 권위에 의지하는 것이다. 이전에 비슷한 경험을 한 적이 있다면 다음에도 그럴 가능성이 높긴 하지만 그럼에도 불구하고 권위적 접근 역시 익숙해지면 오류의 가능성이 증가한다. 로르샤하 해석은 오로지 다음에 설명할 개념적 접근으로만 해야 한다.

3) 개념적 태도

X−%가 높으면(왜곡된 형태질 반응이 많으면), 초심자들은 무조건 조현병을 의심한

다. 아니 조현병일까 봐 걱정한다는 표현이 더 맞는 것 같다. 당장 약을 먹어야 하는 통제불능의 상태를 생각하기 때문이다. 그런데 형태질이 나쁠 때는 조현병, 정신증 등을 떠올리기보다 수검자의 지각이 부정확할 가능성이 높다는 것을 가장 먼저 떠올려야 한다. 지각이 부정확한 현상은 조현병에서만 나타나는가? 그렇지 않다. 정신과적인 문제가 거의 없는 사람도 분명히 3시 약속을 했다고 생각하지만 진짜 약속은 4시였고(지각의 실패), 되돌려 보면 정말 4시로 약속했음을 인정하게 되는 경우가 있다. 지각의 실패는 조현병이 아니어도 일상에서 얼마든지 겪을 수 있는 일이다. 왜곡은 뇌기능이 저하되어 생기기도 하지만 심리적인 이유로도 온다. 그런데 왜곡된 형태반응의 수가 지각 실패의 원인을 말해 주진 못한다.

물론 부정확한 지각이 많으면 현실검증력이 떨어질 가능성이 높고, 그런 사람들은 대개 조현병일 수 있다는 해석은 가능하다. 그러나 X−%에 대해 제대로 된 개념적 접근으로 해석을 한다면 다음과 같은 순서로 해석을 해야 한다.

a. X−%가 높은 것을 볼 때 객관적인 지각에 실패할 가능성이 높다.
b. 객관적 지각의 실패는 뇌기능 손상이나 심리적 스트레스, 문제해결 능력의 저하 등이 원인인데
c. 뇌기능 손상이 우려되는 다른 증상은 나타나지 않았고
d. 지적 능력은 평균 하 수준으로 비교적 무난한 수준이며
e. (−)반응이 주로 인간반응에서만 나타나고 있는 것을 볼 때
f. 수검자는 대인관계 상황에서 판단력이 떨어질 가능성이 높아 보인다.

a~f 순으로 해석이 가능한데, a~b는 공통된 해석으로 적용하고, c~f는 개인의 상황에 따라 다른 해석을 한다. 개념적 접근이란 로르샤하의 각 기호와 지표를 a~f 순으로(순차적 · 논리적) 해석하는 것을 말한다. 이러한 해석은 혼자서만 알고 있거나 권위에 의지하는 것이 아니라 근거가 명확하고 논리적이기 때문에 검사 해석 내용을 활용해야 하는 수검자와 치료자에게 직접적으로 도움을 줄 수 있다.

HTP에서 집 그림을 그릴 때 창문을 크게 그리거나 많이 그리면 대부분 애정욕구가 높다고 해석한다. 창문의 기능은 안에서 밖을 보게 해 주는 것이고 그 기본적 의

미는 내가 타인을 살피는 것이다. 타인을 살피는 이유는 둘 중 하나이다. 남들이 자신을 칭찬하는지(긍정적 피드백) 아니면 비난하는지(부정적 피드백) 확인하고 싶은 것이다. 그런데 부정적 피드백을 예상할 때는 위축되어 창문을 그리지 않거나 적게 그리기 때문에 창문이 많으면 긍정적 피드백을 예상하는 상태, 즉 애정욕구가 높은 상태를 나타내기 쉽다. 이러한 현상이 관찰되니 매뉴얼에는 주로 '애정욕구가 높다.'라고 써 있는 것이다. 그러나 타인의 비난을 예상하지만 공격적인 사람들도 적극적으로 타인을 살피려 하기 때문에 창문을 많이 그릴 수 있다. 따라서 매뉴얼에 나온 해석을 일대일로 적용하기보다는 각 검사 자료의 기본적인 개념을 알아야 상황에 맞게 유연하고 정확한 해석을 할 수 있다.

[그림 4-1] 창문이 많은 집

많은 창문을 보고 애정욕구가 높다는 해석을 하기까지는 여러 단계가 필요하다(창문-타인의식-긍정적 타인의식-애정욕구). 각 단계의 중간에는 변수가 많은데('타인의식' 다음에 다른 요소를 고려하여 '부정적 타인의식'으로 넘어갈 수도 있다), 이러한 해석의 과정을 생각하면 개념적 접근을 다른 말로 단계적 접근이라고 부를 수도 있겠다.

3. 로르샤하 자료의 4가지 특징

1) 구조적 특징

구조적 특징은 구조적 요약을 가능하게 하는 그림의 시지각적 특징을 말한다. 잉크 반점이 무엇처럼 보이는지 말하도록 하는 것은 일종의 문제해결 과제이다. 명확한 대상은 아닌데 무언가를 만들어서 말해야 하고, 문제해결과 의사결정 상황에서 수검자가 생각하고 행동하고 느끼는 방식이 반영될 수밖에 없다. 같은 주제에 대한 것이어도 내향적인 사람과 외향적인 사람이 발표하는 모습은 다르다. 부분 영역(D)에만 반응하는 수검자는 경험을 전체적으로 통합하는 능력이 부족하고 숲을 보지 못하는 사람이다. 이렇게 기호와 점수를 통한, 즉 구조적 특징을 통한 해석을 할 수 있고, 이것은 로르샤하의 가장 주된 해석 방법이다. 이 내용에 대해서는 제6장에서 구체적으로 설명할 것이다.

2) 주제적 특징

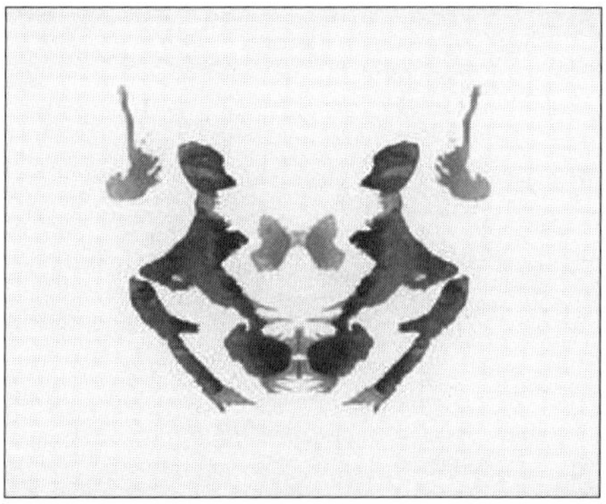
Ⅲ번 카드

카드 III번에서 '두 사람이요.'라는 반응과 '상대방이 먼저 다가와 주길 기다리는 것처럼 서로 서 있어요. 서로 상대가 오길 기다리고 있는 것 같아요.'라는 반응은 모두 '(2) H'로 채점할 수 있는데, 해석은 완전히 달라진다. 두 반응 모두 구조적 특징은 같지만 언어적 내용상으로 보면 전자는 거의 의미가 없고 후자는 대인관계를 두려워하고 수동적인 경향이 있다는 해석을 할 수 있다. 후자의 경우에 구조적 특징(H)보다는 주제적 특징에 초점을 맞춰야 한다. 이 내용에 대해서는 제7장 '1. 내용주제의 해석'에서 구체적으로 설명할 것이다.

말을 많이 하면 수검자의 생각과 감정이 노출되기 쉽기 때문에 주제적 해석의 가능성이 높아지는 경향이 있지만, 무조건 말이 길어야 주제적 해석을 할 수 있는 건 아니다. '천사' '평화' 등의 추상적이고 긍정적인 단어만 사용한다면 내용이 길지 않아도 주제적 해석이 가능하다.

SCT나 TAT를 해석하듯이 로르샤하에서도 말이 많아지면 주제적 특징만 봐도 알아낼 수 있는 정보가 많다. 그러나 주제적 해석과 구조적 해석이 일치하면 훨씬 더 강력한 정보적 가치를 가진다. 조심해야 할 것은 자신이 한 해석이 동료들의 지지를 얻지 못한다면 다시 생각해 봐야 한다는 것이다. 구조적 특징은 각 기호별로 해석 내용이 거의 정해져 있지만, 주제적 특징은 오랜 임상 경험과 축적된 지식에 따라 해석해야 한다. 해석의 타당성을 높이는 훈련 방법은 정신병리와 성격심리, 심리과정 등에 대한 책을 많이 읽고 감독자와 동료들에게 꾸준히 수퍼비전을 받는 것이다.

3) 행동적 특징

로르샤하에서 수검자의 행동이 구조적 · 주제적 해석만큼 중요할 때가 있다. 행동적 특징은 로르샤하 카드를 (손으로) 다루고 검사자와 관계하는 방식(언어적 · 비언어적으로)을 말한다. 로르샤하는 애매한 스트레스 자극이다. 로르샤하 카드를 제시했는데 '이건 시간만 낭비하는 것 같습니다. 이걸로 뭘 할 수 있겠습니까?'라는 반응을 보인다면 기호로 채점할 수는 없다. 그림에 대한 반응이 아니어서 주제적 해석의 대상도 아니지만 애매한 스트레스 상황에서 공격적으로 반응하는 사람이라는 것을 알 수 있다. 이런 사람들은 대개 자존심은 강한데 자존감은 낮은 사람이다. 행동적 특징을 해석하려면 인간의 심리에 대한 지식이 많아야겠지만 자신이 관찰한 행동과 그 심리적 특징을 연결해 본 실제 경험이 많아야 한다.

점잖은 말투로 '이게 전부입니다. 더는 말씀드릴 게 없습니다.'와 같이 말하는 행동을 분석해 보자. 더 말할 게 없다는 말 속에 무언가를 더 말해야 한다는 부담이 크게 자리 잡고 있음을 알 수 있다. 대개 이러한 반응은 권위에 대해 상당히 거부적인 태도를 가질 때 나타난다. 검사를 받으러 와서 지나치게 예의 바르게 말하는 수검자는 조심할 필요가 있다. 지나친 행동은 반동형성의 결과일 가능성이 높기 때문에 갑작스럽게 공격적인 모습을 보일 수 있다. 상담을 받으러 와서 너무 웃는 사람은 오히려 우울할 가능성이 높고, 너무 남을 챙긴다면 반대로 자기중심적일 가능성이 높다.

로르샤하에서는 그림 카드를 주면 눈과 적당한 거리를 유치한 채 손으로 잡은 상태에서 보는 게 일반적이다. 그림을 눈앞에 당겨서 보거나 너무 멀찍이 놓고 보는 경우가 있는데, 이 역시 지나친 행동으로 행동적 특징에 대한 해석의 대상이 된다. 명확한 대상이 떠오르지 않는데(문제를 해결하지 못하는데) 자존심이 강해서 그냥 모른다고는 말을 못하고 '내가 이렇게나 노력을 했는데도 못 보겠으니 이 그림이 되게 어려운 그림이다. 나는 아무 잘못이 없다.'라는 속뜻을 '몸으로' 표현하고 있는 것이다. 이러한 사람들은 좌절 상황에서 특이한 행동을 보일 가능성이 높다. 이 내용에 대해서는 제7장 '2. 검사 행동의 해석'에서 구체적으로 설명할 것이다.

4) 계열적 특징

해석을 할 때는 균형을 맞춰서 앞의 3가지 특징을 판단해야 한다. 3가지 중에서 어떤 것이 더 정보로서의 가치가 높은지를 계열적 특징을 통해 찾아낼 수 있다. '검은 박쥐, 전체가 박쥐고, 날개, 몸통이다.'라는 반응을 보자. 날개와 몸통은 형태(F)이고, 검은 박쥐니까 C'가 들어가 있다. 이 중에서 가장 중요한 정보는 C'이고, 이 구조적 특징이 가장 중요하다.

'뭔지 모르는데 날아다니는 것이고 길을 잃고 집으로 가는 길을 찾지 못한다.'라는 반응은 주제적 특징에 따라 해석해야 한다. 구조적 특징을 보면 의미 있는 기호가 없지만 내용을 보면 혼란스러워하고 있음을 알 수 있다.

"박쥐 같네요. 근데 카드를 돌려 봐도 됩니까?"라고 정중한 말투로 말한다면 검사자의 권위를 중요하게 여기는 사람으로, 다른 장면에서 자신이 윗사람일 때 아랫사람에게 필요 이상의 예의를 요구할 가능성이 높다. 여기서는 구조적 특징(A)이나 주제적 특징(박쥐)보다는 행동적 특징(정중하게 질문함)이 더 중요하다.

I번 카드에서 전체 영역(W)을 보고 "정말 하고 싶지 않아요."라고 하면서(행동적 특징) "그런데 아마도 갈 길을 잃어버린 검은색 알바트로스 같아요."라고 반응하였다면(주제적 특징), 이는 'Wo C'Fu A 1.0 INCOM'으로 기호화가 가능하다(구조적 특

징). 이 반응은 행동적 · 주제적 · 구조적 특징을 모두 강하게 가지는 반응이고, 이렇게 3가지 특징이 다 나오면 1가지 특징이 나올 때보다 수검자의 핵심적인 심리적 특징을 말할 가능성이 훨씬 더 높다. 이 내용에 대해서는 제7장 '3. 계열분석'에서 구체적으로 설명할 것이다.

'알바트로스'는 검은색이 아니어서 검은색 알바트로스는 INCOM이 된다. '빨간 곰'과 같은 반응이다.

4. 종합체계 탐색전략(해석 방법)

1) 종합체계 탐색전략

'종합체계 탐색전략'은 로르샤하의 수많은 기호와 점수를 체계적으로 해석할 수 있는 방법으로, 1974년에 Exner가 개발하였다(Exner, 1991, 2003; Exner & Weiner, 1995). Rorschach가 1921년 로르샤하 검사를 개발한 이후로 Beck, Klopfer, Hertz, Piotrowski, Rapaport, Schafer 등의 학자가 각자의 방식으로 로르샤하를 사용하며 규칙을 만들어 왔다. 이들은 서로 '지각이 중요하다.' '연상이 중요하다.' 등 다양한 주장을 했는데, 점차 상대의 주장을 수용하게 되었고 Exner가 여러 학자의 해석 방식을 통합한 것이 종합체계 탐색전략이다.

종합체계 탐색전략은 실시와 기호화가 체계적이고 객관적일 뿐만 아니라 점수계열과 구조적 요약이 적절하게 배열되어 있어서 프로토콜에서 얻을 수 있는 정보를 효율적이면서도 광범위하게 분석하도록 촉진해 주기 때문에 매우 유용한 해석 방법이다.

기호화가 체계적이기 때문에 측정적인 면에서 봐도 객관성을 입증할 수 있고, MMPI와 같은 수준까진 아니지만 크게 부족하지 않은 수준의 신뢰도와 타당도를 갖고 있다(Hiller, Rosenthal, Bornstein, Berry, & Brunell-Neuleib, 1999). Exner(2006)는 9,500여 명에 가까운 수검자의 자료를 바탕으로 규준을 만들었다.

그런데 몇몇 유용한 점수를 얻을 수는 있다고 하더라도 구조적 요약에는 100개가 넘는 숫자가 나오는데, 이 많은 자료를 과연 어떻게 정리해서 봐야 하는가? 구조적 요약을 처음 봤을 때의 좌절감은 본 사람만 느낄 수가 있다.

Exner가 제시한 방법은 너무나도 간단하다. 단지 실제로 실행하기가 어려울 뿐이다. 다이어트 방법이 100가지가 있을 때 가장 좋은 방법은 하나를 정해서 충분히 오랫동안 하는 것이다. 어떠한 방법도 충분히 오랫동안 하지 않았는데 성공할 수 있는 것은 없다. 헬스장에 갔을 때 살을 빼는 방법을 물어봤더니 트레이너가 "팔굽혀펴기를 하루에 10번씩 꼭 하시고 저녁 6시 이후로는 아무것도 먹지 마세요."라고 한다. 이렇게 6개월을 해야 목표한 10kg이 빠진단다. 말로는 간단하지만 이를 이루기 위해서는 '6시 이후에 먹고 싶은 유혹'을 이겨 내야 하고, '오늘 하루만 먹고 싶은 유혹' '오늘 하루만 팔굽혀펴기를 5개만 하고 싶은 유혹' 등도 이겨 내야 한다. 변수들에도 불구하고 오랜 기간 동안 규칙대로 해야 한다는 제1원칙을 지키는 것이 가장 중요한데, 종합체계 탐색전략에 따른 해석도 이와 같다. 이론적인 순서를 아는 것은 간단하지만 하나하나 하기 위해서는 끈기가 필요하다.

로르샤하 해석 방법의 정석은 인내심을 가지고 종합체계 탐색전략의 순서대로 모든 점수를 확인하는 것이다.

표준화된 실시를 했고 각 기호에 대한 객관적이고 신뢰할 만한 채점을 했다면, 이제는 '종합체계 탐색전략'의 지침을 따르기만 하면 해석할 수 있다.

a. 우선 '전체반응 수'가 13개를 넘어야 한다(R > 13). 전체반응이 '14개 이상'은 되어야 한다는 뜻이다. 백분율로 구하는 점수들은 수가 어느 정도는 되어야 통계치가 의미가 있기 때문인데, 14개가 안 된다고 해서 구조적 요약을 하지 말아야 하는 것은 아니다. 그래도 구하는 것이 좋고 의미가 있는 점수들이 있다. 다만 신뢰도가 부족한 점수들이 많아진다는 뜻이니 이러한 한계를 알고 활용해야 한다.
b. 수검자가 생존하지 않으면 점수가 아무런 의미가 없다. 그리고 자살은 정신건강 장면에서 가장 심각한 상황이기 때문에 '자살지표(S-CON)'를 가장 먼저 확인해야 한다.

c. 〈표 4-1〉의 핵심변인 순서에 따라 군집별 해석 순서를 확인하면 되는데, 가장 먼저 'PTI > 3' 여부를 확인한다. 만약 PTI가 5라면 '지각적 사고지표'의 군집 순서에 따라 '관념' 군집의 지표들을 가장 먼저 해석하고, '중재-처리-통제-정서-자기지각-대인지각' 순으로 세부 지표들을 보면 된다. 만약 위의 군집계열에 해당하지 않으면 아래로 내려가면서 기준에 맞는 군집계열이 있는지 확인한다('PTI > 3'에 해당되지 않으면 'DEPI > 5, CDI > 3'인지 확인한다).

〈표 4-1〉 종합체계 탐색전략: 핵심변인과 군집계열

지각적 사고지표(PTI>3)
관념 > 중재 > 처리 > 통제 > 정서 > 자기지각 > 대인지각

우울지표(DEPI>5) 그리고 대응결함지표(CDI>3)
대인지각 > 자기지각 > 통제 > 정서 > 처리 > 중재 > 관념

우울지표(DEPI>5)
정서 > 통제 > 자기지각 > 처리 > 중재 > 관념

D점수와 조정된 D점수(D<Adj D)
통제 > 상황적 스트레스 > (뒤에 나오는 정적인 핵심변인이나 제3변인의 목록에 따라 탐색계열 결정)

대응결함지표(CDI>3) 그리고 경험실제(EA<6)
통제 > 정서 > 자기지각 > 대인지각 > 처리 > 중재 > 관념

대응결함지표(CDI>3)
대인지각 > 자기지각 > 통제 > 정서 > 처리 > 중재 > 관념

조정된 D점수(Adj D<0)
통제 > (뒤에 나오는 정적인 핵심변인이나 제3변인의 목록에 따라 탐색계열 결정)

Lambda(Lambda>.99)
처리 > 중재 > 관념 > 통제 > 정서 > 자기지각 > 대인지각

반사반응(Fr+rF>0)
자기지각 > 대인지각 > 통제 > (뒤에 나오는 정적인 핵심변인이나 제3변인의 목록에 따라 탐색계열 결정)

내향적 EB
관념 > 처리 > 중재 > 통제 > 정서 > 자기지각 > 대인지각

외향적 EB
정서 > 자기지각 > 대인지각 > 통제 > 처리 > 중재 > 관념

수동적 운동과 능동적 운동(p>a+1)
관념 > 처리 > 중재 > 통제 > 자기지각 > 대인지각 > 정서

정적 과민성지표(HVI)
관념 > 처리 > 중재 > 통제 > 자기지각 > 대인지각 > 정서

출처: Weiner (2005: 101).

〈표 4-2〉 7개 군집의 해석 단계와 변인계열

정보처리
- 단계 1: Lambda
- 단계 2: OBS & HVI
- 단계 3: Zd
- 단계 4: Zf,W:D:Dd,W:M
- 단계 5: DQ
- 단계 6: PSV
- 단계 7: Location Sequencing

인지적 중재
- 단계 1: Lambda
- 단계 2: OBS
- 단계 3: XA% & WDA%
- 단계 4: FQnone
- 단계 5: X−%, FQ−frequency, S−frequency
- 단계 6: Populars
- 단계 7: X+% & Xu%
- 단계 8: FQ+frequency
- 단계 9: Sequence of minus
- 단계 10: Homogeneity of minus
- 단계 11: Minus distortion levels

관념
- 단계 1: PTI
- 단계 2: EB
- 단계 3: EBPer
- 단계 4: Left side eb
- 단계 5: HVI & OBS
- 단계 6: a:p
- 단계 7: M^a:M^p
- 단계 8: Intellectualization Index
- 단계 9: MOR frequency
- 단계 10: Sum6 & WSum6
- 단계 11: Quality of 6 Spec Scores
- 단계 12: Quality of M responses

통제와 스트레스에 대한 내성
- 단계 1: Adj D & CDI
- 단계 2: EA
- 단계 3: EB & Lambda
- 단계 4: es & Adj es
- 단계 5: eb

정서적 특징
- 단계 1: DEPI
- 단계 2: EB
- 단계 3: EBPer
- 단계 4: Right side eb
- 단계 5: SumC′:WSumC
- 단계 6: Affective Ratio
- 단계 7: Intellectualization Index
- 단계 8: FC:CF+C
- 단계 9: Pure C
- 단계 10: Color Projection
- 단계 11: Space responses
- 단계 12: Blends
- 단계 13: m & y blends
- 단계 14: Blend complexity
- 단계 15: Color-shading blends
- 단계 16: Shading blends

자기지각
- 단계 1: Reflections
- 단계 2: Egocentricity Index
- 단계 3: HVI & OBS
- 단계 4: FD & Vista (review history)
- 단계 5: H:Hd+(H)+(Hd)
- 단계 6: Hx
- 단계 7: An+Xy
- 단계 8: Sum MOR
- 단계 9: MOR contents
- 단계 10: Contents of minus responses
- 단계 11: Contents of M responses
- 단계 12: Contents of FM & m responses
- 단계 13: Contents of embellished responses

대인관계지각
- 단계 1: CDI
- 단계 2: HVI
- 단계 3: a:p ratio
- 단계 4: Food responses
- 단계 5: Sum T
- 단계 6: Sum human contents & Sum Pure H
- 단계 7: PER
- 단계 8: COP & AG
- 단계 9: Isolation Index
- 단계 10: GHR:PHR
- 단계 11: Contents of M & FM responses with pairs

상황과 관련된 스트레스
- 단계 1: D in relation to es & Adj es
- 단계 2: D in relation to Adj D
- 단계 3: m & Y
- 단계 4: T, V, and Egocentricity Index in relation to history
- 단계 5: Blends
- 단계 6: Color-shading and shading blends

출처: Weiner (2005: 87).

d. c에서 확인한 군집 순서에 따라서 각 군집을 해석할 때, 각 군집 내 세부 지표들에 대한 해석은 〈표 4-2〉를 보고 단계 순서에 따라 지표들을 확인하면 된다. 〈표 4-1〉에서 '지각적 사고지표'에 따른 해석이 결정되면 〈표 4-2〉에서 가장 먼저 '관념' 군집을 찾는다. 그리고 '단계 1: PTI'의 의미를 해석하고, 다음은 '단계 2: EB'의 의미를 해석하면서 단계 12까지 살펴보면 된다. 모든 지표는 '정보처리' '인지적 중재' '관념' '통제와 스트레스에 대한 내성' '정서적 특징' '자기지각' '대인관계지각' '상황과 관련된 스트레스'까지 8개 군집으로 나누어진다. 많은 지표가 1가지 군집에 주로 들어가 있지만 2개 이상의 군집에 들어간 지표들도 있다.

e. 〈표 4-1〉에서 유의미한 군집계열이 나타나지 않으면 〈표 4-3〉에서 유의미한 군집계열을 찾으면 된다. 역시 각 군집 내 지표들의 해석 순서는 〈표 4-2〉에 나와 있다.

〈표 4-3〉 종합체계 탐색전략: 제3변인과 군집계열

정적 강박성지표(OBS)
처리 > 중재 > 관념 > 통제 > 정서 > 자기지각 > 대인지각

우울지표(DEPI=5)
정서 > 통제 > 자기지각 > 대인지각 > 처리 > 중재 > 관념

경험실제(EA>12)
통제 > 관념 > 처리 > 중재 > 정서 > 자기지각 > 대인지각

M−>0, $M^p > M^a$ 또는 Sum6 Spec Sc>5
관념 > 중재 > 처리 > 통제 > 정서 > 자기지각 > 대인지각

Sum Shading>FM+m, CF+C>FC+1 또는 Afr<.46
정서 > 통제 > 자기지각 > 대인지각 > 처리 > 중재 > 관념

X−%>20%, Zd>+3.0 또는<−3.0
처리 > 중재 > 관념 > 통제 > 정서 > 자기지각 > 대인지각

자아중심성 지표[3r+(2)/R<.33]
자기지각 > 대인지각 > 정서 > 통제 > 처리 > 중재 > 관념

MOR>2 또는 AG>2
자기지각 > 대인지각 > 통제 > 관념 > 처리 > 중재 > 정서

재질반응(*T*=0 또는 *T*>1)
자기지각 > 대인지각 > 정서 > 통제 > 처리 > 중재 > 관념

출처: Weiner (2005: 103).

저자는 석사 때 논문을 보는 것이 너무 어려웠다. 수업 때도 주로 교과서를 가지고 하다 보니 논문을 많이 보지 못했고, 논문 읽는 법도 제대로 배우지 못했다. 그런데 박사과정에 들어와서 수업 시간에 논문을 많이 보다 보니 재미가 느껴지는 부분이 있었다. 예전에는 논문의 저자가 맞다고 생각하며 읽었고 이해가 안 되면 자책했는데, 기본적으로 오류가 있을 수밖에 없다고 생각하고 오류를 찾으려고 노력하다 보니 글을 읽는 게 훨씬 재밌어졌다. 가장 쉽게 찾을 수 있는 오류는 객관적인 표와 주관적인 해석의 불일치이다. 따라서 논문을 볼 때는 글보다 표를 먼저 봐야 한다. 객관적 정보인 표를 보고 먼저 자신의 관점과 해석을 가진 다음에 논문 작성자의 관점과 비교한다면 저자의 주장에 의존하지 않고 좀 더 객관적인 분석을 할 수 있다.

이러한 맥락에서 〈표 4-1〉의 해석 순서를 생각해 보자. 그냥 배열되어 있는 것이 아니다. 왜 '지각적 사고지표'가 가장 먼저 제시되어 있을까? DSM에 있는 정신장애 중에서 감별에 있어 가장 우선되는 것은 정신증(psychosis)이다. 객관적 및 현실적 판단의 어려움이 크기 때문에 정상인들과 있을 때 문제행동의 가능성이 높고 개선을 위해서는 약물치료, 입원치료 등 특수한 대응이 필요하기 때문이다. 그다음은 우울증과 조울증이 중요하다. 정신장애 중에서 가장 많은 비중을 차지하고 있기도 하고 치명적인 결과인 자살과 직접적으로 관련이 있는 상태이기 때문이다. 우울함에 더하여 대응 능력이 부족하면 고통감이 더 커질 수 있으니 DEPI+CDI가 DEPI보다는 위에 배치되어 있다(더 중요하다). 기분장애도 아니라면 D를 보는데, D < Adj D라면 상황적으로 상당한 스트레스를 겪고 있을 가능성이 높고 대개는 신체화, 불안, 해리장애 등 신경증에 속하는 여러 장애군이다. 그다음은 대개 성격적인 지표들이다. 이렇게 해서 병리적 심각성에 따라 보게 되어 있다.

다시 〈표 4-1〉에서 군집 구성을 보면, 사고장해가 의심될 때는 '지각적 사고지표'의 순서에 따라 인지적 영역(관념, 중재, 처리)을 먼저 살펴보게 되어 있다. 장애군에 따라 중요한 것을 먼저 보게 한 것이다. 그리고 기분장애만 있을 때보다는 대인지각과 자기지각의 문제가 같이 있을 때 더 심각하다는 것을 〈표 4-1〉을 통해서 거꾸로 확인할 수도 있다. 따라서 꼭 검사를 하지 않고 면담만을 하더라도 우울이 심할 때는 '대인관계'를 먼저 확인해야 하고, 우울이 덜 심각하면 '정서상태'와 '통제감'을 먼저 확인해야 한다는 것을 알 수 있다.

2) R의 의미

전체반응 수가 14개 이상이 되어야 한다고 했다. 이는 권고사항이고 될 수 있으면 한 번 더 시행을 해서라도 반응 수를 늘리는 것이 좋지만, 반응 수가 14개가 안 된다고 해서 구조적 요약을 하지 말아야 하는 것은 아니다. 반응이 12개일 때 적어도 그중 X-가 6개면 매우 많은 것이다. 12개 중 반 이상이 왜곡된 반응이라면 반응 수가 충분하지는 않지만 사고가 왜곡되어 있을 가능성은 충분히 높다. MMPI도 이렇게 해석한다. 모든 척도가 30~40T 사이인데 4번 척도가 55T라면 불만이 많고 공격적일 가능성이 높다. 모든 검사 자료는 프로파일로 해석해야 한다. 개인 내 지표간에 상대적 해석을 해야 한다는 말이다. 지능이 120인데 과학고에서는 열등감을 느낄 수 있고, 지능이 80인데 실업계 학교에서는 자기애적인 성격을 갖게 되기도 한다. 사람의 심리적 상태는 상대적이다. 그래서 임상가의 경험이 필요하다. 해석이 어려운 것은 개별적이고 상대적인 해석을 하지 못하기 때문이다.

WSum6은 사고장해 지표이다. 점수가 높을수록 사고장해 가능성이 높다. 반응 수가 12개로 적지만 WSum6이 24점이라면 현실검증력이 손상되어 있을 가능성이 높다. 그리고 반응 수가 12개밖에 안 되는데 MOR이 5개나 된다고 하면 부정적인 사고를 가지고 있을 가능성이 높다. 전체반응 수에 상관없이 이미 절대적으로 높은 점수들이다.

또한 반응 수는 5개밖에 되지 않지만 모든 반응이 '축제 같다. 사자가 왕이고 옆으로는 동물들이 늘어서 있다. 뒤에서는 폭죽이 터지고 있고, 숲에는 잡혀 온 다른 동물들이 화형을 당하고 있다.'와 같이 길다면 이 수검자를 총 반응이 5개이니 사고가 단순한 사람으로 봐야 하는가? 구조적 요약으로 보면 단순한 반응이지만 주제적 해석을 하면 절대 단순하지 않다. 결코 반응 수가 적다고 해서 만만하게 보면 안 된다.

반응 수가 적을수록 주제와 행동에 집중해서 봐야 한다. 반응 수가 적어서 구조적 해석이 충분하지 않더라도 주제적 해석과 행동적 해석이 이를 보완해 줄 수 있다. 반응을 10개 했는데 모든 카드를 툭툭 던진다면 이 자체로 반항적이고 공격적인 성향을 파악할 수 있다. 각 카드에서 보통 5~10초 이내에 반응하는데 어떤 카드에서는 20초, 60초를 지나 반응한다면 모든 카드에서 언어적 반응을 하나도 안 했다고 해도 해석할 수 있다. 수검자가 말을 안 해도 해석할 수 있는 것이 로르샤하이다. 다음 장에 나오는 각 카드의 의미를 알면 또 다른 방식의 해석을 할 수 있다. 수검자가 어떤 카드를 유독 오래 본다면 그 카드에서 다른 카드와는 다른 무언가를 느꼈을 가능성이 높다.

다른 검사를 고려한 해석도 가능해야 한다. 지능이 보통 이상이고 성인이면 로르샤하에서 적어도 20개 이상은 반응한다. 대학교 1학년을 마치고 군대를 다녀와서 대학원 다니는 선배에게 연습 삼아 종합심리검사를 받았다. 그때 저자의 로르샤하 반응 수가 43개로 매우 많은 편이었다. 그런데 그때 선배가 실수로 많이 하는 게 좋은 거라고 먼저 말을 해 줬다. 저자는 그리 사고가 유연하지 못한 사람이라 그 당시의 저자 수준을 생각할 때는 그렇게 많이 반응할 정도는 아니었다. 많은 게 좋다고 하니까 열심히 반응을 한 것이다. 지능 수준이 높으면 아는 것이 더 많으니까 통상적으로 반응도 많다. 그런데 수검자가 지능은 120 정도 되면서 로르샤하에서 10개 정도밖에 반응을 하지 못한다면 그것은 무슨 뜻일까? 지능검사와 비교되는 로르샤하의 특징을 봐야 한다. 로르샤하는 애매한 자극이고 지능은 명확한 자극이다. 수검자가 똑똑하지만 유연성이 부족한 사람일 수 있다. 이런 수검자는 지능검사를 할 때 유난히 좋아하고 로르샤하를 할 때는 너무 힘들어한다. 결정성 지능이 높고 명확한 것을 좋아하는 반면 유동성 지능은 부족해서 로르샤하와 같은 애매한 자극이 주어질 때는 힘든 사람이다. 선배에게 검사를 받을 당시 저자는 반응을 많이 해야 한다는 것을 알았고 이것이 명확한 자극이 된 것이다.

제 5 장

로르샤하에서의 투사와 각 카드의 의미

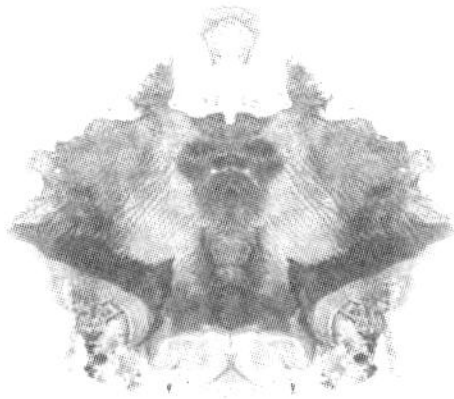

1. 로르샤하에서의 투사

1) 투사와 카드의 속성

간단하게 말하면, 잉크 반점에 대한 개인적인 반응을 '투사'라고 하고, 많은 사람이 본 것으로 반응하면(보편적인 반응을 하면) '카드 속성'을 봤다고 한다. 그런데 투사와 카드 속성을 구분하는 것은 그렇게 간단하지 않다. 나만 봤느냐, 남들이 본 것을 봤느냐를 고려해야 하는데 이것이 애매하고 복잡한 면이 있다. 투사가 되었다고 해서 카드 속성의 영향을 받지 않는 것이 아니고, 카드 속성의 영향을 받았다고 해서 투사가 안 되는 것도 아니기 때문이다.

투사는 내 감정을 남이 가지고 있다고 '내가' 생각하는 것이다. 다르게 말하면, 내 감정을 남에게 비추는(project) 것이다. III번 카드를 보고 전쟁이 일어난 것 같다고 말하는 수검자는 '이 카드가 전쟁의 속성을 가지고 있다.'라고 생각하겠지만 전문가

들은 수검자의 '내면에' 전쟁이 있다고 본다. III번 카드는 통상 전쟁이라는 주제를 유발하는 자극이 아니기 때문이다. 로르샤하에서는 수검자의 마음이 많이 반영된 반응을 찾는 것이 중요한데, '마음(심리상태)이 많이 반영된 반응'은 '투사가 많이 된 반응'과 동의어라고 보면 된다.

마음이 많이 반영된 반응=투사가 많이 된 반응

2) 투사된 반응을 찾는 방법

투사가 된 반응을 찾는 방법은 3가지가 있다. 첫 번째로, '운동반응(M, FM, m)'이 있으면 투사이다. 운동반응은 성적으로 따지면 A+만큼의 의미를 가질 정도로 투사가 많이 된 반응이다. 움직임은 2차원 그림에 없는 것인데 표현이 된 것이기 때문에 수검자의 내면에서 나온 것이다. 그냥 '나비'와 '날고 있는 나비'를 모두 검은색이라고 할 때, '날고 있는 나비'의 검은색(우울)에 대한 의미가 더 크다고 할 수 있다.

두 번째로, '지각적 왜곡(-)'이 있을 때도 투사를 했다고 본다. '투사를 했다.'는 표현보다는 '투사가 많이 되었다.'가 적당하다. 본심이 더 많이 반영된 것이다. 지각적인 왜곡이 왜 투사일까? 우리는 언제 판단력이 흐려지는지를 생각해 보자. 사회불안이 높은 남학생이 소개팅에 나가서 여학생과 마주 앉으면 갑자기 스마트폰을 떨어트리고 말이 꼬인다. 판단이 흐려지는 것이다. 여자를 어떻게 대할지 자신감이 없으니까 판단력이 떨어지는 것이다. 아랫사람 앞에서는 너무 편해 보이지만 윗사람 앞에서는 반대로 너무 긴장하는 사람이 있다. 또 친구들에게는 말을 잘하는데 후배들에게는 떨면서 말하는 사람이 있다. 사람마다 자신이 취약한 영역에서 판단력이 떨어지게 되어 있고, 로르샤하에서는 그것이 (-)로 나타난다. 유독 인간반응(H)에서만 (-)가 나오는 사람은 대인관계 상황에서 대처 능력이 떨어진다. 색채가 있을 때만 (-)가 나오는 사람은 감정적인 대처가 필요할 때 기능이 떨어진다.

마지막으로, '윤색된 반응'을 찾으면 투사를 확인할 수 있다. 윤색은 embellishment를 해석한 것인데, 좀 더 편한 말로 바꾸면 '화려한 수식' 정도로 해석할 수 있겠다. 꾸밈이 많으면 투사가 되었다고 보는 것이다. 그런데 이 꾸밈은 예쁘고 아름다운 것에만 적용되는 게 아니고, 뒤에 나오는 대상의 상태를 설명하는 언어표현이 조금이라도 추가되면 모두 해당된다. '고양이'와 '차에 치인 고양이(차에 치인+고양이)'는 완전히 다른 고양이가 된다. 이것 하나만 봐도 윤색이 되면(꾸밈이 많아지면) 심리적으로 더 많이 관여가 되었다는 것을 알 수 있다.

운동반응, (−)반응, 윤색된 반응의 3가지에 해당된다면 개인의 특성이 더 많이 반영되었을 가능성이 더 높다.

2. 10개 카드의 의미

이제 10개 카드의 의미를 살펴보자. '카드 속성'은 'card pull'에 대한 해석인데, 여기서 pull은 '당기다.'라는 의미를 가지는 말로, 카드가 그 사람의 의지와 상관없이 마음을 끌어당긴다는 의미로 보면 된다. 모두는 아니지만 많은 사람이 각 카드에서 비슷한 이미지를 떠올린다.

사람들은 보통 사회적 바람직성에 비추어 자기검열을 하고 나서 언어적 표현을 한다. 성적인 반응은 누구나 떠올릴 수 있지만 누구도 함부로 말하기 어려운 주제이다. 따라서 생각은 했지만 반응하지 않는 경우가 더 많다. 반대로 의식은 하지 못했지만 무의식적으로 언어반응에 간접적으로 영향을 줄 수도 있다. 남성 수검자가 그림을 보고 '여성의 질'을 떠올렸지만 이를 언어화하지 못한 채로 여성 검사자와 눈을 마주치지 못하는 행동을 보임으로써 성적 주제에 대한 불편감을 표현할 수 있다. 이러한 해석을 하려면 수검자가 성적 주제와 관련된 불편감이 있는지(수검자의 특성), 해당 카드의 속성이 성적 반응을 유발하기 쉬운지(카드의 특성) 등을 검사자가 알고 있어야 한다.

검사자가 각 카드의 외현적 특성을 많이 알아야 내현적 속성을 잘 파악할 수 있다. 카드의 시지각적 특성이 통상적으로 사람들에게 어떠한 이미지를 연상시키고, 이로 인해서 사람들이 주로 어떠한 생각과 감정을 가지게 되는지 미리 알고 있어야 한다는 말이다. 형태질 기준표에 나오는 성적 반응들 중에서 형태질 o가 7개, u가 25개이다. 이렇게 정상적인 성적 반응들이 30개가 넘게 있다는 것은 실제로 사람들이 성적인 반응을 하지 않더라도 성적인 주제를 연상하는 것이 그리 어렵지 않다는 것을 말해 준다. 그리고 주제를 연상하게 하는 것 자체가 사람의 행동에 영향을 줄 수 있다.

어떤 카드가 사람들에게 주로 어떠한 영향을 주는지를 알아야 이탈된 반응이 무엇인지를 알아서 해석할 수 있다. 특정 카드를 효율적으로(또는 적응적으로) 다룬다는 것은 차분하게 논리적으로 이탈된 반응이 많이 없게 반응하는 것이다. 반면, 어떤 카드에서는 차분하고 논리적이지 못하며 이탈된 반응을 한다면 그 카드와 관련된 영역에서 스트레스를 받고 있을 가능성이 높다.

카드를 효율적으로 다룬다. →차분하고, 논리적이며, 이탈이 적다.

처음으로 로르샤하 카드를 봤을 때를 한번 생각해 보자. 얼마나 괴상했던가. 심리검사를 받는 상황은 사실 독특하고 압박이 심한 상황이다. 정신 이상이 있을지도 모른다는 걸 확인하기 위해서 온 것만 해도 충분히 긴장할 만한데 독방에서 이것저

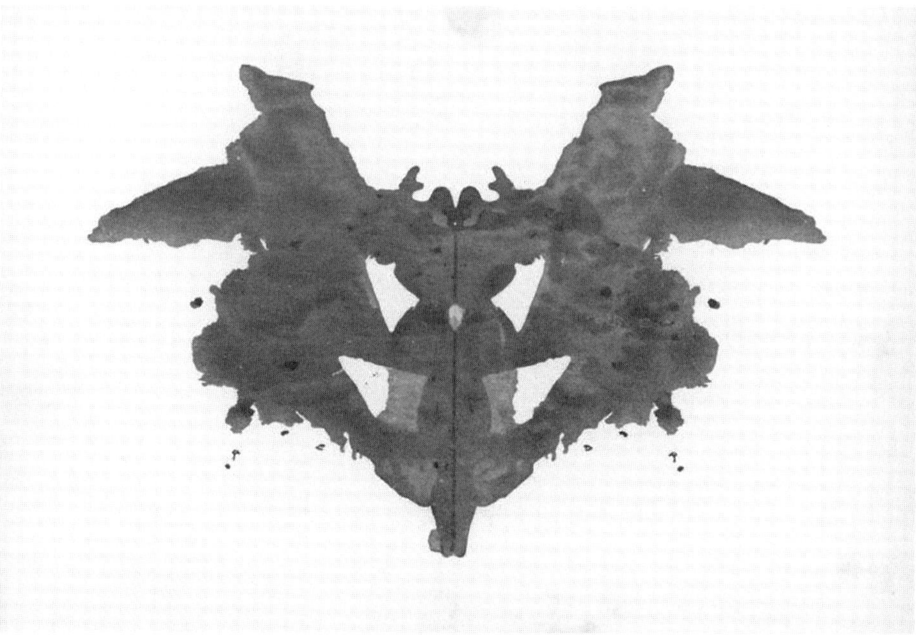

[그림 5-1] I번 카드

것 시키다가 이상한 그림까지 보여 준다. 대학 때 검사에 대한 사전 지식이 있는 친한 선배가 검사를 해 줘도 떨리는데 자신의 정신적 문제가 예상되는 상황에서 주어지는 로르샤하의 첫 번째 카드는 보통의 사람들에게 상당한 스트레스를 줄 수 있다. 그래서 I번 카드는 새로운 스트레스의 시작을 의미한다. 카드 1개에서 이상한 그림이 나왔는데 아직 많은 카드가 쌓여 있기 때문에 새로운 스트레스가 시작되고, 해결해야 할 문제들이 남아 있을 때의 대응 방식이 나타나게 된다. 이럴 때 '박쥐' '나비' 등의 일반적인 반응을 하면 스트레스의 시작 시점에서 양호한 대처를 할 수 있다고 보지만, '불타오르는 것 같아요.'라는 반응을 한다면 스트레스 초기에 고통감이 크고 화를 내기 쉬운 사람일 수 있다. 그러나 일반적으로 익숙한 형태와 연결하기 쉽기 때문에 '나비' '박쥐' '사람' 등의 o반응이 많이 나타난다. 그리고 로르샤하 전체적으로 I번 카드는 오리엔테이션의 기능도 한다(지능검사에서도 각 소검사의 첫 문항을 쉽게 해서 같은 기능을 하게 한다). 애매한 그림을 보고 어떤 형태가 있는 대상을 말하면 된다는 것을 I번 카드를 통해 학습하는 것이다.

I번 카드는 형태를 보기 어렵지 않으나 II번 카드에서는 뭐가 터지는 것 같은 형상

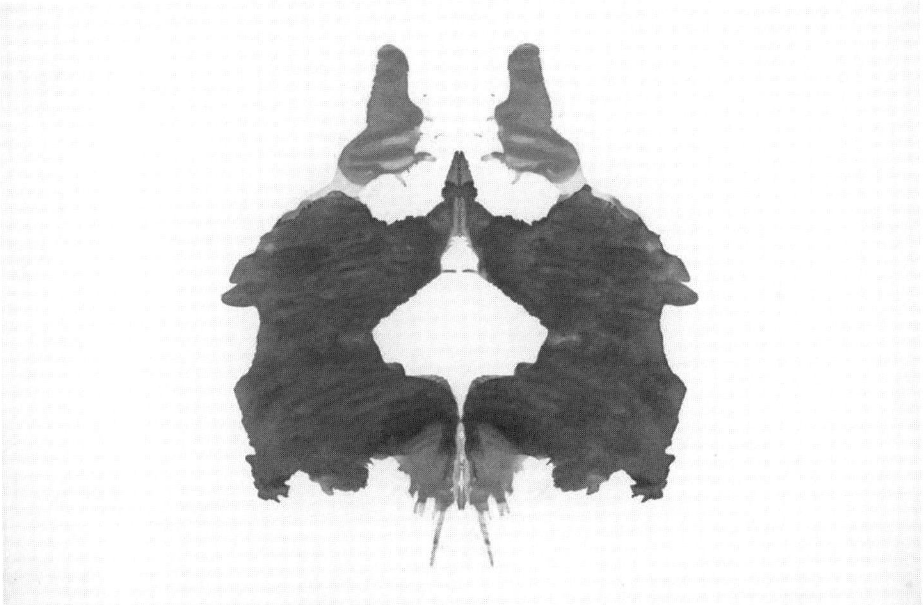

[그림 5-2] II번 카드

에 빨간색까지 있어서 피 같은 느낌까지 준다. 통상 빨간색은 피를 연상시키는 위협적인 색인데, 모양도 안정적이지 못해서 더욱 폭발적인 주제를 자극하기 때문에 분노, 상처, 손상 등의 주제가 연상된다. 분노감과 같은 강한 부정적 감정을 자극하기 때문에 화가 많이 난 사람은 그에 상응하는 강한 반응을 보이기 쉽다. 그런데 아예 반응하는 데 실패하는 사람들도 사실 분노감이 높은 사람일 수 있다. 분노감이 너무 높지만 억압적인 성향이 강해서 아예 극도로 수동적인 대응을 하면서 자신의 감정에 직면하지 못하는 것이다. 다시 말하면, 감히 직면하지 못할 정도로 분노감이 크다고 볼 수 있는데, 이 경우는 대부분 대처 능력이 부족하다. 한편, II번 카드의 그림은 엉덩이, 생리(혈), 브래지어, 여성의 질 등 성적인 주제를 연상하기 쉬운 그림이기도 하다.

III번 카드도 빨간색이 있긴 하지만 I, II, III번 중에서 가장 형태가 명확한 카드이고, 양쪽의 사람 형태가 잘 보여서 대인관계에 대한 태도가 반영된다. 많은 사람이 인간반응을 하지만 대인관계가 불편한 사람들은 그렇지 못하다. 아예 인간반응을 하지 못하기도 하고, 인간반응을 해도 이상하게 한다. D9를 사람이라고 하고는 D5를

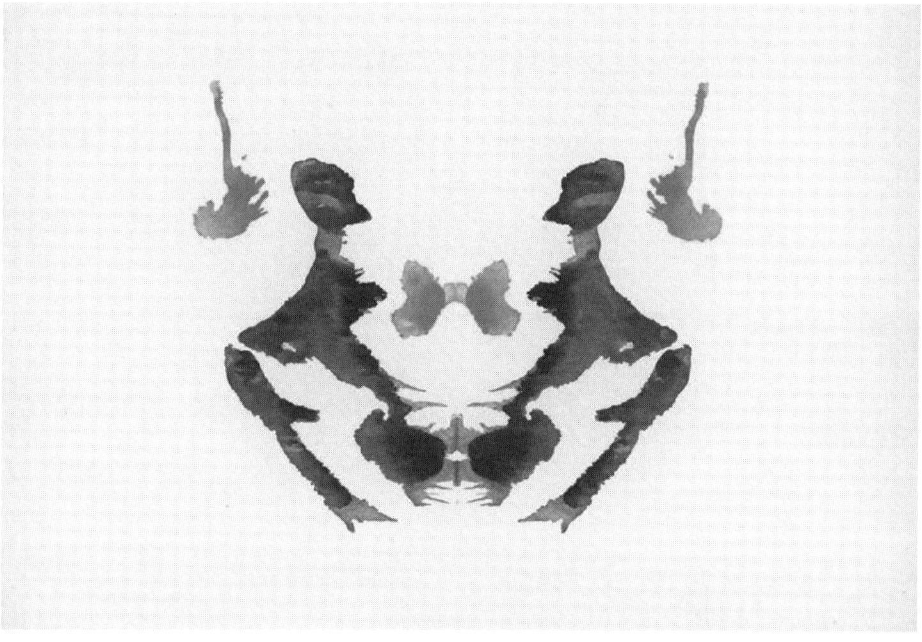

[그림 5-3] III번 카드

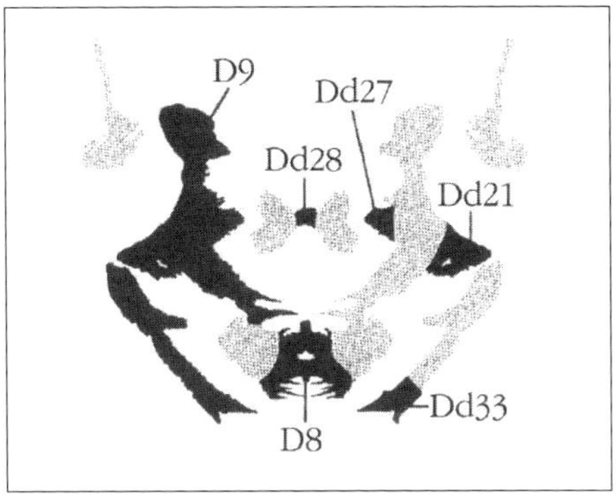

Ⅲ번 카드 D9

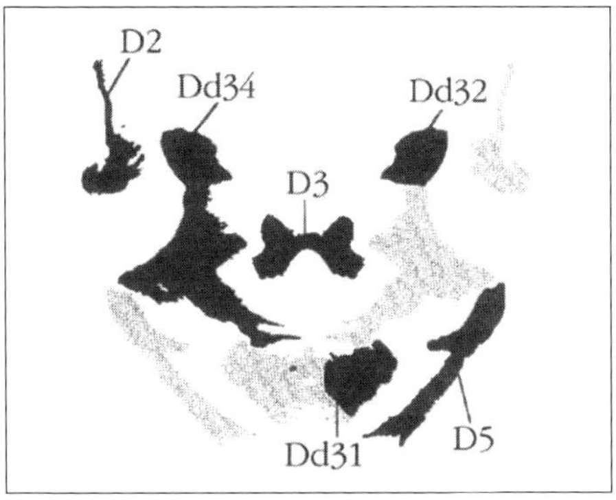

Ⅲ번 카드 D5

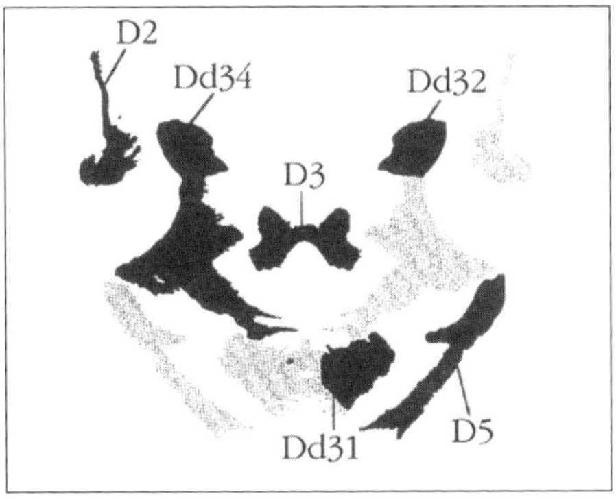

Ⅲ번 카드 D2, D3

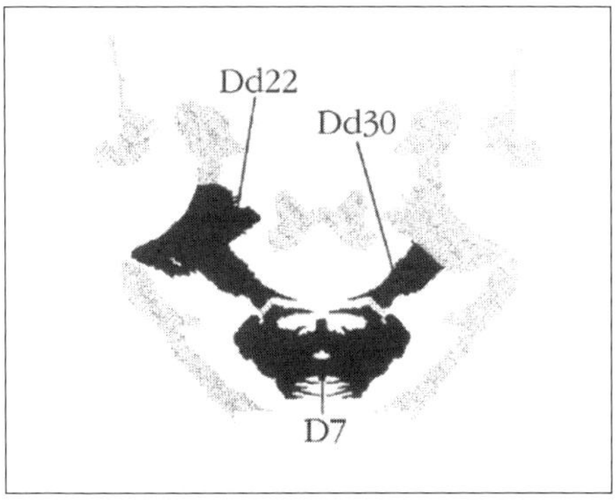

Ⅲ번 카드 D7

팔이라고 하는 등 영역 지정을 이상하게 하기도 한다. 그리고 III번 카드는 II번 카드와는 다른 의미에서 성적인 주제를 자극하기도 한다. D2를 태아, D7을 자궁으로 봄으로써 임신과 관련된 주제들이 나타난다. 낙태 경험이 있는 사람들은 태아를 보기도 한다. 신체화 경향이 있는 경우에는 폐, 심장 등의 해부(An) 반응도 나타난다. '두 사람이 사랑하고 있어요. 여기(D3)가 하트잖아요.'라는 반응이 나오면 로맨틱한 연애를 하고 있는 행복한(?) 수검자를 떠올릴 수 있지만, 대부분 진지하게 심리검사를 하는 상황은 스트레스가 심해서 병원이나 상담센터에 방문한 경우이기 때문에 수검자가 오히려 연극성 성격장애를 갖고 있기가 쉽다.

III번 카드에서 조금 편안함을 느낄 수 있었는데, IV번 카드는 검은색이 더 짙어지고 수검자 자신을 누군가가 위에서 밑으로 내려다보는 것 같은 형상으로 불편감을 준다. 심리극에 '높은 의자 기법'이라는 것이 있다. 아버지를 무서워하는 주인공이 있을 때 아버지 역할을 보조역할에게 맡기고 서로 마주 보고 대화를 하도록 하는데 감정이 잘 살아나지 않는다. 이때 아버지 역할을 맡은 사람을 의자 위에 올라서게 하고, 주인공은 그대로 바닥에 서거나 앉은 채로 아버지(역할)를 보게 하면 감정이 금방 올라온다. 이렇게 IV번 카드는 위에서 내려다보는 느낌을 주는 카드이기 때문에 권위적인 대상과 마주했을 때 수검자의 태도를 나타내 준다. 전문가들은 이 카드를 보고 'father card'라는 말을 사용하지만 이는 '아버지 카드'라기보다는 아버지로 대표되는 권위적 대상에 대한 태도가 나타나기 쉬운 카드라는 의미이다. '아버지 카드'라는 말을 쓰다 보면 아버지가 없는 환경에서 권위적인 할아버지 때문에 힘들어 하고 있는데, 과거에 아버지와 같이 살았을 때의 불만이 지속되고 있다는 식의 해석 오류가 나타날 수 있다. 이 경우는 권위적 대상에 대한 고통은 확인할 수 있지만 아버지에 대한 고통은 확인하기 힘들다. '아버지'는 아버지(father)가 아닌 '권위'를 뜻한다.

약간 특이한 해석을 해야 하는 경우가 있다. 통상 친밀감과 관련된 재질반응('거

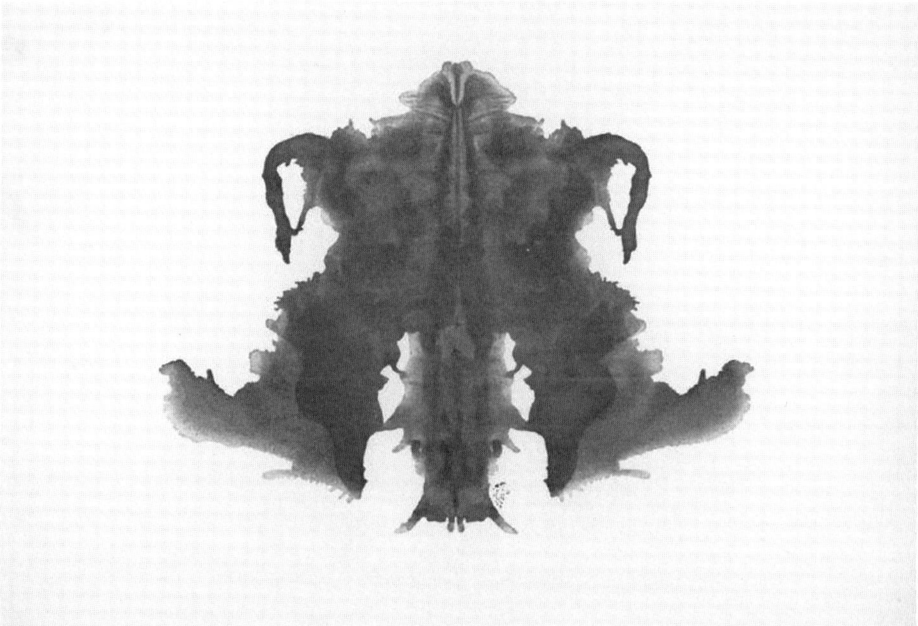

[그림 5-4] IV번 카드

칠다.' '부드럽다.' '가죽 같다.' 등)은 VI번 카드에서 나오는데, VI번 카드에서는 재질반응을 하지 못하면서 IV번 카드에서 하는 경우가 있다. 이럴 때는 반응성 애착장애를 갖고 있어서 부적절한 대상에게 친밀감을 요구할 가능성이 있다.

IV번 카드는 불편감을 주는 카드인데, V번 카드는 색과 형태가 단순하고 나비나 새와 같은 부담 없는 형상을 보기 쉽기 때문에 휴식 카드로서 기능한다. 지금까지 제시된 5개 카드 중에서 형태를 보고 반응하기가 가장 쉬운 카드이기에 휴식을 줄 수 있는 것이다. 그래서 IV번 카드에서는 힘들어했지만 V번 카드에서는 일반적인 반응을 보인다면 힘들어하다가도 휴식 시간이 주어지면 쉴 수 있는 사람이다. 그런데 어떤 사람들은 쉬라고 해도 쉬지 못한다. 이런 사람들은 V번 카드에서 반응의 질이 안 좋다.

또 흥미롭게도 권위적인 대상에게 불편감이 크지만 표현을 잘 못하는 사람들 중에 IV번 카드에서 무난한 반응을 하고 나서 V번 카드에서 힘든 반응을 보이는 사람이 있다. 불편감이나 거부감이 너무 커서 그 앞에서는 대응하지 못하고 수동적인 입장에 있다가 대상이 물러나면 불편감을 표현하는 사람이다. 다른 시각에서 보면 불

[그림 5-5] V번 카드

편한 대상이 물러나서 쉴 수 있는 상황에서도 쉬지 못하고 힘들어하기 때문에 스트레스가 해소되지 않아 고통감이 계속 쌓이게 된다.

V번 카드는 10개 중에서 검은색이 가장 진한 카드이다. 우울한 사람들은 검은색에 취약한데, 검은색이 진할수록 우울감을 더 자극해서 고통스러워진다. 그래서 우울감이 심한 사람은 IV번 카드까지 무난하게 반응했으면서도 V번 카드에서 갑자기 반응을 하지 못하기도 한다.

VI번 카드는 색의 차이로 인해서 재질(종이의 질감)이 느껴진다. 재질은 촉감과 관련이 있고 촉감은 애착 또는 친밀감을 형성하는 데 중요한 도구이다. 따라서 VI번 카드는 친밀감에 대한 태도를 나타내는 카드이다. 재질반응('가죽처럼 거칠다.')과 함께 '가죽' 반응을 보이는 것이 가장 일반적인 반응이고, 이 경우 친밀감을 형성하는 데 별다른 문제가 없다고 볼 수 있다. 그런데 카드를 180도 돌려서 '곰 두 마리가 나무에 묶여 있고 밑에서는 불을 지피고 있다.'라고 하면 주변 환경을 친밀하게 느끼지 못할 뿐 아니라 가까운 관계에 있는 사람들을 오히려 적대시하고 있음을 예상할

[그림 5-6] VI번 카드

수 있다. 한편, VI번 카드는 남자 성기(D6, D5), 여자 성기(Dd33), 엉덩이(Dd33) 등이 연상되는 형태가 있어서 성적인 자극을 줄 수 있고, 음영이 있어서 불쾌하고 무기력한 느낌을 주기도 한다.

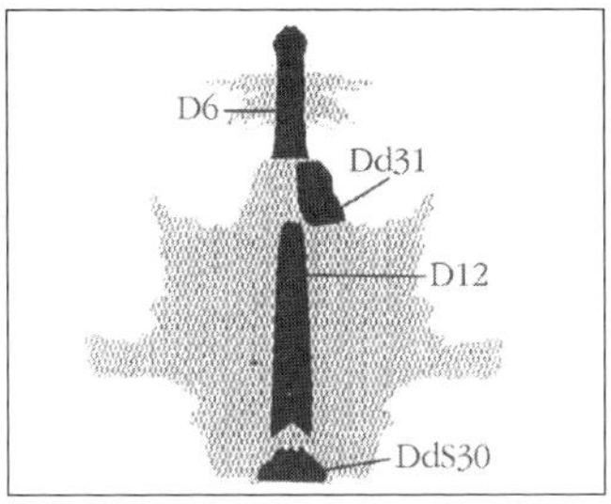

VI번 카드 D6

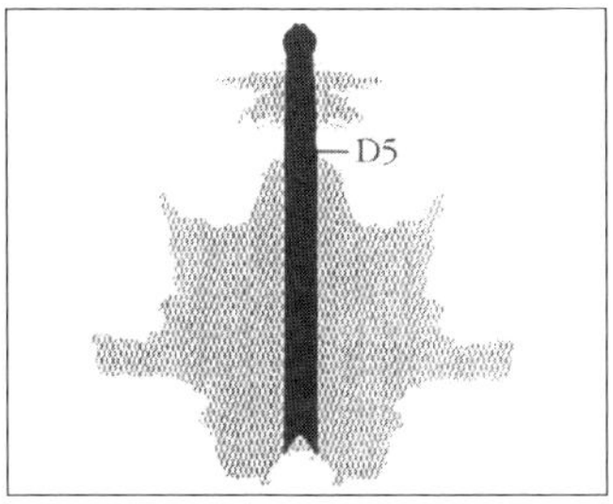

VI번 카드 D5

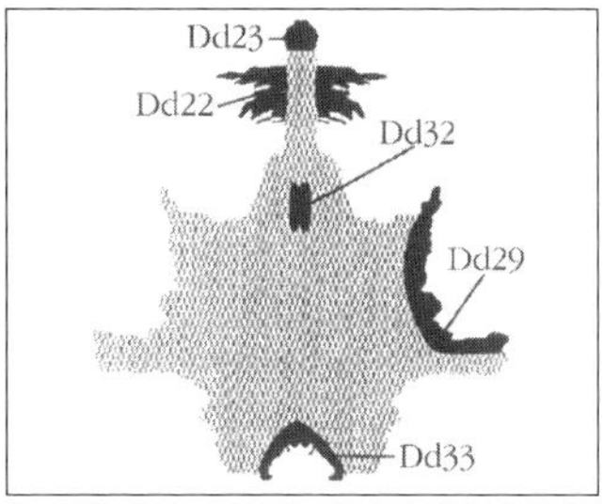

VI번 카드 Dd33

VII번 카드는 색과 형태가 부드러워 '구름' '모성' '아기' 등을 연상하기 쉽다. 그래서 'mother card'라고 부르기도 한다. 'father card'와 마찬가지로, '어머니 카드'라기보다는 어머니가 상징하는 편안하고 포근하고 수용적인 느낌을 받는 상황에서의

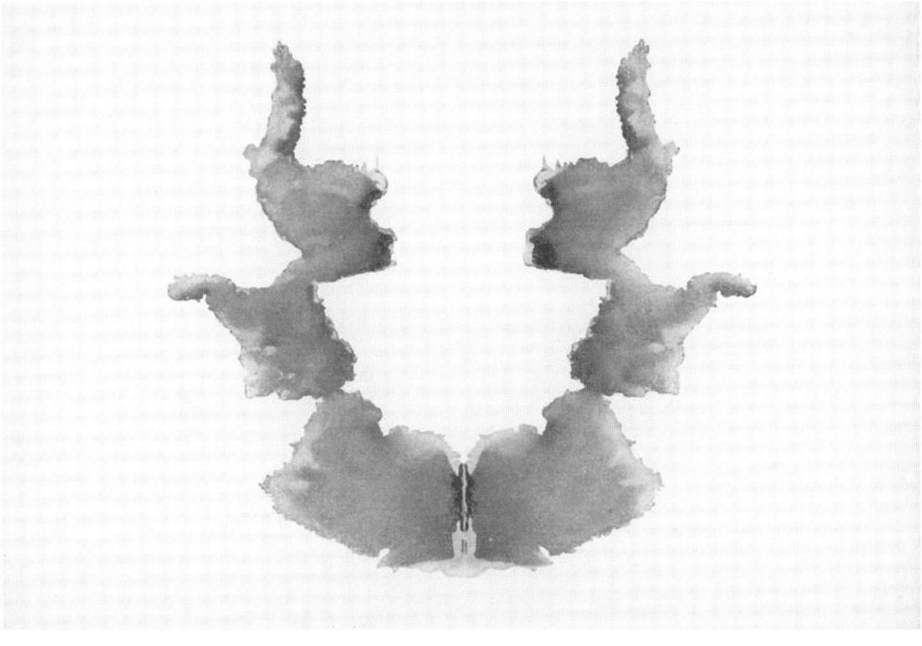

[그림 5-7] VII번 카드

대응 행동을 알 수 있는 카드이다. 여성이나 아이로 지각하는 경우가 많은데, 이들의 부드러움은 편안함을 주지만 약함을 상징하기도 한다. 관계를 맺고 싶지만 상대가 거절할까 두려워서 적극적인 행동을 하지 못하고 주지화 방어기제로 대응하고 있는 사람은 VII번 카드에서 편안하지 못한 반응들('절벽' '호수' '돼지 머리' 등)이 나오기 쉽다. 주변 환경을 편안하게 느끼지 못할 때도 반응하기 힘들지만, 약함에 대한 거부감이 심할 때도 반응하기 힘들 수 있다. 한편, VII번 카드는 D6을 항문이나 여성의 성기, D5를 남성의 성기로 볼 수 있어서 성적인 느낌도 준다.

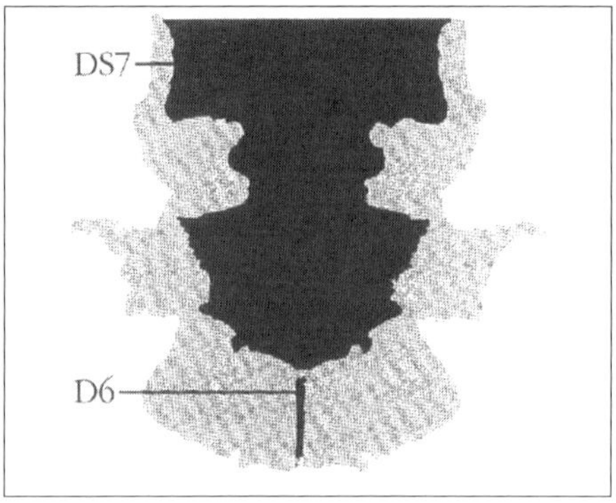

VII번 카드 D6

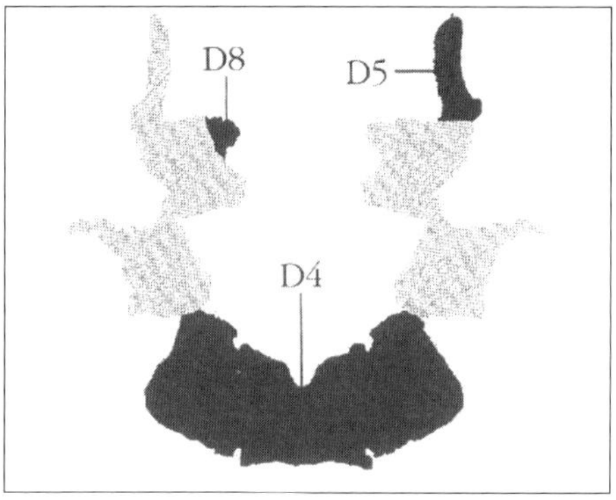

VII번 카드 D5

간혹 빨간색이 있긴 하지만 VII번 카드까지는 대부분의 카드가 흑백 위주인데 VIII번 카드에서는 전체 그림이 유채색으로 되어 있다. 특히 VIII번 카드에서는 '색채가 확 튀어나와서 수검자에게 정서적 충격을 준다.'라는 뜻으로 'color shock'라는 표현을 사용한다. 감정적인 자원이 심각하게 부족한 사람들은 VII번 카드까지 잘 반응하다가 VIII번 카드에서 충격을 받은 듯이 아무 반응을 못한다. 이런 사람들은 주로 이성적이고 억압적이며 스트레스를 누르고 참는 데 익숙하다. 그렇다고 감정을 아예 느끼지 못하는 것은 아니다. 감당하기 힘들어서 억지로 억제하고 있는 것인데, 유채색이 강하게 자극을 하니 어찌할 바를 몰라 혼란에 빠지는 것이다. 자격증 시험이 코앞이라 도서관에서 공부하고 있는데 저녁 먹으러 잠깐 밖에 나갔더니 축제 기간이라 유명 연예인이 학교에 방문해 구름관중이 따라가는 광경을 보는 상황을 생각해 보자. 중요한 공부를 해야 하는 사람은 그냥 조용히 도서관으로 들어온다. 감

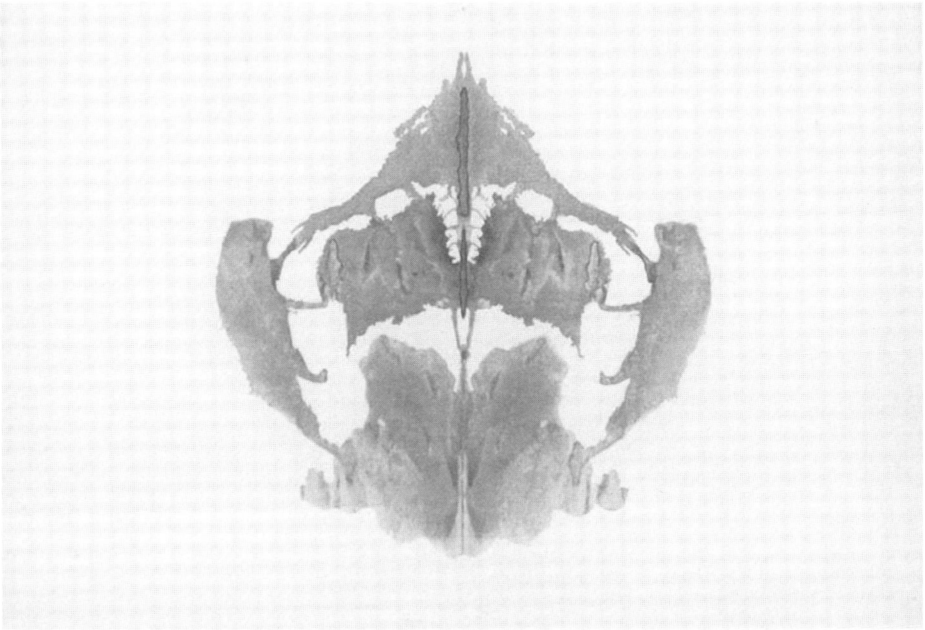

[그림 5-8] VIII번 카드

정을 표현해 버리면 공부를 할 수 없기 때문이다. 다만 이러한 행동이 시험 기간이 아닌 일상에서도 반복된다면 감정적 대처 능력이 부족한 사람이다. VIII번 카드가 다행인 것은 색채충격을 주기도 하지만, 양옆에 '사자' '호랑이' 등 로르샤하 전체에서 가장 보기 쉬운 네발 달린 포유동물의 형태가 있다는 것이다. 그나마 이성적이면서 정서적 스트레스가 크지 않은 사람들은 색채반응은 못해도 동물 형태반응을 할 수 있다. 형태를 아주 쉽게 볼 수 있기 때문에 V번 카드에 이어서 두 번째로 휴식을 주는 카드이다.

IX번 카드는 TAT에서 19번 카드와 비슷한 역할을 한다. 둘 다 각 검사에서 가장 애매한 카드이다. 유연성이 부족해서 스트레스에 취약한 사람들은 이 2개 카드에서 반응을 하지 못하는 경우가 많다. 그만큼 무언가 의미 있는 형태를 말하기에 가장 애매한 카드이다. 그래서 창의성과 유연성이 필요하고, 이는 대처 능력과 연결된다. 이 카드는 애매한 스트레스 상황에서의 대처 경향을 볼 수 있는데, 대처 능력이 부족하지만 자존심이 센 사람들은 반응은 하지 못하면서 화를 내기도 한다. 평범반응은 D3을 사람으로 보는 것이다. 잘 보면 디즈니 만화에 나오는 긴 모자를 쓴 마법사 같은 형상

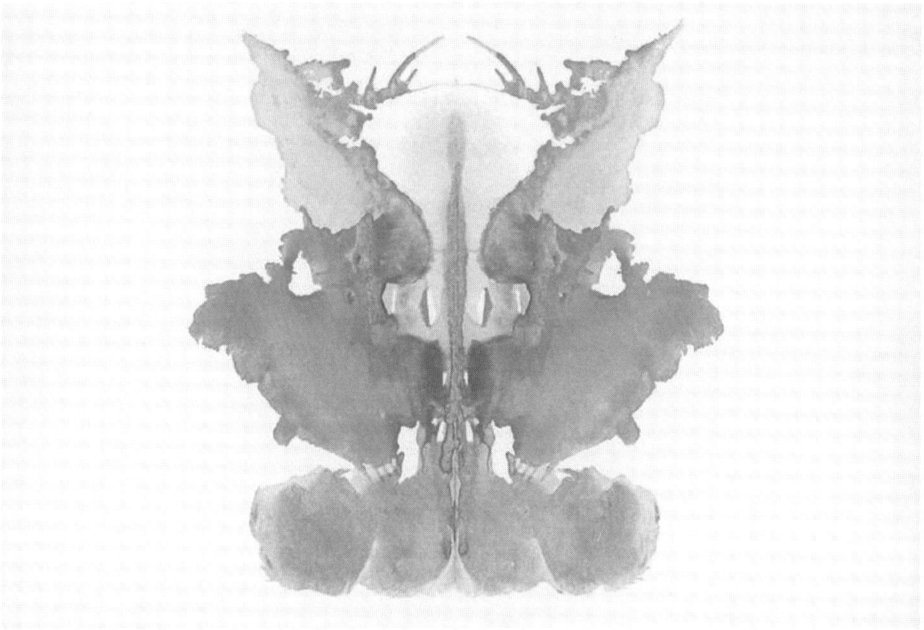

[그림 5-9] Ⅸ번 카드

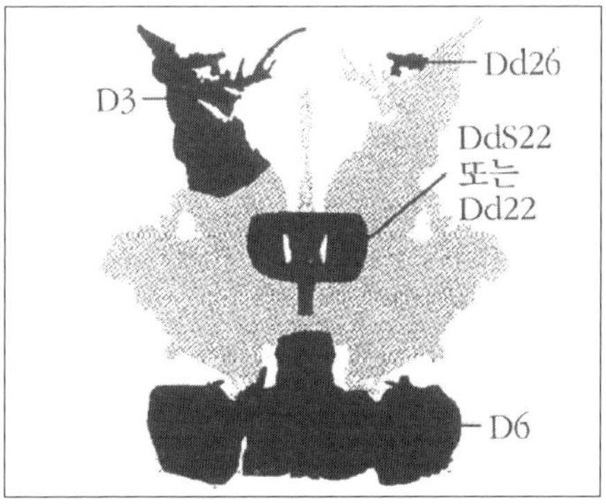

Ⅸ번 카드 D3

이다. 동양문화에 맞지 않는 듯 보이지만, 우리나라 사람들은 디즈니 만화를 많이 보기 때문에 우리에게는 그다지 어색하지 않은 반응이기도 하다.

X번 카드는 색채가 가장 다양하고 형태도 가장 넓게 흩어져 있다. 그래서 다양한 자극(또는 문제)이 한꺼번에 주어질 때 처리하는 방식을 볼 수 있다. 다양성을 선호하고 사고가 유연한 사람들은 편하게 반응할 수 있고, 인지적 개념으로 보면 동시적 · 전체적 처리가 어려운 사람들은 간단히 반응하는 데 그치기 쉽다. 아동의 경우, K-WISC-IV의 다른 소검사들은 모두 평균인데 선택 소검사만 낮은 경우가 있다. 과제 난이도가 높아지는 것보다는 과제의 양이 많아질 때 더 힘들어하는 것이다. 이런 아동은 로르샤하 X번 카드에서도 반응하기가 어렵다.

또한 X번 카드는 '스트레스의 종결'이라는 의미를 가진다. X번 카드를 들어서 보

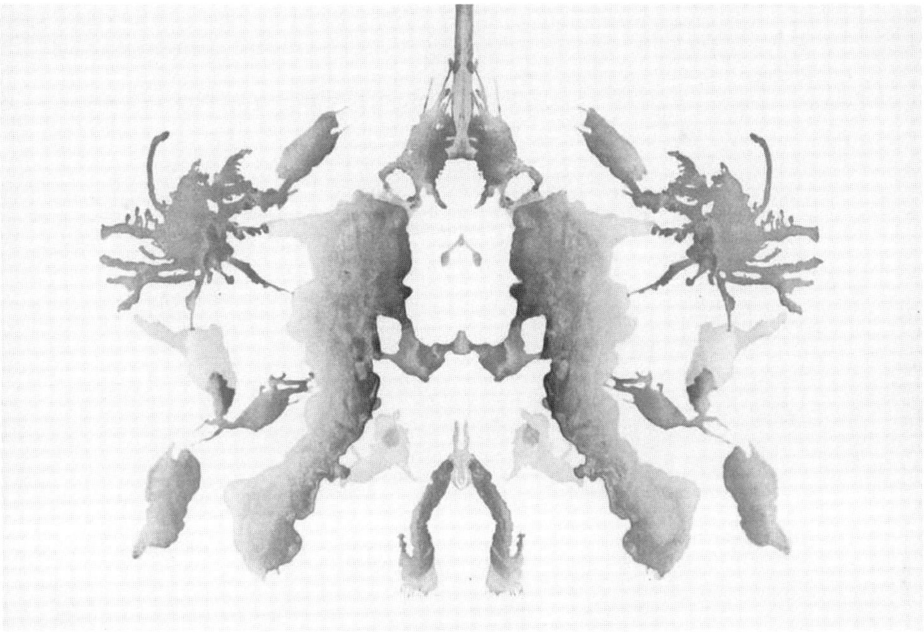

[그림 5-10] X번 카드

여 주면 더 이상 카드가 없다. 스트레스가 끝난 것이다. IX번 카드까지 힘들어하다가 X번 카드를 주면 유난히 좋아하면서 '축제' '꽃밭' 등과 같은 반응을 하는 사람들이 있다. 군대에서 일할 때는 다 죽을 것 같은 표정으로 느릿느릿 행동하다가 쉬는 시간만 되면 매점에 1등으로 가는 사람이다.

제 6 장

구조변인의 해석

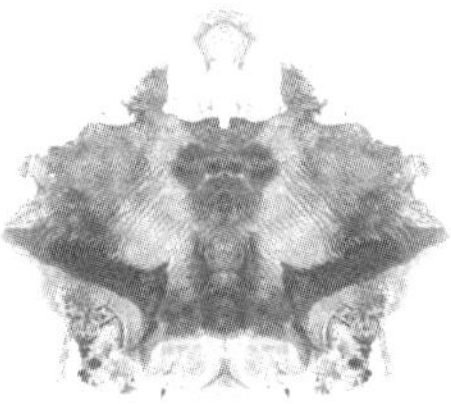

1. 구조변인의 해석 방법

1) 6개 구조변인에 대한 이해

종합체계 탐색전략에서 〈표 4-2〉의 각 군집에 포함되어 있는 각 지표들을 어떻게 해석하는지 알려 주는 것이 제6장의 내용이다. 구조변인들을 '경험에 대한 주의' '관념의 사용' '감정조절' '스트레스 관리' '자신에 대한 견해' '다른 사람과의 관계'의 6개 영역으로 나누어 제시하고 있다. 각 영역의 내용을 살펴보기 전에 로르샤하에서 말하는 '적응', 즉 '심리적으로 건강한 삶을 유지하고 있는 상태'란 무엇을 의미하는지 생각해 보는 것이 좋겠다. Weiner(2005)는 여러 가지 구조변인을 6가지 영역으로 분류했는데, 이러한 분류를 이해하기 위해서 심리학 개론의 순서를 한번 떠올려 보면 도움이 된다.

• 6개 구조변인
'경험에 대한 주의' '관념의 사용' '감정조절' '스트레스 관리' '자신에 대한 견해' '다른 사람과의 관계'

심리학 개론의 순서에서 첫 번째는 생리인데, 그 내용은 뉴런, 뇌, 신경계 등으로 구성되어 있다. 로르샤하에서는 그다음에 나오는 감각과 지각 영역부터 관련이 되기 시작한다. 감각은 시각, 청각 등 오감에 대한 것인데, 감각 정보는 가공되지 않은 정보이다. 지각은 간단하게 말하면 감각 정보를 일차 가공하여 변형시키는 과정을 말한다. 환한 불빛 아래에서 지갑이 빨간색으로 보이지만 실내등을 끈 다음에 지갑의 색은 이전과 달라졌음에도 불구하고 사람들은 여전히 빨간색으로 지각한다. 똑같은 색깔 정보가 눈으로 들어가진 않지만(감각), 우리는 똑같은 색으로 인식하는 것이다(지각). 또한 여러 사람이 줄지어 있을 때 감각 정보로는 자신의 바로 앞에 있는 사람이 더 멀리 있는 사람보다 커 보인다. 그러나 실제 크기가 더 크다고 생각하진 않는다. 감각 정보와 가공된 지각 정보를 구분해서 처리하기 때문이다.

왜 지각의 과정을 거칠까? 주변의 빛에 따라서 조금씩 달라진 색을 다 다르게 처리하려면 뇌의 에너지를 많이 사용해야 하는데, 사실 색을 처리하기 위해서 그렇게까지 노력을 할 필요도 없고 그것 말고도 뇌가 처리해야 할 더 중요한 다른 일들이 많기 때문이다. 이렇게 주변 환경정보들은 감각과 지각의 과정을 거쳐서 적당히 가공되어 뇌로 들어오게 되는데 이 과정을 '주의'라고 한다. 이에 상응하는 구조변인 영역이 '경험에 대한 주의'이다. 외부 정보의 인식에 대한 것으로서 정보를 많이(또는 적게) 받아들이는지, 효율적으로 받아들이는지, 단순하게 받아들이는지 등이 중요하다.

외부 정보를 인식한 다음에 나오는 과정은 판단이다. 강사는 강의를 할 때 수강생들의 행동을 보고 자신이 강의를 잘하고 있는지 판단한다. 눈을 적당히 마주치고 강사의 동선에 따라 눈동자가 움직이는 것을 본다면 수강생들이 자신에게 집중하고 있고 자신의 얘기를 잘 듣고 있다고 생각(판단)해서 힘을 내 강의를 할 텐데, 아무도 눈을 마주치지 않은 채로 책만 보고 있거나 앞을 보고 있지만 강사의 말에 표정 변화가 거의 없다면 사람들이 자신에게 관심이 없다고 생각(판단)하여 성의 없이 강의에 임할 수도 있다. 그런데 이때도 '내가 강의를 못하는 게 아니라 이 사람들은 지금

의무적으로 시간 때우려고 들어와 있는 거라 이렇게 관심이 없는 거야.'라고 생각할 수 있다면 스트레스가 덜할 것이다. 이와 같이 판단은 이후 행동과 감정에 영향을 미치는데, 판단은 구조변인 영역에서 '관념의 사용'에 해당한다.

다음은 정서이다. 판단을 하면 감정이 생긴다. 호의적이라고 판단하면 기분이 좋고, 적대적이라고 판단하면 기분이 나빠진다. 감정은 좋다 또는 싫다로 구분되는 선호에 대한 것이고, 이 중에서 부정적 감정은 스트레스와 더 관련이 된다. 그래서 구조변인 영역에 '감정조절'과 '스트레스 관리'가 추가된다.

외부 자극을 받아들여서 판단하고 감정이 생기고 대응하는 과정이 반복되면서 익숙한 패턴이 나오면 그것을 '성격'이라고 한다. 자기만의 행동 경향이 만들어지는 것이다. 따라서 성격에 해당하는 구조변인 영역은 '자신에 대한 견해'가 된다. 각자는 자신의 특성을 가지고 주변 사람을 대하게 되고, 서로 다른 성격의 사람들이 모여서 관계를 맺는 것을 '사회'라고 한다. 사회에 해당하는 구조변인 영역은 '다른 사람과의 관계'이다. 사회적 관계를 맺을 때는 자기를 객관적으로 볼 줄 알고, 타인의 상태도 객관적으로 판단할 수 있어야 한다. 따라서 자신과 타인에 대한 대응은 서로 맞물려서 이루어지는 경우가 많다.

이렇게 하면 Weiner의 6가지 군집과 심리학 개론의 각 내용을 [그림 6-1]과 같이 연결해 볼 수 있다.

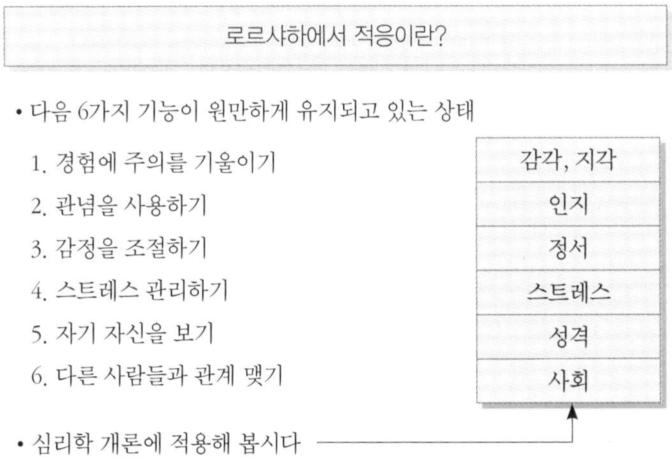

[그림 6-1] 구조변인과 심리학 개론의 비교

그리고 Weiner의 6개 구조변인 영역과 Exner의 7개 종합체계 군집을 비교 · 정리하면 〈표 6-1〉과 같이 정리할 수 있다.

〈표 6-1〉 로르샤하 적응모델과 종합체계 군집

로르샤하 적응모델	종합체계 군집
경험에 주의를 기울이는 방식	정보처리, 인지적 중재
관념을 사용하는 방식	관념
감정을 사용하는 방식	정서적 특징
스트레스를 관리하는 방식	통제와 스트레스에 대한 내성
자기 자신을 보는 방식	자기지각
다른 사람과 관계를 맺는 방식	대인관계지각

2) 각 지표들의 방향성

이제부터 제시되는 여러 가지 지표는 3가지의 방향성을 가진다. 하나는 단일 방향이다(PTI, DEPI). 점수가 낮은 건 의미가 없고 기준치를 넘으면 의미가 있다. 그다음은 양방향이다(COP). 낮거나 높을 때 해석한다. 마지막은 세 방향이 있는데(FD), 상중하를 모두 별도로 해석한다. 대부분 세 방향 중에서 높거나 낮으면 문제가 있고, 중간이 가장 적응적이다.

기호(code)와 점수(score)가 있는데, '기호'는 영어 알파벳으로 표기된 반응 영역, 결정인 등을 말한다(CF, M, A). 그런데 기호 자체가 해석적 의미를 갖지 않을 수도 있다. 기호들을 모아서 숫자로 나타낸 것(빈도, 백분율, 비율 등)이 '점수'이고, 주로 해석적 가정의 근거로 사용된다.

쉽게 말해서, 영어가 '기호'이고 숫자는 '점수'이다.

2. 경험에 대한 주의

자신이 경험한 것들에 주의를 잘 기울여야 문제해결에 필요한 만큼의 정보가 입력될 수 있다. '경험에 대한 주의'를 기울이는 데 있어서 성공적인 적응을 하기 위해서는 4가지 능력이 필요하다. 외부의 경험에 대해 충분히 개방적이어야 하고(경험에 대한 개방성), 많은 정보가 주어져도 효율적으로 조직화시킬 수 있어야 한다(효율적인 정보의 조직화). 그리고 현실적으로 판단할 수 있어야 하고(사건에 대한 현실적 지각), 관습적 판단도 할 수 있어야 한다(사건에 대한 관습적 지각).

로르샤하는 적당히 관습적인 판단을 하는 것이 적응적이라고 말함으로써 도덕성이 적응에 중요한 요소임을 말하고 있다.

1) 경험에 대한 개방성

주변 환경 자극에 대해 개방적인 태도를 가진 사람은 어떤 사건이 생겼을 때 다양한 근거를 바탕으로 판단하기 때문에 합리적인 의사결정을 할 수 있고, 다양한 결과를 예상할 수 있기 때문에 애매하거나 불확실한 것들을 잘 견딜 수 있다. 또한 다양한 흥미를 가져서 삶이 더 풍요롭고 즐거울 것이고, 사고 유연성이 높아서 융통성 있게 대처할 가능성이 높다.

L=F(순수 형태반응의 수)/R(전체반응 수)−F(순수 형태반응의 수)

경험에 대한 개방성은 L(Lambda)로 측정한다. L가 높으면 사고가 단순하고 낮으면 폭넓고 유연한 사고를 가진 것으로 해석하는데, 이러한 해석을 일대일로 외우기보다는 어떻게 이러한 해석을 하게 되는 것인지 여러 단계로 나누어서 이해할 필요가 있다. 그리고 이러한 해석과정에 대해 이해한 것은 이후 모든 지표를 해석할 때에도 똑같이 적용해야 한다. L는 F가 많으면 높아지고 F가 적으면 낮아진다(여기서의 F는 CF, FY 등과 같이 혼합반응이 아닌 순수한 F를 의미함). 더 단순하게 말하면, L가 높다는 것은 F가 많다는 것이다. F가 많다는 것은 시각적인 자극을 볼 때 단순하게 형태 지각을 하고 단순하게 판단한다는 것이다. 그렇기 때문에 세상을 보는 시각도 단순할 것이라 예상할 수 있다. 그리고 사고가 단순하면 피상적이고 경직된 판단을 하기도 쉽다.

L는 세 방향이다. 0.30~0.90 사이면 적응적이다. 0.90보다 높으면, 즉 대략 1.0을 넘으면 경직되고 단순화된 사고 경향을 가지고 있다고 볼 수 있고 점수가 높아질수록 그 경향도 더 심하다고 보면 된다. 대표적인 심리상태는 [그림 6-2]와 같이 '터널 비전'으로 세상을 보는 것이다.

이러한 사람들은 모호함을 견디지 못한다. 사고가 단순해서 판단력이 떨어지고 변수에 대한 대처가 안 되기 때문에 회피적이고 방어적일 수밖에 없다. 자신을 보호하려면 문제 상황을 피하기 위해서 적당히 방어적 행동을 할 수 있어야 하는데, 사고가 단순하니까 융통성을 발휘해서 다양한 시도를 하지 못하고 부적절한 행동을 하기 쉽다. 반대로 L가 너무 낮으면 개방성이 너무 높아서 주변 환경 자극에 지나치

[그림 6-2] 터널 비전의 예

게 민감한 상태이다. 주변에서 생기는 모든 일에 간섭하는 오지랖이 넓은 사람이 이에 속한다. 다양성과 애매함을 즐기는 사람으로 팔방미인이 될 수도 있지만 능력이 뒷받침되지 않으면 반대로 팔푼이가 될 가능성도 높다.

2) 효율적인 정보의 조직화

Zd=Zsum－Zest

먼저 '효율적'이라는 개념을 생각해 보자. 100을 투자해서 100을 뽑아내면 적당히 효율적이라 할 수 있다. 100을 투자해서 150을 뽑아내면 더 효율적이다. 그런데 100을 투자해서 50을 뽑아내면 비효율적이라고 한다. 효율적이려면 일단 적당한 양의 정보를 받아들여야 하고 그 정보를 적절히 처리할 능력도 있어야 한다. 효율적인 정보의 조직화는 Zd로 채점한다. Zd가 높다는 것은 Zsum이 Zest보다 높다는 것이고, 이는 높은 Z점수가 많다는 뜻이며 인지적인 수준에서 관계 맺기를 많이 했다는 것을 나타낸다. 보통 사람들보다 인지적인 관계 맺기를 더 많이 하는 사람은 똑같은 자원이 주어졌을 때 더 많은 생각과 고민과 노력을 한다.

Zd는 세 방향이다. +3.0～－3.0 사이면 보통 수준이다. 문제는 너무 높거나 낮으면 생긴다. +3.0보다 높으면 조직화, 즉 관계 맺기를 너무 많이 한다. 인지적 관계 맺기를 너무 많이 하면 무슨 일이 생길까? 회사의 평범한 사장은 전체 직원들을 생산, 영업, 총무의 3개 팀으로 나누고 각 팀장에게 지시를 한다. 적당히 조직화가 된 것이다. 그런데 조직화 경향이 너무 강한 사장은 어떨까? 'A가 영업을 하는데 사회성이 떨어지니까 B가 돕고, C는 민첩성이 떨어지니까 D가 도와줘라.'와 같은 식으로 너무 세세하게 개입하면 직원들의 스트레스가 상승하면서 업무 효율성은 오히려 떨어지게 된다. 이러한 현상을 로르샤하에서는 '과다통합(overincorporation)'이라고 한다. 제한된 자원 내에서 더 많은 것을 생각하는 것은 장점일 수 있지만 적당한 수준을 넘어서서 너무 많이 생각하고 간섭하면 문제가 생긴다. 이런 사람들은 강박적인 경우가 많다. 그리고 조직화를 많이 한다는 건 욕심이 많다는 뜻이기도 하다. 모든 것을 자기 마음대로 조정하려 한다는 점에서 기대치가 높고 완벽주의적이기도 하다. 과다통합을 하는 사람들은 적극적으로 고민하기 때문에 기능이 높은데, 그래서 잘하는 게 많으니까 오히려 남의 조언을 잘 안 듣게 되고 치료에는 비순응적이기 쉽다. 큰 단체를 운영하는 사람일수록 심리치료를 받기는 어려워진다. 자신의 능력이 대단하다고 생각할수록 자신보다는 직원이 바뀌어야 한다고 생각하기 쉽다. 이미 이 회사가 운영되고 있고 돈을 많이 벌고 있다는 것이 내 능력이라고 생각하기 때문에 다른 영역에서도 자기가 잘한다고 생각할 수밖에 없다. 반대로 조직화를 너무 안 하는 사람이 있다. '과소통합(underincorporation)'을 하는 사람들이다. 100개의 자료가 있는데 10개만 본다면 주어진 정보를 충분히 받아들이지 못하는 것이다. 대표적으로 주의력결핍 과잉행동장애(ADHD) 증상을 가진 아이들이 그렇다. 피상적인 사고와도 연결되기 때문에 L가 높은 경우에 Zd가 낮은 경우가 많다. 과소통합자들은 문제를 해결하기 위한 노력을 충분히 하지 못하기 때문에 문제해결이 안 되는 경우가 많아서 부적응과 관련된 문제가 많이 생긴다. 그래서 자신의 주관적 고통감이 크고 치료에도 순응적이다.

3) 사건에 대한 현실적 지각

적응적 삶을 위해서는 외부 사건을 현실적으로 지각할 수 있어야 한다. 현실적인 지각이라는 것은 정확한 지각이다. 일어난 일은 일어났다고 보고, 안 일어난 일은 안 일어난 것으로 봐야 한다. 정확한 지각을 토대로 판단을 하면 스스로 적절한 목표와 역할을 선택할 수 있다. 고3 1학기 기말고사 평균 점수가 50점인데, 서울대학교를 간다는 목표를 세우는 것은 비현실적이다. 1학기 만에 올리고 싶은 성적에 필요한 노력을 정확히 판단하지 못한 것이기 때문이다. 현실판단을 잘하는 사람들은 수준에 맞게 적절한 목표를 세우기 때문에 성공할 가능성이 높아진다. 또한 현실적인 지각을 하는 사람들은 자신이 타인에게 어떻게 지각되는지 충분히 인식할 수 있다. 자신이 하는 행동이 주변 사람들에게 어떤 이미지로 보일지 판단할 수 있다는 말이다. 그리고 대인관계 상호작용의 의미를 정확하게 파악할 수 있다. 상대가 인사를 하면 자신에게 호의를 보인 것이고, 같이 인사를 함으로써 호의적 관계를 유지하는 것이 자신에게 도움이 된다고 판단하여 인사를 하게 된다. 현실적 판단을 하는 사람은 다양한 상황에서 각 상황에 맞는 적절한 행동을 할 수 있다. 현실적 지각은 주어진 상황을 있는 그대로 보는 것인데, 상황이 다르면 필요한 대응도 달라질 수밖에 없기 때문에 적응을 위해서 꼭 필요한 능력이다. 현실적 지각을 하는 사람은 자기 행동의 결과를 예상하여 미리 행동에 반영할 수도 있다. 그런데 모든 현실적 지각은 대부분 객관적 지각도 포함한다. 객관적 지각은 남들이 보는 대로 보는 것을 뜻하는데, 기말고사 점수 50점으로 서울대학교를 가지 못하는 것은 현실일 뿐 아니라 누가 봐도 불가능하다고 볼 수 있는 객관적 사실이기도 하다.

현실적 지각: 정확하게 지각하는가?
객관적 지각: 남들과 같이 지각하는가?

한편, 이러한 현실적 · 객관적 판단의 실패는 조현병이나 심한 성격장애일 때만이 아니라 평범한 사람들이 일시적으로 스트레스를 많이 받을 때도 나타난다. 단지 보통 사람들은 회복이 잘되는 반면, 장애가 심한 사람들은 회복이 잘 안되니 더 집중적인 치료적 개입이 필요한 것이다.

X−%=SumFQx−/R

로르샤하 식의 관점을 이해해 보자. 객관적 지각 능력이 충분한지를 파악하기 위해서 확인하는 지표는 객관적이지 않은 정도를 나타내는 X−%이다. 이렇듯 역설적인 것이 로르샤하 식의 관점이다. 적응을 위해서는 나쁜(질적 수준이 낮은) 놈만 아니면 된다는 것이다. X−%는 낮은 지각 능력의 정도를 나타내는데, 이 점수가 많이 높지만 않으면 적응적이라고 보는 것이다. (−)가 많다는 것은 왜곡된 지각 경향이 강하거나 문제해결 능력이 부족하거나 지각이 매우 독특하다는 것을 나타내는데, 이러한 경우에는 정신증적인 문제가 있거나 지능이 낮거나 스트레스 대처에 문제가 있을 가능성이 높다. 이렇게 다양한 해석이 가능하기 때문에 (−)가 많을 때는 면담 정보와 다른 검사의 정보를 고려하여 해석해야 한다.

X−%는 0.20보다 낮으면 문제가 없다. 0.20대(0.20~0.29)의 점수이면 지각에 이

상이 약간 있는 정도로, 타인의 의도를 왜곡해서 해석할 가능성이 조금 있다. 그래서 자기 행동의 결과도 정확하게 예상하기 힘든데, 이는 추론 능력의 부족과도 관련이 있다. 그리고 (−)의 의미를 해석할 때는 맥락을 봐야 한다. 사람반응에서 (−)가 많으면 대인관계 대처 능력이 떨어질 가능성이 높고, 색채 카드에서 (−)가 많으면 감정적 스트레스 상황에서 문제가 많을 수 있다. S반응에서 (−)가 많으면 화가 났을 때 이성적 판단이 어려운 사람으로, 화가 났을 때 감정과 행동 조절이 안 되고 극단적인 행동을 하기 쉽다. 그리고 X−%가 0.30을 넘으면 사고장해의 가능성이 높지만, 정신과 병원이 아닌 장면에서는 이렇게 높더라도 지능이 낮거나 일상적인 대처 능력이 매우 부족한 사람인 경우가 더 많다.

XA%=FQ가 +, o, u인 반응의 합/R

지금까지 부정적 의미를 가지는 지표들을 살펴봤다면, XA%는 긍정적 의미를 가지는 지표로서 형태질이 (−)가 아닌 +, o, u에 해당되는 비율을 의미한다. u가 포함되어 있어서 완전히 바른 판단을 한다고 보기는 어렵지만, '의사결정을 내릴 때 크게 왜곡된 판단을 하지는 않는 정도'라고 보면 되겠다. 0.70~0.77이면 보통 수준이고 전반적으로 무난한 판단 능력을 가지고 있으면서 가끔 실수를 할 수 있는 정도이다. 0.77 이상이면 현실적인 지각력이 매우 우수한 것으로 보면 된다. 반면, 0.70보다 낮을 때는 X−%가 0.30을 넘을 때에 준하여 해석하면 된다.

- 각 지표를 해석할 때 점수를 너무 엄격하게 보지 않아도 된다.

0.70~0.77이 보통 수준이라고 할 때, 0.77과 0.78의 차이는 통계적으로 나눈 것일 뿐 의미상 차이는 사실 그렇게 크지 않다. 따라서 공부할 때 너무 엄격하게 소수점 하나에 얽매이지 말고, '0.70~0.77이 보통이다.'라는 정보를 접했을 때, '0.70보다 낮으면 낮은 거고 0.70대에 있으면 보통이고 0.80 이상이면 확실히 높은 거구나.'라고 개인적으로 정리해 놓으면 기억해 내기가 훨씬 편하다.

WDA%=(W+D)반응 중 FQ가 +, o, u인 반응의 합/W+D

형태질을 봐야 하는 영역이 하나 더 있다. W+D 영역으로서, Dd를 빼고 좀 더 일반적인 영역에서의 수검자 기능을 보는 것이다. WDA%, 즉 W와 D 영역에서 +, o, u가 많다는 것은 판단이 명확하고 일상적인 상황에서는 현실적인 판단에 문제가 없다는 것을 뜻한다. 그런데 Dd 영역에서의 형태질이 떨어진다면 특수한 상황에서는 판단력이 부족함을 뜻한다. 다음 a, b 2가지만 잘 기억하자.

a. XA%가 낮은데(≤.70) WDA%가 적절하다면(≥.80) 일상적으로 별문제는 없는데 낯선 상황에서는 대처 능력이 떨어지는 사람이다.
b. XA%는 양호하지만(≥.78) WDA%가 낮다면(≤.70) 일상생활에서의 대처 능력이 부족한 사람이다.

WDA%는 평범한 생활을 하는 능력이라고 보면 된다. 살다 보면 익숙하고 편한 상황이 있고 낯설고 독특한 상황이 있게 마련인데, 대부분은 익숙한 상황에서 더 나은 기능을 보이겠지만 어떤 사람들은 낯선 상황에서 더 높은 기능을 보이기도 한다. 이렇게 상황에 따른 대처 수준에서 차이가 있을 수 있는데, WDA%가 높으면 일상적인 대처 능력이 좋은 것이고, XA%가 낮으면 독특한 상황에서 대처 능력이 떨어지는 것이다. 둘 다 낮으면 전반적으로 대처 능력이 낮은 것으로 보면 된다. 차이가 있을 때만 주의하자.

4) 사건에 대한 관습적 지각

객관적 지각이 남들이 보는 대로 보는 능력이라면 관습적 지각은 좀 더 범위를 넓혀서 대다수의 사람이 오랫동안 봐 왔던 대로 보는 능력을 말한다. 명칭에서 알 수 있듯이 도덕, 관습 등 대다수의 사람이 동의하고 있는 생각에 자신도 동의하는가를 나타낸다. 도덕이나 관습은 집단을 유지하기 위해서 개인이 조금씩 양보하고 희생하게 만든 규칙이다. 강자가 한번쯤은 힘으로 이득을 취할 수 있겠지만, 시간이 지나면 약자들이 뭉쳐서 대항할 수 있기 때문에 강자의 무조건적 우위는 계속해서 유지될 수 없다. 결국은 강자도 집단의 규칙을 지켜야 생존할 수 있다.

도덕이나 관습은 집단을 유지하기 위해서 각 개인이 조금씩 양보하도록 규칙을 만든 것이다.

관습성이 높은 사람은 집단의 이익을 위해 개인의 이익을 양보하는 경우가 많다. 그리고 양보할 수 있을 정도로 사회에 대한 반감이 적어야 한다. 그런데 유난히 관습을 잘 지키는 사람이 있다. 사고가 단순하고 경직된 사람이 그렇다. 관습의 특징은 예외가 없다는 것이다. 그래서 사고가 단순한 사람들이 관습적 규칙을 잘 습득하고 잘 따른다. 유독 비리에 민감한 사람이 있다. 회사에서 누가 승진을 했을 때 "그 사람은 부장이랑 친해서 승진한 거야."라고 더 강조하는 사람을 관찰해 보면 사회성이 부족한 경우가 많다. 자신의 도덕적 행동만을 강조할 뿐 인간관계에서 있을 수 있는 섬세한 감성을 공유하지 못하기 때문에 친밀감을 유지하기 어렵고, 친밀감이라는 장점을 가진 사람들을 미워하기 쉽다. 지나친 관습성을 가진 사람들의 단점이다. 관습을 지키는 것은 좋지만 지나치면 재미없는 사람이 되고, 부족하면 오히려 반사회적인 사람이 된다.

중간 정도의 관습성을 유지하는 것이 적응적이다. 로르샤하에서의 관습성은 다른 사람들이 보는 것을 수검자가 볼 수 있는 정도를 통해 측정한다. 보는 것도 중요하지만, 다른 사람들이 무시하는 것을 자신도 무시할 수 있어야 한다. 백화점에서 결제할 때 눈앞에서 결제하지 않으면 화를 내면서 쫓아가서 확인하는 사람이 있다. 보통 사람들은 약간 의심이 되더라도 그 정도는 무시할 수 있는데 이들은 참지 못한다.

먼저 W:D:Dd의 비율을 통해 관습적 판단 능력을 파악할 수 있다. W는 전체적인 상황을 고려하여 판단하는 능력이다. D는 일반적인 부분을 보는 능력이고 Dd는 특이한 부분을 보는 능력이다. W:D:Dd의 적정 비율은 2:3:1이며, 이를 기준으로 그 양을 보면 된다. W, Dd에 비해서 D가 많으면 지나치게 무난한 영역만 선택한 것으로 관습적인 판단만 하기 쉬운데, 이는 안전한 판단을 의미한다. TV 예능 프로그램에서 신인 아이돌들을 보면 '전 괜찮아요.' '좋았어요.' 등 모두들 입발림 소리만 한다. 다양한 끼를 발휘해야 하는 일을 하면서 모두 그렇게 모범적이진 않을 텐데 말이다. 이는 안전한 대응을 하기 위한 노력의 결과이지 않을까? D보다 W, Dd가 많은 경우도 있다. 복잡하거나 특이한 것에 몰입하는 사람들인데, 이들은 일상적인 것들을 무시할 가능성이 높다. 오류 없는 완전무결한 행동만 하려고 하거나, 튀는 행동만 하려고 하고 남들 다 하는 일반적이고 평범한 행동은 거부하는 것이다. 이런 사람들은 세상에 2%만 있으면 된다. 평범한 것을 거부하면서도 뛰어난 능력이 있으면 좋은데, 능력이 없으면서 평범하지도 못하면 이도 저도 아닌 사람이 된다. W가 많은 사람들은 자기중심적이어서 일상적이지만 중요한 활동을 경시하기 쉽다. Dd가 3개를 초과하면 이 자체로 특이한 지각을 말하는 것이다. 같은 조건에서 특이한 것을 많이 보는 사람들은 상대적으로 봐야 할 것을 보지 못하니 일상적인 문제해결에 실패할 가능성이 높다. 너무 사소한 것에 집착해서 전체적이고 일상적인 시각을 갖지 못하게 되는 것이다. 주로 강박적이거나 의심이 많은 사람이다.

W:D:Dd의 적정 비율은 2:3:1
D > W, Dd: 안전한 판단
W, Dd > D: 복잡함과 특이함에 몰두, 평범함에 대한 거부
Dd > 3: 특이한 지각 경향

Xu%=SumFQxu/R

Xu%는 왜곡되지 않았으나 특이한 지각 경향을 나타낸다. 현실적인 수준이지만 그 안에서 가장 끝에 있다. 0.08~0.22는 적절한 수준이고, 0.08이 안 되면 일반 사람들보다 더 관습적이고, 0.22가 넘으면 특이한 것을 유난히 선호하는 사람이다. Xu% 점수가 높은 사람들은 고집스럽다. 음료로 커피를 대접하면서 믹스커피를 준다고 했을 때 아무 고민 없이 '네.'라고 하는 사람은 대접하는 사람을 편하게 한다. 그런데 바쁜 상황에서조차 믹스커피를 못 마시는 사람들(혹은 못 마시는 것을 티내는 사람들)은 성격이 까다로운 경우가 많다. 개인적 선호가 너무 확고하고 유연성이 부족해서 자기만의 독특성이 두드러지는 대신, 지나치게 고집스러워서 주변 사람들과 갈등을 겪기 쉽다. 에너지는 한정되어 있는데 어느 한쪽(자신의 고집)으로 고집을 부리면, 에너지를 그쪽으로 많이 쓰면서 다른 곳(타인과의 조화)에 쓸 에너지는 줄어들게

마련이다. 따라서 공공의 영역에서 다른 사람들을 불편하게 하는 상황이 많아진다.

마지막은 P, 즉 평범반응으로 한 사람의 반응에서 5~6개 정도가 적당하다. 4개는 부족하지만 문제가 될 수준은 아니다. 적당히 이 반응을 했다는 것은 남들이 많이 하는 반응을 한 것이다. 그런데 P가 너무 많으면 남들이 할 것 같은 반응만 하는 지나치게 순응적이거나 눈치를 너무 많이 보는 방어적인 사람일 수 있다. 그런데 P가 너무 적으면 한계검증을 해야 한다(제1장 참조). 지능이 낮거나 사고장해가 있어서 남들이 보는 걸 볼 수 있는 능력이 없거나 독특하고 창의적인 시각이 있어서 그럴 수 있다.

P의 적정량은 4~6개

3. 관념의 사용

주의집중을 해서 이제 머릿속으로 정보가 들어왔다. 이제는 들어온 정보를 가지고 판단을 해야 한다. 관념(ideation)은 판단 내리는 능력을 측정하는 부분이다. 그리고 관념의 사용이란 생각의 사용을 말한다. 생소한 표현이지만 '생각을 사용'하는데 있어서 성공적인 적응이란 논리적이고 조리가 있으며 융통성이 있고 건설적이면서도 적절한 경우이다. 여기 언급된 단어들은 하나씩은 익숙한 말이지만 로르샤하 식으로 각 단어를 이해할 수 있어야 한다.

1) 논리적인 사고와 조리 있는 사고

"당신은 논리적인 사고 능력이 부족합니다."라고 설명하면 일반인들은 무엇이 부족하다고 생각할까? 논리적인 사고(logical thinking)란 '판단의 근거를 가지고 있는지' 여부를 측정하는 것이다. 많은 사람이 그 근거에 대해서 수긍한다면 일단은 어느 정도 논리적인 사고를 하고 있다고 볼 수 있다. SCT에서 청소년들이 흔히 쓰는 '우리 아빠는 훌륭하다.'라는 문장은 비논리적인 경우가 많다. 스트레스가 심해서

치료 장면에 왔을 것인데 이런 경우에서 아빠가 훌륭하기는 쉽지 않다. '훌륭하다.'의 근거를 물어보면 "그냥요."라고 대충 말하거나 근거를 말해도 애매한 경우가 많다. 근거를 대지 못하는 진술은 일단 비논리적이다. 논리적인 사고를 하는 사람은 진술의 근거를 물어봤을 때 상대가 납득할 만한 설명을 할 수 있다. 그런데 왜 근거도 대지 못하는 진술을 할까? 논리적인 사고를 하려면 인과관계를 파악할 수 있어야 하고, 이를 위해서는 감정에 치우치지 않고 객관적 사고를 할 수 있어야 한다. 따라서 감정적으로 흥분하면 논리적 사고를 하기 힘들어진다. 자신이 상대를 화나게 한 것은 잊고 상대가 자신을 화나게 한 것만 말하면 벌써 논리가 약해진다. 언뜻 논리적인 것 같지만 문제가 해결되지 않는 이유는 감정적 흥분 상태에서는 정보를 부분적으로 잊어버리기 때문이다.

'조리 있다.'라는 단어는 요즘에 잘 사용하지 않는다. 조리 있는 사고는 영어로 coherent thinking인데, 적절한 용어로 번역하면 '일관성이 있는 사고'라고 하는 것이 더 맞다. 모임에서 친구들이 모두 군대 얘기를 하고 있는데 누군가가 갑자기 정치 얘기를 꺼내면 대화의 맥이 끊긴다. 특정 주제를 상황에 맞게 충분히 지속할 수 있는 일관성이 떨어지는 것이다. 영어 학원을 간다고 했다가 한 달 다니고 나서 피아노 학원 간다고 하고 또 한 달 다니고는 복싱 체육관에 간다고 하면 행동의 일관성이 부족하다고 볼 수 있다.

논리적이고 조리 있는(일관성 있는) 사고를 할 수 있는 사람은 주변 사람들이 공감할 수 있는 판단의 근거를 가지고 충분한 시간 동안 1가지 주제에 집중할 수 있다. 그리고 이렇게 할 수 있을 때 일상생활 전반에서 적응적인 판단을 할 수 있다.

WSum6

WSum6

=(1)×DV1+(2)×DV2+

(2)×INCOM1+(4)×INCOM2+

(3)×DR1+(6)×DR2+

(4)×FABCOM1+(7)×FABCOM2+

(5)×ALOG+

(7)×CONTAM

로르샤하에서 논리와 조리는 역시 역으로 측정한다. 왜곡되거나 비일관적인 사고를 하는 경향이 적다면 논리적이고 일관된 사고를 한다고 보는 것이다. WSum6이 높으면 사고가 왜곡되어 있을 가능성이 높다. 그러나 왜곡이 아닌 오류나 실수 또는 특이한 사고 경향도 있기 때문에 17점 이상, 대개는 20점 정도의 높은 점수가 되어야 정신증 수준으로 사고의 왜곡이 심하다고 본다. 16점 정도이면 비현실적이진 않지만 논리와 일관성이 부족한 것이고, 12점 이하면 논리적 사고에 크게 문제가 없다고 본다. 인간은 자기보호를 위해서 낯선 상황에서는 주변 환경을 경계하고 적대시하기 쉽다. 따라서 논리적이고 일관된 판단을 하지 못하면 문제해결이 되지 않으면서 자신에게 불리한 상황이 될 가능성이 높아져서 편집적 사고의 경향이 증가하고 주관적 고통감이 커진다. 단, 주의해야 할 것은 사고의 왜곡을 정신증과 일대일 대응으로 보지 않아야 한다는 것이다. 물론 WSum6이 높으면 사고 및 지각 장해의 가능성이 높지만, 그보다 기본적인 고려사항은 사고의 왜곡이고 사고의 왜곡은 판단능력이 부족하거나 특이한 사고 경향이 강할 때도 나타날 수 있다.

2) 융통적인 사고

융통성이 있으면 이전에 사용한 방법으로 대응이 안 될 때 다른 방법을 사용할 수 있다. 융통적인 사고(fluent thinking)는 기존 관점을 버리고 다른 것을 생각할 수 있는 능력이다. 상담에 보호자로 온 부모들은 자신이 융통성이 있다고 말한다. "애가 공부를 안 한다고 해서 숙제도 안 하게 해 줬어요. 내가 그렇게 융통성을 발휘했는데 애가 말을 들어 먹지를 않아요."라고 한다. 그런데 '들어 먹지 않는 것'을 받아들여야 정말 융통성이 있는 것이다. 자신이 마음 편하게 포기할 수 있는 걸 포기하는 건 융통성이라고 하기 어렵다. 그래서 누군가에게는 융통성을 발휘하는 것이 매우 어렵고 고통스러운 과제가 된다.

a:p

a:p가 1~2개 차이로 비슷하면 적당히 융통성이 있다고 본다. 그런데 a+p가 4 이상이면서(충분히 많으면서) a가 p의 2배 이상이 되거나(a≥2p), p가 a의 2배 이상이 되면(p≥2a) 어느 한쪽으로 너무 치우쳐 있기 때문에 사고의 융통성이 부족하다. 즉, 사고가 경직되어 일방적인 결정을 하기 쉽다. 최근 10주 동안 10번의 주말을 집에서만 보낸 사람은 사회성에 문제가 있을 수 있고, 10번을 모두 외부활동에 투자한 사람은 가정생활에 문제가 있을 수 있다. 5 대 5까진 아니어도 적당히 다양한 활동을 하는 것이 정신건강에 도움이 된다. 외향적인 사람은 이것저것 다양한 활동을 하는 것처럼 보여서 융통성이 있는 것처럼 보이지만 외향성과 융통성은 동의어가 아니다. 여러 가지 활동을 하려는 경향 자체가 하나의 특성이기 때문에 오히려 '하나만 하는 것' 또는 '아무것도 안 하는 것'을 경험해 보는 것이 유연성을 늘릴 수 있다. 융통성이 부족한 사람은 기존의 신념에 지나치게 집착하는 경우가 많다. 당연히 고집스럽고 치료하기도 어렵다. 단, a:p 지표는 사고의 비율을 보기 위한 것이지 적극성과 수동성을 보기 위한 것은 아니다. a(active)가 많으면 좋은 것 같지만 a에는 긍정적 사고뿐 아니라 공격적 사고도 포함되어 있다. p(passive)도 마찬가지로 수동적 사고뿐 아니라 안정성을 내포하고 있다. 그렇기에 a, p 각각의 의미를 파악하려면 기호의 수뿐만 아니라 각각의 내용을 살펴봐야 한다.

3) 건설적인 사고

로르샤하 종합체계를 보면 대부분의 지표가 뛰어나기보다는 평범한 것이 건강하다고 말하고 있다. 나쁘지만 않으면 된다는 것이다. 그래서 건설적 사고를 확인하는 것은 로르샤하에서 다소 예외적이다. 건설적 사고(constructive thinking)는 보통의 생각을 넘어서서 더 긍정적이고 발전적인 사고를 말한다. 소위 훌륭한 분들을 보면 보통 사람들은 만족한 만한 수준에 멈추지 않고 더 노력해서 성취하는 것을 볼 수 있다. 다 그런 것은 아니지만 자기 자신보다 사회의 이익을 생각해서 행동했는데 자신에게 더 이익이 되는 경우도 있다. 건설적 사고를 하지 않았다고 비난의 대상이 되는 건 아니지만 적당한 수준의 건설적인 사고는 삶을 보다 윤택하게 만드는 데 도움이 된다.

보통을 넘어서서 더 좋은 것을 스스로 얻을 수 있으려면 실제로 무엇을 해야 하는가? 과제 지향적이고 해결 중심적인 판단을 해야 한다. 일을 할 수도 있고 안 할 수도 있는 상황에서 하기로 선택하는 사람 그리고 일이 잘 풀리지 않아서 다들 무력감에 빠져 있을 때 해결할 수 있다고 생각하고 대응하는 사람을 말한다. 이러한 사람들은 실제로 문제를 해결할 가능성이 더 높고, 더 많은 성과를 내기 때문에 성취감을 느끼기 쉽다.

M

계산식을 뺀 로르샤하의 모든 단일 지표 중에서 가장 좋은 지표는 M(인간운동반응)이다. 특히 많아도 나쁠 것이 없다는 점에서 정말 좋은 지표이다. 단, M이 많은데 그중에서 (−)가 많으면 오히려 문제가 된다. 인간운동반응은 어떤 점에서 그렇게 좋은가? 우선 사람이 사람반응을 하는 것은 사람에 대한 긍정적인 관심을 나타내는 것이다. 또 카드 지면은 고정된 2차원 자극인데 적극성이 가미된 운동성이라는 개념도 더해져 있다. 로르샤하가 주는 문제 상황에 적극적인 대처를 하고 있는 것이다. 다시 정리하면, '인간의 문제에 대한 적극적인 해결 의지'를 시사하는 것이고, 이러한 의지가 있다면 해결 능력도 있을 가능성이 높다. 형태질 수준에서 봐도 M은 기본적으로 F를 포함하고 있기 때문에 형태를 명확하게 인식하는 것이어서 '이성적인 판단 능력'까지 갖추고 있는 것이다.

M에는 a, p가 붙는데 그 비율을 봐야 한다. M^a가 M^p와 같거나 M^p보다 더 많다면 건설적이라고 본다. M^a는 인간에 대한 관심과 높은 인지적 수준에 더하여 적극적 행동까지 추가되는 것이니 로르샤하에서 최고의 반응이라 할 수 있겠다. 반면에, M^p가 M^a보다 많으면 사람에 대한 관심이 많고 운동성까지 고려할 정도로 인지적 수준이 높지만 수동적이어서 실제로 행동에 나설 가능성이 적다. 이런 사람들은 머리가 좋고 사람을 좋아하지만 머릿속으로 계속 생각만 하니까 혼자 공상에 빠지기 쉽다. 문제가 생겼는데 '만약에 내가 그때 그랬으면 어땠을까?'라고 상상만 할 뿐 대처는 하지 못하니 의존적이고 회피적이다.

$M^a \geq M^p$: 건설적 사고
$M^a < M^p$: 공상적 사고

4) 적절한 사고

일단 적절한 사고(relevant thinking)에서 무엇이 적절하다는 것인지 그 주체를 알아야 한다. 이것은 '사고 능력과 감정 능력의 비율을 효과적으로 조정할 수 있는 능력'을 말한다. 인간의 심리적 능력은 크게 사고 능력과 감정 능력의 2가지로 나눌 수 있는데, 어느 한쪽으로 너무 치우치면 문제가 발생할 수 있기 때문에 두 능력 간의 상대적 비율이 중요하고, 이를 '적절한'이라는 단어로 표현한 것이다. 흔히 이성적(사고 중심) 판단을 긍정적으로 여기긴 하지만 우리는 너무 이성적인 사람을 사교적 장면에서는 별로 좋아하지 않고, 감정조절을 잘하지 못하는 사람은 스트레스가 증가하여 업무나 학습 장면에서의 성과도 떨어지게 된다. 소위 감정적인 사람은 이성적 판단, 즉 객관적이고 현실적인 판단을 하지 못해서 문제가 발생하는 경우가 많다. 너무 원리원칙에 따른 판단을 해도 안 되고 너무 감정에 치우친 판단을 해도 안 된다. 이성과 감정 사이에서 균형 잡힌 적절한 판단을 하기 위해서는 사고 능력과 감정 능력이 적절히 조화를 이루어야 한다.

로르샤하에서는 성인의 경우 사고 능력과 감정 능력을 모두 적당히 가지고 있으면서 사고 능력이 조금 더 많은 정도가 적당하다고 본다. 사고 중심의 의사결정을 하면 내향적이고, 감정 중심의 의사결정을 하면 외향적이다. 내향적인 사람은 평소 신경 쓰지 않는 감정적 스트레스를 적절히 조절할 수 있어야 효율적으로 사고할 수 있고, 외향적인 사람은 평소 관심을 두지 않는 이성적 판단 능력을 어느 정도는 유지할 수 있어야 감정적 스트레스를 최소화할 수 있다. 양의 차이는 있을 수 있지만 결국 2가지 능력이 모두 있어야 한다. 이성적인 남편은 일과 성취를 위해서 매진하느라 쉬지 못한다. 이럴 때는 감정적인 아내가 브레이크를 걸어 주어야 한다. 아내가 감정에 휩싸여 해야 할 결정을 하지 못할 때 남편이 중심을 잡고 조언을 해 줄 수 있다. 사고와 감정은 상호 보완적이다.

사고 중심의 의사결정: 내향적
감정 중심의 의사결정: 외향적

M과 WSumC

M은 사고 능력을 반영하고 WSumC는 감정 능력을 반영한다. M이 많으면 이성적 · 내향적 · 안정적이고, WSumC가 많으면 감정적 · 외향적 · 충동적이다. 감정적인 사람은 충동적이기 쉬운데 행동의 준거인 감정은 상황에 따라 수시로 바뀌는 특성이 있기 때문이다. 이성적인 사람들도 감정이 매 순간 바뀌긴 한다. 그러나 행동에 앞서서 생각을 하기 때문에 감정을 조절한다. 싫어도 '괜찮겠지.'라고 생각하고, 좋아도 '뭐가 그렇게 좋겠어?'라고 생각하면서 무미건조한 중간 상태로 가게 된다. 친구가 약속에 1시간을 늦었을 때 친구가 오자마자 화를 내지 않으면 타이밍을 놓쳐 더 이상 화를 내기 힘들어진다. 늦게 온 것에 대한 친구의 말을 들으면서 생각을 하면 이해가 되니 감정이 약해져서 화를 낼 수가 없다. 생각을 많이 하면 그만큼 문제 상황에 대비를 하게 되기 때문에 충동적일 수가 없다. 자신의 정신건강을 위해서는 친구가 늦었을 때 친구가 말을 하기 전에 먼저 화를 낸 다음에 늦은 이유를 들어야 한다. 이렇게 하면 화도 안 쌓이고 친구 말도 들을 수 있다. 적정 수준은 각 능력을 갖추기 위한 최저 수준을 말한다. M은 적어도 2개가 있어야 기본적인 사고 능력을 발휘할 수 있고, 감정 능력을 나타내는 WSumC의 최소 수준은 2.5 이상이다.

〈표 6-2〉 사고와 감정

M(인간운동반응)	WSumC(색채반응)
사고	감정
내향성	외향성
최소 수준: 2	최소 수준: 2.5

WSumC의 충동성은 ADHD의 충동성보다는 조울증에서 나타나는 감정적 충동성에 더 가깝다.

INTELL

INTELL=2AB+Art+Ay

이성과 감정을 조절하는 또 하나의 지표는 주지화지표이다. 말 그대로 보면 이성적인 대처 능력이라고 생각할 수 있지만, 이성적 대처를 많이 한다는 건 감정적 대처를 하지 못한다는 뜻이고 사실 INTELL의 의미는 후자에 더 가깝다. 주지화 경향이 강한 사람들은 이성적이고 현학적인 자신의 능력을 부각시킴으로써 자기과시를 하는 데 집중하는데, 주의의 초점을 자기 또는 자신의 감정에서 다른 곳으로 돌리기 위한 경우가 많다. 주지화는 감정에 직면하거나 감정을 개방하는 능력이 부족한 사람이 주로 사용하는 방어기제이다.

한 여자가 남자친구와 헤어지고 친구랑 만나서는 눈물을 흘린다. 이때 자신이 눈물을 흘리는 것은 호르몬에 의한 화학작용이라고 한다면 주지화 경향이 정말 강한 사람이라고 할 수 있다. 감정적 장면에서 똑똑한 체하는 사람은 사실 불쌍한 사람이다. 감정에 직면하지 못하는 것을 볼 때 성장 환경이 수용적이지 않았을 가능성이 높고 상처를 받지 않기 위해서 겪을 수밖에 없는 감정적 상황에서 도망만 가려 하기 때문이다. 주지화를 잘하는 사람과는 감정적 소통을 하기 어려워 주변 사람들은 거리감을 느끼고 멀리한다. 아무 문제가 없는 사람은 친구가 없는데, 실제로 문제가 없다기보다는 문제가 있다는 것을 개방하지 않기 때문이다. INTELL은 5~6개 이상이면 주지화 경향이 강하게 드러난다. 이렇게나 방어를 많이 해야 할 정도로 정서적으로 고통스럽다는 것을 뜻하기 때문에 우울증의 지표가 된다. 물이 10m 정도 차는데 50m짜리 댐을 쌓지는 않는다. 50m의 댐을 쌓는다는 것은 그 마을에 비가 올 때 적어도 40m 정도로 물이 찬다는 것을 뜻한다. 방어를 강하게 한다면 참아야 하는 고통도 그 정도가 된다고 봐야 한다.

INTELL≥5: 강한 주지화 경향

left side eb(FM+m)

eb=SumFM+m : SumC'+SumT+SumY+SumV(스트레스의 비율)

small eb 중에서 왼쪽 항이다. FM(동물운동반응)은 충족되지 못한 욕구를 뜻하며, 이것은 '욕구가 있지만' 해결하지 못한 것이 많아서 힘든 상태를 나타낸다. m(무생물운동반응)은 무기력감을 뜻한다. 무생물은 스스로 움직일 수 없다. 그런 무생물에 움직임을 부여한다는 것은 의미 없이 헛고생하는 것이다. 언제 무기력해질까? 이 세상에 사랑받고 싶지 않은 사람은 하나도 없고, 대인관계를 맺고 싶지 않은 사람이나 일을 잘하고 싶지 않은 사람도 하나도 없다. 무기력이란 '하고 싶은 게 있었고' 해봤는데 실패를 해서 '내가 하고 싶은 게 안 되는구나.'라고 좌절을 스스로 확정하고 더 이상의 시도나 도전을 하지 못하는 상태를 말한다. 우울감을 호소하는 우울증보다 무기력이 주된 증상인 우울증이 더 심각한 경우가 많다. MMPI에서도 2번 척도가 상승하는 것보다 9번 척도가 하락하는 것을 더 심각하게 본다. m이 많을수록 일차적으로 현재 무기력할 것이라고 예상할 수 있고, 그다음은 하고 싶은 게 있었는데 이루어지지 않아서 좌절감을 느끼고 있을 가능성을 생각해야 한다. m은 상황적 요소의 영향을 많이 받는다. 사병으로 군입대를 한 경우에 m이 많아진다. 입대 전에는 구속이 없이 자유롭게 살았는데 입대 후에 같은 문제행동을 했을 때는 엄격한 제재가 주어지기 때문에 그 행동을 할 수가 없으니 무기력감이 심해질 수밖에 없다.

FM: 충족되지 못한 욕구
m: 무기력감

FM이 3~5개 정도 있으면 적당한 욕구를 가지고 있다고 본다. 배가 부르다고 수업 시간에 강의실에서 누워 있을 수는 없다. 그렇게 하는 것은 부적응적인 행동이다. 욕구는 누구나 가지고 있지만 그것을 다 해소하면서 살지는 않는다. 대부분은 적당한 수준의 해결하지 못한 욕구를 조금씩은 가지고 살아간다. 그래서 적정 수준의 FM은 보통 수준의 삶을 사는 것을 의미한다. 그런데 FM이 6개 이상이면 해결하지 못한 욕구가 너무 많다는 것을 의미한다. 욕구는 해소가 되어야 없어지기 때문에 삶이 심리적으로나 물질적으로 열악한 환경에 처해 있음을 알 수 있다. 배고픔은 밥을 먹어야 없어진다. 이뇨감이 있으면 화장실을 다녀와야 편해진다. 잠을 충분히 자야 낮에 졸리지 않는다. FM이 2개 이하로 적을 때는 2가지 해석이 가능하다. 욕구가 있는데 인식하지 못하는 경우와 욕구를 너무 즉각 해소하는 경우인데, 경험상 후자가 더 많다. 그리고 욕구를 즉각 해소한다는 건 주로 사고의 미숙함, 충동성 등과 연결된다.

FM의 적응적 수준: 3~5개
FM≥6: 미해결 욕구가 너무 많아 고통스러운 상태
FM≤2: 즉각적으로 만족을 추구하거나 욕구를 인식하지 못하는 상태

m은 1개 정도가 무난한 수준이다. m=0이면 주변에 관심이 없다고 하는데, 실제로 의미를 두어야 하는 경우는 많지 않다. 차라리 FM=0이면 욕구를 너무 즉각적으로 해소하려는 사람일 수 있어서 문제가 되는 경우가 더 많다. m이 2개 이상이면 의미 그대로 상황적인 불만과 그에 따른 무기력을 겪고 있을 가능성이 높다.

m=1: 적응적 수준
m≥2: 무기력감, 상황적 불만

FM과 m은 욕구가 있는데 해결이 안 되는 것을 나타내기 때문에 스트레스이다. 기본적으로 운동성은 이성적 사고와 관련이 있어서 left side eb(FM+m)는 '인지적 스트레스'가 된다. 수업 중인데 '배고파.' '졸려.' '눕고 싶어.' 등의 생각이 계속 나는 상태를 생각하면 되는데, 이렇게 의도하지 않게 머릿속에 떠오르는 생각을 침투적 사고(intrusive thought)라고 한다. 수업에 집중해야 한다고 생각하지만 자신의 의지와는 달리 다른 생각들이 계속해서 머릿속을 침투하는 것이다. 대부분은 해결되지 못한 욕구와 관련이 있는데, 여기에는 피하고 싶지만 너무 강렬하여 계속 반추하는 것도 포함된다. 이는 회피하는 데 실패한 것이다. 외상후 스트레스 장애(PTSD)에서 나타나는 외상의 재경험이 여기에 해당된다. 욕구가 있는데 해결하지 못하면 자꾸

생각이 나서 다른 행동에 집중하는 것을 방해한다. 그리고 너무 억압적인 사람들도 결국은 욕구를 해결하지 못하기 때문에 이 점수가 높을 수 있다.

FM+m: 침투적 사고(떠올리고 싶지 않지만 계속 떠오르는 생각)

4. 감정조절

감정조절 능력은 자신의 마음속에서 일어나는 감정을 '인식하고(느끼고) 표현하는' 능력을 말한다. 말로는 간단하지만 이 2가지를 실행하기는 생각보다 쉽지 않다. 남자가 여자를 만나는데 남자가 여자를 좋아하는 건지, 여자가 남자를 좋아하는 건지 헷갈린다. 또 자신이 그냥 좋아하는 건지, 싫은데 반동형성인 건지, 좋은데 질투하는 건지 알기 어려울 때가 있다. 이런 상황에서는 스트레스가 심해진다.

감정을 표현하는 단어는 무수히 많다. '슬프다.' '기쁘다.' '화난다.' '짜증 난다.' '설렌다.' 등 여러 단어로 복잡한 감정을 표현하지만, 대부분의 감정은 '좋다.' 아니면 '싫다.' 둘 중 하나로 구분할 수 있다. 단, 좋다고 말하면서 행동하지 않는 건 싫다는 뜻이고, 싫다고 말하면서 행동한다는 건 좋다는 뜻이다. 따라서 감정을 인식할 때는 행동의 양과 방향을 보면 되고, 표현이 문제일 때는 표현의 양을 보면 된다. 그리고 자신의 감정을 잘 다룰 뿐 아니라 다른 사람의 감정도 잘 파악하고 다루어야 하는데, 타인의 감정이 긍정적인지 또는 부정적인지를 판단하고 그에 적합한 대응을 할 수 있어야 한다.

적응적 감정조절을 위해서는 충분한 감정조절, 유쾌한 감정조절, 적절한 감정조절의 3가지 감정조절을 할 수 있어야 한다. 충분한 감정조절이란 자신의 감정을 인식하고 표현하는 것에 대한 불편감이 적은 상태를 말하는데, 이는 부정적 감정에 비해 긍정적 감정의 비율이 높을 때 실현된다. 유쾌한 감정조절이 되려면, 즉 기분이 좋으려면 부정적 감정의 양이 적어야 한다. 그리고 적절한 감정조절이란 감정의 충동성을 통제할 수 있을 정도의 이성적 능력을 가진 상태를 나타내는 것으로, 감정 능력보다는 사고 능력이 조금 더 앞서야 하고 감정에 압도되지 않는 것이 중요하다.

1) 충분한 감정조절

Afr

Afr=VIII, IX, X번 카드의 총 반응 수/카드 I~VII의 총 반응 수

Afr은 VIII, IX, X번 카드에서의 반응의 비율이다. 무채색 카드들(I~VII번, 7개)에 비해 색채카드들(VIII~X번, 3개)에서 얼마나 많은 반응을 했는지 그 비율을 본다. 평균은 0.67로 2/3 정도 수준이다. 총 30개 반응을 했을 때 VIII, IX, X번 카드에서 20개 정도 반응을 해야 하기 때문에 통상 앞선 7개 카드에서보다 1개 카드당 2배의 반응을 해야 보통 수준의 감정 인식 능력을 가졌다고 볼 수 있다. 0.50 이상이면 보통 정도 수준이고 0.50 미만이면(VIII, IX, X번 카드에서 반응 수가 상대적으로 적으면) 감정 인식 능력이 부족해서 겉으로 드러날 수 있다. 감정은 의식적으로 인식하지 못할 수는 있지만 누구나 무조건 느끼는 것이다. 따라서 감정이 느껴지는 데 인식을 하지 못하면 부적절한 행동을 하기 쉽고, 상황에 대처하는 데 문제가 발생할 수 있다. 게다가 0.40보다 낮으면 심각한 수준의 정서적 무반응 상태일 수 있다. 다만, 해석을 할 때 반응의 질적인 수준을 고려해야 한다. Afr은 낮지만(VIII, IX, X번 카드에서의 반응 수는 적지만) '어머~ 여기 보세요. 빨간색, 파란색, 노란색이 있고 여기 나비들이 뛰놀고 있는 것 같아요. 수풀 속이 너무 아름다워요.'와 같은 반응을 한다면(색을 활용하여 풍부한 반응을 한다면), 단순히 Afr이 낮다고 해서 감정 인식 능력이 부족하다고 볼 수 없다. Afr뿐 아니라 모든 지표는 이렇게 단일 점수 하나만 보고 해석을 과하게 하지 않도록 주의가 필요하다.

Afr의 평균은 0.67
Afr ≥ 0.50: 보통 수준
Afr < 0.50: 감정 인식 능력 부족
Afr < 0.40: 심각한 수준의 정서적 무반응

WSumC:SumC′

억제 비율(constriction ratio)은 유채색과 무채색의 비율을 본다. 간단히 말해서, 유채색은 유쾌감, 무채색은 불쾌감이다. 유쾌감이 많으려면 불쾌감이 없어야 하는가? 그렇지는 않다. 세상에 태어나서 지금까지 불쾌감이 없는 사람은 없다. 그렇다고 유쾌감이 없는 사람도 없다. 감정은 상대적이기 때문이다. 감정적 차원에서는 유채색이 자원이고 무채색이 스트레스이다. 그래서 무채색(스트레스)보다 유채색(자원)이 조금이라도 더 많으면 적응적이다. 일단 절대적인 수준에서 WSumC가 2.5 이상이어야 한다. 그래야 기본적인 수준의 유쾌감, 즉 정서적 자원을 가지고 있다고 본다. 2.5에도 미치지 못한다면 기본적인 감정표현 능력이 부족하다고 보면 된다. Afr과 비교해서 설명하면 Afr은 '감정 인식 능력', WSumC는 '감정표현 능력'으로 보면 된다. 완전히 구분이 되는 것은 아니지만 가장 현상에 가까운 표현이다. C′은 우울감이다. 우리는 우울할 때 감정표현을 잘 하지 못한다. 그래서 감정을 내재화한다는 표현을 쓴다. 우울할 때는 왜 감정표현을 잘 못할까? 우울감의 핵심은 우울함이 아니다. 우울감의 핵심은 에너지 저하이다. 그래서 우울할 때는 에너지가 부족할 때 나타나는 증상들이 나타난다. 에너지가 부족하니 문제해결을 못하고 좌절감이 커지니 우울해진다. 조금만 힘쓰면 할 수 있는 것들을 하지 못하니 이 과정에서 작은 문제가 계속 쌓이고 고통감이 커질 수밖에 없다. 조금만 하면 할 수 있는 것들을 하지 않아서 지금 힘들다는 것을 본인이 아니까 스스로 괴로울 수밖에 없다. 그리고 상대가 짜증 나게 해서 화가 나면서도 "에이…… 화를 내면 뭐 해."라고 하면서 대응을 안 하는 방향으로 의사결정을 하게 된다. 문제해결을 통해 감정을 해소하지 못하니 우울한 사람들의 감정은 자기 내면에만 쌓이게 된다(내재화). 그래서 억제 비율이라고 한다. 이렇게 지표 하나를 이해하기 위해서는 감정과 우울증에 대한 많은 지식이 필요하다. 다른 지표들 또한 다양한 이론을 알고 있을 때 로르샤하에서 말하는 내용들을 이해하기 쉬워진다.

적응적 유쾌한 정서조절: WSumC ≥ 2.5 & WSumC > SumC′
Afr: 감정 인식 능력/WSumC: 감정표현 능력
C′: 우울감

2) 유쾌한 감정조절

SumC′

종합체계는 무채색을 유쾌한 감정조절 영역에 포함시킴으로써 유쾌감을 유지하는 데 있어서 불쾌함을 조절하는 것이 중요하다는 것을 말해 주고 있다. 인간의 본성은 유쾌감을 추구한다. 인간은 누구나 즐겁고 행복하고 성공하고 싶어 한다. 따라서 기본적인 감정은 유쾌감이라고 볼 수 있고, 유쾌감을 늘리기보다는 불쾌감을 줄일 때 좋은 방향으로 갈 수 있다. 저자는 부모가 아이를 데리고 상담을 받으러 왔을 때 우울이든 비행이든 문제에 상관없이 다음 1주일 동안 아이에게 아무 말도 하지 못하게 하는데(잔소리를 하지 못하게 하기 위해서), 이 지시를 부모가 잘 지킬수록 아이의 긍정적 변화가 더 빨라진다. 모든 경우에 적용이 되진 않겠지만 불쾌감을 줄이는 것이 얼마나 중요한지 나타내 주는 상황이다. C′ 자체는 우울감으로 대표되는 부정적 감정상태를 나타낸다. C′>2는 유의미한 수준의 부정적 감정을 경험하고 있다는 것이고 슬프거나 상당히 고통스러울 가능성이 높다. 따라서 DEPI(우울지표)의 준거 점수가 된다.

C′>2: 상당한 수준의 우울감

Col-Shd Bld

유채색과 음영의 혼합반응이다. 음영은 검은색, 흰색, 회색 등 무채색에 더하여 색이 애매한 상태('거무죽죽하다.' '빨강과 파랑이 섞여 있는 것 같다.' 등)까지 포함하며 유채색이 아닌 모든 색의 상태를 나타낸다. 또한 무채색보다 더 확장된 개념으로, 더 넓은 범위의 정서적 불편감을 시사한다. '이것은 오골계인데 검은색 몸에 빨간색 머리예요.'라는 반응은 유채색(빨간색)과 음영(검은색)이 모두 나타나고 있기 때문에 긍정적 감정과 부정적 감정이 모두 반영된 반응이다. 두 감정이 동시에 있으면 무엇이 우세할까? 로르샤하에서는 불쾌감이 유쾌감을 이긴다고 본다. SCT에서 아이가 '나는 엄마가 좋기도 하고 싫기도 하다.'라고 썼다면 아이가 하고 싶은 말은 '싫다.'이다. 좋으면 그냥 좋다고 쓴다. 싫어도 싫다고 쓰면 되는데 왜 좋기도 하다는 말을 쓸까? 엄마에 대한 불만이 있으나 도덕성과 부모에 대한 정(情)이 있으니 싫다고 말하기는 부담스럽기 때문에 이렇게 애매하게 표현하는 것이다. Col-Shd Bld는 유쾌감이 누르지 못할 정도로 불쾌감이 강한 상태 또는 불쾌감을 이기지 못할 정도로 유쾌감이 약한 상태를 나타낸다. 무쾌감증(anhedonia)이라는 단어가 이 지표에 딱 어울린다. 진짜 우울증이 심한 사람들은 웃긴 개그 프로그램을 봐도 웃음이 나지 않는다. 유채색과 음영을 동시에 말한 것은 즐거움을 유지하려고 하지만 즐거움을 유지하지 못할 정도로 불쾌함이 강하고 유쾌감은 약한 상태이다. 그러니 취약한 상태로 봐야 하고 즐거움을 즐기지 못하기 때문에 무쾌감에 더 가깝다. 있는 즐거움을 누를 정도로 불쾌감이 더 강한 상태이기 때문에 아예 불쾌한 것만 말한 것보다 더 강한 불쾌감을 표현한 것이다.

Col-Shd Bld는 유쾌감이 누르지 못할 정도로 불쾌감이 강한 상태 또는 불쾌감을 이기지 못할 정도로 유쾌감이 약한 상태를 나타낸다.

SumShd

음영반응의 합산이다. 3개의 음영반응(Y, T, V)에 무채색(C′)까지 추가한 점수이다. 이 4가지 지표의 합산은 모두 정서적 불편감을 나타내며, 특히 우울감과 관련이 있어서 DEPI의 준거가 된다. 각각을 살펴보면 C′은 우울감(울적함), Y는 무기력감, T는 애정결핍(친밀한 관계를 갖지 못하는 것에 대한 걱정), V는 부정적 자기개념을 나타낸다.

SumShd=Y+T+V+C′

Y: 무기력감
T: 애정결핍(친밀한 관계를 갖지 못하는 것에 대한 걱정)
V: 부정적 자기개념
C′: 우울감(울적함)

T와 V는 설명이 더 필요하다. T가 1개면 적당한 수준에서 친밀감을 유지할 수 있는 능력을 가지고 있는 것이다. 첫 만남에서 상대가 친근하게 대해 주면 좋은데 과도하게 친근한 모습을 보이면 오히려 부담이 된다. 아무리 친해도 가끔 만나면 좋지만, 매일 만나자고 하면 부담이 커지고 오히려 거부감이 생길 수도 있다. T가 2개 이상이면 친밀감에 대한 욕구가 과도하다는 것을 나타낸다. 욕구가 과도하다는 것은 결핍을 시사하기 때문에 역시 부적응적이다. V(Vista라고 읽는다)는 음영-차원반응으로 부정적 자기개념, 즉 자기비판적 태도를 나타낸다. 차원반응은 (자기 내면에 대해서) 깊이 있게 생각하는 것인데, 음영이 들어가 있어서 부정적으로 깊이 있게 생각하는 것이다. 자기에 대해서 생각하는 것이 부정적이니까 자기비하가 된다. V는 1개만 있어도 의미가 있다.

T=1: 적정 수준
T≥2: 과도한 애정욕구
V≥1: 부정적 자기개념, 자기비판적 태도

S(space)

S는 빈 공간반응이다. S를 이해하면 로르샤하에서 사람의 심리를 보는 관점을 조금 더 명확하게 이해할 수 있다. 로르샤하에서 빈 공간은 반응의 대상이 아닌데 이 영역을 찾아서 반응한 것이기 때문에 (적극적으로) 지시를 어긴 것이 된다. 따라서 이는 반항적인 행동이고, 그 기저의 감정은 분노감이다. 어느 정도의 화는 다들 있게 마련이기에 S가 1~2개 정도이면 정상적인 수준이다. 그런데 3개 정도가 되면 분노감이 조절할 수 있는 수준을 넘어서는 것이다. 하고 싶은 일들이 되지 않으면 불만이 쌓이고, 불만이 쌓이면 분노가 된다. 어떤 사람들은 좌절 상황에서 우울하고 위축되지만 어떤 사람들은 더 공격적인 모습을 보인다. 그래서 S도 DEPI의 준거가 된다.

S는 지시를 어긴 것이기 때문에 반항의 의미를 가진다.
S≥3: 분노 조절의 어려움

3) 적절한 감정조절

EBPer(EB Pervasive)

적절한 감정조절을 위해서는 감정을 조절할 수 있는 이성적 능력을 가지고 있어야 한다. 이것을 사고와 감정의 상대적 비율로 측정한다(EBPer=M:WSumC). EBPer의 정도를 해석하는 것은 다소 복잡하다. 그런데 너무 고지식하게 이 계산식을 적용하는 것은 실제 해석에서 그다지 유용하지 못하다. 계산식의 의미를 알고 유연하게 판단하자. WSumC가 M보다 2.5배 이상 많아지면 감정 중심적 성향이 강해서 충동적이고 지나치게 외향적이다. 반대로 M의 비율이 WSumC보다 2.5배 이상 더 높으면 사고 중심적 성향을 가지고 있어서 억압적이고, 지나치게 내향적이다. 사고 능력이든 감정 능력이든 어느 한쪽이 확실히 더 많지만, 너무 많지는 않은 상태(1.5~2.5배 사이)에 있으면 적응적이라고 본다. 행동 경향이 어느 정도 정해져 있다는 것은 행동의 일관성을 보장해 주어 주변 사람들과 신뢰할 수 있는 관계를 형성하는 데 도움이 된다. 그리고 모든 행동에는 장단점이 있는데, 행동 경향이 강할수록 장점만큼이나 단점도 강해져서 결국은 장점으로 인한 이익을 넘어서는 문제가 발생할 수 있다. 따라서 방향은 정해져있지만 정도는 심하지 않은 경향성을 가지는 것이 심리적 적응에 있어서는 가장 좋다. 정치적 성향에 비유하면, 극우나 극좌는 반대파에 부딪혀 심한 갈등을 겪기 쉬워 부적응적이고, 중도좌파나 중도우파는 협상이 가능해 자기 원칙은 지키면서도 갈등이 적어 적응적이라고 할 수 있겠다.

- 적응적인 감정조절의 상태
  - 적응적인 내향성: M>WSumC & EBPer=1.5~2.5
  - 적응적인 외향성: M<WSumC & EBPer=1.5~2.5
- 부적응적인 감정조절의 상태
  - 부적응적인 내향성: M>WSumC & EBPer>2.5
  - 부적응적인 외향성: M<WSumC & EBPer>2.5
  - 양가형: EBPer<1.5

어느 한쪽으로 행동 경향이 정해지지 않아도 부적응적이라고 한다(양가형). 소위 줏대가 없는 사람이 되는 것이다. 우리가 살기 편하려면 삶의 방향이 어느 정도는 결정되어야 한다. 매 순간 뛰쳐나갈지 가만히 있을지를 고민해야 하는 삶은 너무 피곤하다. MBTI에서 각 지표가 10점 미만으로 나오면 사람들이 혼란스러워 한다. 외향적인지 내향적인지, 정리를 잘 하는지 무계획으로 사는 걸 좋아하는지 등 방향이 뚜렷하지 않은 사람들은 성취감을 느끼지 못해 삶의 재미가 덜하고, 의사결정을 하기가 힘들어서 고통감이 증가한다.

FC:CF+C

FC는 감정이 있는데 이성으로 적절히 조절하는 능력을 나타내고, CF+C는 감정조절을 잘 하지 못하는 충동성과 미숙함을 나타낸다. 외향적이든 내향적이든 상관없이 비율상으로는 둘 다 FC가 더 많아야 한다. 외향적이든 내향적이든 적응적인 수준에서는 이성적 조절 능력이 우위에 있어야 하는 것이다. 따라서 보통의 적응적인 성인들은 CF+C보다 FC의 비율이 높다. 다만 외향적인 사람들은 그냥 전체 유채색 반응의 수가 많을 뿐이다. 그리고 주의할 것은 C는 1개만 있어도 부적응적이라는 것이다. 전혀 감정통제가 되지 않을 때 나타나는 반응이기 때문이다.

FC: 감정이 있는데 이성으로 적절히 조절하는 능력
CF+C: 감정적 충동성과 미숙함/이성적 조절의 어려움
FC > CF+C: 적응적인 성인
WSumC의 총량: 외향적인 성인 > 내향적인 성인
–외향적 성인 FC:CF:C=5:3:0
–내향적 성인 FC:CF:C=3:2:0
C ≥ 1: 부적응적인 정서적 충동성

단, 이성적 사고 능력이 충분히 키워지지 않은 어린아이들은 FC보다 CF+C의 비율이 높은 것이 정상이다. 그러나 정상이라고 해서 충동적이지 않다는 것이 아니라, 어린아이들은 발달단계상 사고가 미숙해서 감정적이고 충동적인 것이 정상이라는

것이다. 초등학교 고학년으로 만 10세 이상이 되면 FC의 비율이 더 높아진다.

감정적으로 적응적인 사람은 약간의 외향적 또는 내향적인 성향을 가지면서 그 정도가 심하지 않은 사람이다.

CP(Color Projection)

Col-Shd Bld와 비슷한 맥락에서 해석하면 된다. 흑백인 I번 카드를 보고 '빨간색 나비'라고 하는 경우, 자극은 흑백인데 유채색 반응을 보이는 것이다. 정신증이 심해서 지각적 왜곡이 일어난 것이 아니라면 명백하게 현실을 부정한 순진한(naive) 반응이다. 존재하는 자극을 완전히 거부하고, 있지도 않은 자기 마음속의 색을 말하는 것이다. CP는 600명의 정상인에게 단 1개도 나타나지 않는 반응으로, 나타나기 정말 어려운 반응이다. 불쾌한 자극을 절대 보지 않겠다고 전면 부인(denial)하는 것이다. 극단적인 부인을 하면서 반대 방향으로(유채색으로) 도망가야 할 정도로 그 감정이 싫다는 것은 현재 그 감정으로 인하여 너무 고통스럽다는 뜻이다. CP는 양극성장애가 있는 경우에도 종종 나타난다.

CP는 불쾌감에 대한 순진한(naive) 부인(denial)이다.

5. 스트레스 관리

스트레스 관리를 위해서는 의사결정과 문제해결을 할 수 있어야 한다. 스트레스를 받지 않으려면 문제해결을 잘해야 한다. 스트레스 상황이란 해결해야 할 문제가 생긴 상황을 뜻한다. 연애나 결혼은 좋은 일이지만 해결해야 할(의사결정을 해야 할) 문제가 많아진다는 면에서 엄청난 스트레스 상황이다. 만나서 무엇을 해야 할지, 상대의 행동에 어떻게 반응해야 할지 항상 고민해야 한다. 통상 즐겁고 행복한 일이지만 뇌의 부하를 늘린다는 점에서는 스트레스가 되고 결국은 몸에 영향을 미친다

(Selye, 1955). 스트레스는 '해결해야 할 과제의 수'와 관련이 있다. 일반적으로 우리가 긍정적으로 보는지 또는 부정적으로 보는지보다는 어떤 식으로든 해결해야 할 일이 많아지는 경우 스트레스가 증가한다.

스트레스 관리에 있어서 성공적인 적응을 하려면 스트레스에 대처할 자원이 충분히 있어야 하고, 스트레스도 너무 많지 않게 적당히 있어야 한다. 그리고 상황에 따라 흔들리지 않고 일관적인 대처를 해야 한다.

1) 적절한 자원

EA(M+WSumC)

로르샤하에서 심리적 자원이란 이성적 능력(M)과 감정적 능력(WSumC)의 총합이다. EA의 평균은 8.83으로 대략 8~9점 정도이다. 그리고 적응을 위한 각각의 최소 기준은 M이 2, WSumC가 2.5이다. 각각의 기준을 넘어서면서 합산이 8을 넘으면 대처 자원이 보통 수준이라고 보고, 합산이 6 미만이면 대처 자원이 부족하다고 본다. 총격전을 준비할 때 총알이 10개인 사람보다는 100개인 사람이 마음이 더 편할 것이다. 대처 자원이 많으니까 실제로 활용 가능한 작전의 범위가 넓어지고 마음도 더 여유가 있어서 승리할 가능성이 더 높다.

> 심리적 자원(EA)의 총량=이성적 능력(M)과 감정적 능력(WSumC)의 총합
> 적응을 위한 최소 기준: M=2/WSumC=2.5
> EA≥8: 충분한 자원
> EA<6: 자원이 현저히 부족함

CDI(Coping Deficit Index)

CDI는 합산점수이다. 여러 기준을 모아서 수검자의 대인관계 대처 수준을 추정하는 것이다. CDI가 3을 초과하면 대처를 잘 못하고 있을 가능성이 높다. 구체적으로 대처 방식이 부적절하거나 비효율적일 수 있다. CDI가 높은데 EA(자원)가 낮으면 능력이 부족해서 대처를 못하는 것이기 때문에 대처 능력을 습득하는 것에 초점

을 맞춰야 한다. 그런데 CDI가 높으면서 EA도 높을 때는 어떻게 해석을 해야 하는가? 자원이 있는데 대처를 못하는 상황은 어떤 상황인가? EA가 낮은 사람들은 처음부터 가르쳐야 한다면 EA가 높은 사람들은 통찰이 필요하다. 방향이 잘못된 것이기 때문에 그것만 알고 고치면 된다. 자원이 많은 사람들은 단회 상담으로 치료적 효과를 충분히 볼 수도 있다.

CDI > 3: 대인관계 대처 능력의 현저한 결함
CDI 높음, EA 낮음: 대처 기술 습득에 초점
CDI 높음, EA 높음: 통찰 치료에 초점

2) 심리적 고통의 최소화

D(EA-es)

로르샤하에서 적응이란 스트레스에 비해 자원이 조금 더 많은 상태이다. 댐은 강의 수량에 비해서 조금만 더 높으면 된다. 로르샤하에서는 이러한 적응 수준을 D로 나타낸다. 자원(EA)에서 스트레스(es)를 뺀 값으로, 로르샤하에서 가장 많은 지표가 결합된 지수이다. D가 0이면 자원과 스트레스가 비슷한 수준이다. 좋게 보면 스트레스가 적당히 있는데 자원도 적당히 있으니 전반적으로 무난해 보인다. 그런데 자원이 50이고 스트레스가 50이어도 D가 0이 되지만, 자원이 10인데 스트레스가 10일 때도 D가 0이 된다. 군입대를 한 사병들 중에서 이와 관련된 문제가 나타나는 경우가 많다. 집에서 부모의 보호 아래에 있을 때는 별다른 문제가 없었는데(자원 10, 스트레스 10), 부모의 품을 떠나 군대에 가서는 적응을 하지 못한다(자원 10, 스트레스 100). 대부분의 청년은 군생활을 무사히 마치기 때문에 군대가 스트레스를 많이 준다기보다는 집에서 스트레스가 너무 없었다고 보는 것이 더 적절하다. 이런 경우를 영어로 'marginal adaptation'이라고 한다. 절벽 위에 서 있어서 조금만 잘못하면 떨어질 수 있는 '최소적응 상태'에 있는 것이다. 현재는 고통감이 크지 않지만, 스트레스에는 취약해서 작은 문제에도 급격하게 고통감을 느껴 부적응적인 행동을 할 수 있기 때문에 대처 능력을 키우기 위한 노력이 필요하다.

D=0: 적응적 상태 또는 최소적응 상태(marginal adaptation)

D가 (+)이면 스트레스보다 자원이 많아 기능 수준이 높은 사람이다. 그런데 기능을 잘하는 만큼 본인이 느끼는 불편감이 적으니까 자기중심적이고 변화에 저항적이다. 따라서 상담에도 그다지 수용적이지 못하다. 상담을 받는다는 것은 남에게 자신을 맡기는 것인데, 이들은 의존을 싫어한다. 게다가 남들이 다 하는 일상적인 활동을 무시하고 잘난 체를 하기도 한다. D가 (−)이면 자원보다 스트레스가 많아서 고통감이 클 수밖에 없고 대개는 치료에 순응적이다. 주로 우울, 불안, 신체화 등 신경증적 문제가 있는 사람들이 이에 속한다.

D > 0: 기능이 높은 사람, 자기중심적, 변화(치료)에 저항적
D < 0: 기능이 낮은 사람, 치료에 순응적

Adj D(EA−Adj es)

스트레스는 시기적으로 볼 때 장기적으로 지속되는 것이 있고, 상황적(일시적)인 것이 있는데, 상황적인 스트레스의 영향을 제외한 지속적인 스트레스 수준을 파악하기 위해서 Adj D를 구한다. 다시 말해, 평소의 스트레스 수준을 구하는 것이다. es에서 상황적 스트레스와 관련이 높은 Y와 m을 하나씩 뺀 값이 Adj es이다. Adj D가 0보다 작다면 기본적으로 부적응적인 사람이고, D보다 Adj D가 높으면 상황적 스트레스가 큰 사람이다.

D(EA−es): 최근의 상황적 스트레스를 포함한 전반적 스트레스 수준, 현재 스트레스 수준
Adj D(EA−Adj es): 평소의 스트레스 수준, 병전의 스트레스 수준
Adj D < 0: 기본적으로 부적응적인 사람
Adj D > D: 상황적 스트레스가 큰 사람

EB Style

적응을 위해서 일관적인 대응을 해야 한다고 강조하는데, 이는 적당한 수준의 성향을 갖고 있어야 한다는 말이지 어느 한쪽으로 확 기울어진 성향을 갖고 있는 것을 말하는 것이 아니다. 전적으로 외향적이거나 전적으로 내향적인 사람은 부러지기 쉽다. 다른 성향의 행동이 필요할 때 부적응적이기 때문이다. 적당히 내향적인(혹은 외향적인) 성향을 가진 사람들은 환경 변화에 맞춰서 자기 행동을 수정할 수 있다. 반대 성향에 대한 반감이 그렇게 강하지 않기 때문에 성격에 맞지 않아도 익숙하지 않은 대안들까지도 충분히 검토하여 다양한 행동을 시도할 수 있다. 또한 너무 균형 잡힌 '양가적인 EB'도 적응에 어려움이 있다. 이도 저도 아닌 사람이 될 수 있고, 우유부단하고 의존적인 사람이 되기 쉽다. 정리를 하면, 확인할 수 있을 정도의 성향은 가지지만 너무 한쪽으로 치우치지 않는 사람이 되어야 한다는 것이다. 로르샤하는 참 요구하는 것이 많다. 로르샤하 식으로 건강하기는 정말 힘든 일이지만 사실 대부분의 사람은 이 힘든 일을 잘 해낸다.

- 내향적 EB
  - 적응적: M>WSumC & EBPer=1.5~2.5
  - 부적응적: M>WSumC & EBPer>2.5
- 외향적 EB
  - 적응적: M<WSumC & EBPer=1.5~2.5
  - 부적응적: M<WSumC & EBPer>2.5
- 양가적 EB
  - EBPer<1.5

6. 자신에 대한 견해

성공적인 적응을 위해서는 적절한 자존감을 유지하고, 긍정적인 자기관여를 하고, 호의적으로 자신을 볼 수 있어야 한다. 자기 자신을 긍정적인 시각으로 볼 수 있어야 한다는 것인데, 로르샤하 식의 관점에서 자신에 대한 긍정적 태도를 가지는 것은 자신에 대한 부정적 태도를 가지지 않는 것을 뜻한다.

1) 적절한 자존감

적절한 자존감을 가지고 있는 사람은 자신에 대한 긍정적 시각과 부정적 시각의 중간 수준을 유지한다. 자신을 좋게만 보지도 않고 나쁘게만 보지도 않는다. 긍정적으로만 봐야 하는 게 아니라 부정적인 면도 적당히 볼 수 있어야 한다. 자원과 스트레스의 비율은 6 대 4 정도가 좋다. 그러려면 자신의 능력을 객관적으로 정확하게 지각하고 파악할 수 있어야 한다. 이번 시험에서 30점을 맞은 아이는 다음 시험의 목표가 40점이어야 한다. 자존감은 만점을 받아야만(완벽해야만) 높아지는 게 아니다. 어제보다 오늘이 더 좋아지면 (그것이 성취이고) 자존감은 높아진다. 30점을 30점으로 인식하면 30점 수준에 맞는 노력을 해서 40점이 될 수 있지만, 자신이 100점을 받아야 하는데 30점을 받았다고 생각하면 40점에 도달하기가 더 어려워진다. 따라서 성취를 위해서는 현실적인 판단과 노력이 먼저 이루어져야 하고, 자존감은 그 결과로 생기는 것이다. 부적절한 대응은 그 결과가 실패와 좌절로 이어지고, 자신에 대한 부정적 태도만 쌓이게 한다.

자존감은 결과로 나타나는 것이다. 따라서 자존감의 수준을 통해 이전의 성취 수준을 추정할 수 있다.

Fr+rF

r은 1개만 있어도 자기애적인 성향이 강하다. '적절하다.'는 것은 너무 긍정적으로만 보면 안 된다는 것이다. 자기애적인 사람은 자기를 좋게만 보려고 한다. 누구에게나 있을 수 있는 부정적인 면을 보지 못하고 타인의 욕구를 고려하지 않고 행동하기 때문에 문제가 생기기 쉽다.

Fr+rF≥1: 강한 자기애적 성향

{3r+(2)}/R(Egocentricity Index)

자기중심성 지표는 r과 (2)의 관계를 설명해 준다. 1개의 r이 3개의 (2)와 같은 정도의 의미를 가진다. 전체반응 수를 분모로 하고 3r+(2)를 분자로 했을 때, 0.33~0.44 사이의 점수가 나오면 정상적인 수준이다. 대략 0.30대의 점수가 나오면 정상이라고 보면 된다. 0.45보다 높으면 자기중심적이고, 0.32보다 낮으면 자기상이 매우 부정적이라고 예상할 수 있다. 단, 자기중심성 지표가 높은데 r이 없는 경우, 자기에 대한 생각을 많이 하지만 자기애적인 면은 없기 때문에(자신에 대한 긍정적 태도를 가지지 못해서) 그 생각이 부정적일 가능성이 높고 우울하기 쉽다. 자기중심적이라는 것과 자기애는 완전히 같지 않다. r이 있으면 자기애적인 것에 가깝고, r이 없으면 자기중심적인 것에 가깝다. 자기중심적이라는 말은 자기 생각만 한다는 것인데, 이는 자기에 대한 부정적 생각까지 포함한다.

자기중심성 지표=0.33~0.44: 정상적 자기애
≥0.45: 자기중심적(r이 없으면 부정적 자기상, 우울)
≤0.32: 부정적 자기상
자기중심성 지표가 높은데 r이 있으면 '자기애적', r이 없으면 '자기중심적 사고' 또는 '부정적 자기반추'

2) 긍정적 자기관여

로르샤하에서는 '부정적으로 자기를 보지 않는다면 긍정적이다.'라고 본다. 그래서 긍정적 자기관여에 대한 측정의 대상은 상황적인 부정적 자기개념이다. 예를 들면, 시험에 떨어졌거나 애인에게 차였을 때 자기를 부정적으로 본다면 부정적 자기개념 점수가 올라갈 수 있다.

V

부정적 자기개념을 나타내는 것으로, 1개라도 있으면 후회나 자책을 많이 하는 사람이고 우울감을 경험할 수 있다. 그리고 상황의 영향을 많이 받기 때문에 좌절스러운 사건을 경험했을 가능성이 높다.

V≥1: 강한 부정적 자기개념, 좌절 사건

MOR

고통감과 관련해서 매우 중요한 지표로, 자기의 신체와 자기상에 대해서 부정적인 태도를 나타낸다. 무언가가 파괴된 상태를 나타내며, 우울감이나 공격성으로 인한 고통감과 관련이 있다. 보통 사람들도 1~2개 정도는 나올 수 있고, 3개가 넘으면 부적응적인 수준의 고통감을 느끼고 있다고 본다. 그림에는 파괴된 상태를 명확하게 인식할 수 있는 정보가 없는데 파괴되었다고 인식하기 때문에 투사가 강한 반응이다. 그리고 MOR은 단 하나의 반응도 중요한 의미를 가질 수 있다. '박쥐' '나비' '사람' '거인' 등 무난한 반응을 보이던 사람이 V번 카드에서 갑자기 '폭탄 맞아서 사람이 터지고 있는 거요.'라는 반응을 한다면, 단 1개의 반응이지만 고통감을 표현하기에는 충분하다. V번 카드는 휴식 카드이자 우울감에 민감한 카드이다. 다른 데서 무난하게 반응하고 V번 카드에서 힘든 반응을 했다면 휴식을 취하지 못할 정도로 우울감이 심한 것이다. 우울감으로 인해 매우 고통스러운데 평소에는 이를 잘 표현하지 못하는 사람일 수 있다.

MOR: 자기의 신체와 자기상에 대한 부정적 태도, 우울감
MOR≥3: 부적응적

3) 자기에 대한 통찰

FD

FD는 자기에 대해서 충분히 깊이 있게 생각하는 능력이다. 2차원 그림을 3차원으로 인식하면서도 형태를 유지하고 있으니 인지적 수준이 높고 깊이 있게 생각하는 사람이다. 적당한 수준은 2개까지인데, 너무 많으면 자기성찰이 과도한 것이고 우주의 원리를 깨닫긴 하지만 당장 밥벌이는 못하는 사람일 수 있다. 배고픈 현자 소크라테스를 많은 사람이 존경하지만 가족들은 싫어할 수 있다.

FD=1~2: 발전적인 깊이 있는 사고
FD>2: 과도한 사변적 태도

4) 안정된 정체감

정체감은 타인과의 관계를 통해 형성된다. 그래서 안정된 정체감을 가지려면 타인을 보는 시각이 안정적이어야 한다. 부모가 안정적이면 그것을 보고 아이도 편안한 마음으로 안정적인 대처를 할 수 있어서 자기를 신뢰하고 안정된 정체감을 가지게 된다.

H

우리는 인간이기 때문에 로르샤하에서 H를 많이 보는 것이 좋다. 사람반응이 많다는 것은 대인관계가 불편하지 않다는 것이고, 불편하지 않으려면 대인관계 능력을 어느 정도는 가지고 있어야 한다. 적응을 위한 H의 최저 수준은 2개 정도인데, 이는 기본적인 수준의 대인관계에 대한 관심을 유지하고 있는 것이다. 인간 관련 지표 중에서 H와 나머지 3개[Hd+(H)+(Hd)]를 비교해 보면, 인간관계에 있어서 H는 자원이고 나머지 3개는 스트레스이다. 따라서 H>Hd+(H)+(Hd)가 되면 적응적이다. 그런데 좌항보다 우항이 더 많으면 대인관계 상황에서 전체를 보지 못하고 특정

부분에 집착하거나 현실을 파악하기보다는 환상이나 공상에 빠져 있을 가능성이 높다.

> H의 최저 적응 수준은 2개
> 인간관계에서 H는 자원, Hd+(H)+(Hd)는 스트레스
> H>Hd+(H)+(Hd): 적응적 대인관계

7. 다른 사람과의 관계

다른 사람과의 관계에 있어서 성공적인 적응을 위해서는 일단 상호작용에 대한 합리적인 수준의 관심이 있어야 한다. 사람 자체에 대한 관심이 있어야 한다는 말이다. 그리고 다른 사람과 충분한 상호작용을 하면서 친밀감을 적당히 느끼고 다룰 수 있어야 한다. 일을 위해서든 애정관계를 위해서든 먼저 사람에게 관심이 있어야 사람들에게 가까이 갈 것이고 가까이 가야 잘하든 못하든 상호작용을 할 수 있다. 그리고 상호작용을 하다 보면 친밀감은 자연스럽게 생긴다. 그런데 상호작용이 부정적으로 이루어지거나 친밀감을 느끼던 차에 실망을 하면 오히려 주변 환경에 대한 경계심과 의심이 더 커질 수도 있다.

또 하나는 흔히들 협동하는 것을 미덕으로 여기지만, 사람들이 모여 있으면 그 집단 안에서 질투심을 느끼기도 쉽다. 2명 이상이 있으면 누군가는 어느 한 부분에서 뒤처지게 되고, 알게 모르게 서로 비교를 할 수밖에 없다. 어떤 사람이 고생해서 결혼 10년 만에 3억짜리 집을 겨우 샀는데 한 달 뒤에 친한 친구가 6억짜리 집을 샀다는 말을 들으면 배가 아플 수밖에 없다. 그 친구 아들이 전문대학교를 다니고 자기 아들이 서울대학교를 다니는 정도로 자존감의 균형을 맞출 만한 상황이 추가로 있다면 모를까. 그러나 관계를 잘 유지하기 위해서는 질투를 숨기고 자랑도 숨긴다. 중립적인 표현을 사용하면서 적당히 조절을 한다. 2명만으로도 경쟁관계가 성립되는 것은 대놓고 드러나지 않을 뿐 주변에서 흔히 관찰할 수 있다. 아이가 집에 둘이

있으면 부모의 사랑을 받고자 둘이 경쟁을 한다. 또 엄마(여자)를 놓고 아들과 아빠(남자들)가 싸우기도 한다. 선생님에게 인정받기 위해서 학생들이 경쟁을 하기도 하지만, 학생들에게 인기를 얻기 위해서 선생님들끼리 경쟁을 하기도 한다.

대인관계 양상에서 경쟁 못지않게 큰 역할을 하는 것이 협동이다. 경쟁은 무의식적으로 자연스럽게 일어나는 반면, 협동은 의도와 노력이 더 필요하다. 다만, 협동은 연습을 통해 거의 자동적인 수준까지 만들 수 있고, 관계 유지를 위한 필수 행동으로서 욕구보다는 기술에 가깝다. 2명 이상의 사람이 모여서 공동의 목표를 이루려고 할 때, 매 순간 누구든 양보하는 사람이 하나는 있어야 한다. 약속 시간을 지키기 위해서, 다른 사람이 말을 다 끝낼 때까지 내가 하고 싶은 말을 안 하기 위해서 우리는 참아야 한다. 그래서 어떤 면에서 협동과 양보와 억제는 동의어이다. 대부분의 사람은 경쟁과 협동 사이의 균형을 잘 유지할 수 있지만 누군가에게는 이 균형을 유지하는 것이 정말 어려운 일이다.

대인관계를 고급스럽고 세련되게 만들 수 있는 강력한 기술은 공감 능력이다. 그런데 공감은 어떻게 해야 하는가? 일반인들이 술집에서 친구 얘기를 들어 줄 때 주로 하는 공감은 감정을 무조건 따라가는 것으로 전문가 수준에서는 동조에 가깝다. 순간 위로는 되겠지만 돌아서면 뭔가가 허전하다. 생산적인 공감은 이성적인 객관성을 유지하면서 감정에 공감하는 것이다. 친구가 남편을 두고 다른 남자와 바람피운 얘기를 한다. 이럴 때 공감을 하려면 "그래. 들어 보니 그럴 수도 있었겠다."라고 정서적 공감을 하면서도 "근데 조심해라."라고 이성적 끈을 유지할 수 있어야 한다.

1) 대인관계에 대한 흥미

SumH

대인관계를 맺으려면 먼저 관계에 대한 관심(흥미, 욕구)가 있어야 한다. H의 양을 가지고 대인관계에 대한 관심의 정도를 알 수 있다. 적정 수준은 5~6개 정도이다. 그런데 3개도 안 되면 사람에 대한 관심이 매우 제한적이라고(거의 없다고) 본다. 세상에 기본적으로 사람이 싫은 사람은 하나도 없다. 그런데 관심이 왜 이렇게나 적을까? 이런 사람들은 검사 시점까지 자기 삶의 경험상 사람들하고 있을 때 즐겁고 유쾌한 경험의 양이 적어서 그런 것이다.

SumH의 적정 수준은 5~6개
SumH<3: 대인관계에 대한 제한적 관심

H:Hd+(H)+(Hd)

pure H보다 다른 3개의 인간 관련반응[Hd+(H)+(Hd)]이 더 많을 때는 인간반응을 하면서도 '온전하지 못한' 인간반응을 많이 한 것이고, 대인관계를 맺고 싶어서 같이 껴 있긴 하지만 주변 사람들에 대한 지각이 왜곡되어 있어서 상호작용이 부적절한 사람이다. 그러니 대인관계 불편감이 높을 수밖에 없다.

ISOL

ISOL=(Bt+2Cl+Ge+Ls+2Na)/R

모든 자연물 반응을 합한 것으로 고립의 정도를 나타낸다. 대부분의 사람이 도시에 살고 있는 요즘 시대에 (사람이 적은) 산과 들에 관심을 가진다는 것은 역설적으로 사람이 많은 곳(도시)이 싫다는 것을 뜻한다. 도시를 싫어한다는 것은 사람을 싫어한다는 것이다. 청소년, 특히 여자아이들 중에서 아이돌 가수를 안 좋아하고, 심지어 싫어하고 무시하기까지 하는 경우가 있다. 대부분의 아이는 아이돌을 좋아하기 때문에 이러한 행동은 고립을 자초한다. K-Pop이 싫어서 베토벤을 들을까, 베토벤이 좋아서 K-Pop을 듣지 않을까? 친구들과 놀고 싶은데 사교기술이 부족해서 놀지 못하고 그것을 친구들 탓으로 돌리면서 친구들이 싫으니까 친구들이 좋아하는 K-Pop을 싫어하고, 친구들이 범접하지 못하는 특수함을 갖추려는 맥락에서 클래식(또는 팝송이나 일본 음악)을 듣게 되는 경우가 있다. 그리고 이러한 현상이 오래 반복되어 자기만의 독특한 영역을 만들어서 나중에는 그것이 자기만의 특성이나 능력이 되기도 한다. 로르샤하에서 자연물 반응을 많이 보일 때는 '자연을 좋아하는 사람'이기보다는 '사람을 싫어하는 사람'으로 보면 된다.

GHR vs. PHR

GHR은 좋은 인간반응(Good Human Response)으로 양질의 인간반응의 수를 나타내며, 효율적이고 적응적인 대인관계를 맺을 수 있는 능력치이다. PHR은 빈약한 인간반응(Poor Human Response)으로 대인관계에서 문제가 있을 가능성이 높다. GHR이 더 많아야 대인관계가 적응적이고, GHR과 PHR이 같거나 PHR이 많으면 부적응적이다. 이 점수를 보더라도 적응을 위해서는 자원이 스트레스보다 많아야 한다는 것을 알 수 있다.

GHR: 좋은 인간반응(Good Human Response)
PHR: 빈약한 인간반응(Poor Human Response)
GHR > PHR: 적응적 대인관계
GHR ≤ PHR: 부적응적 대인관계

2) 대인관계 친밀감과 안정성

아이가 세상에 대한 친밀감을 가지려면 부모가 일관성 있는 양육을 해야 한다. 아이가 '앵~' 하고 울면 엄마가 침착하게 "갈게. 조금만 기다려."라고 말하면서(언어적 반응을 먼저 보이고) 아이에게 다가가(물리적 거리를 좁히고) 젖을 줘야 하는지, 기저귀를 갈아 줘야 하는지 확인하고 대응을 한다(접촉을 한다). 이러한 대응이 일관되게 이루어질 때, 아이는 주변 환경을 신뢰하고 주변 사람들에게 친밀한 행동을 하면서 안정적으로 성장할 수 있다. 심리학적으로 특별히 교육을 받지 않은 일반인들 중에서도 66%의 사람이 생애 초기에 일관성 있는 양육을 통해서 안정적인 애착을 형성한다(Ainsworth, Blehar, Waters, & Wall, 1978). 의미 있는 사람(주로 부모)과 지속적이고 안정적인 관계를 경험함으로써 상대를 신뢰하게 되면 비로소 만 2~3년이 지나야 자신의 욕구를 참고 배변훈련을 할 수 있는 능력이 생긴다. 안정적이고 친밀한 접촉을 통해 상호 지지적인 관계가 형성되면 엄마가 시키는 것을 아이가 잘 따르고 이로 인해 엄마도 기분이 좋아 아이에게 더 잘하게 되는 선순환이 이루어져서 성공적인 훈련이 이루어질 수 있다.

T

대인관계에 있어서 친밀감을 느끼고 형성하는 능력이다. 1개가 딱 좋다. 없어도 문제이고 2개 이상이어도 문제로 본다. 친밀감을 과도하게 요구한다는 것은 그만큼 부족하다는 말이다. 겉으로는 사랑이 넘치는 사람처럼 행동하지만 속으로는 고독하고 외로운 사람일 수 있다. 사람들은 아무리 좋은 것도 과도한 것은 좋아하지 않는다. 대부분은 VI번 카드에서 재질반응이 나온다. 그런데 VI번 카드에서는 T가 나타나지 않다가 IV번 카드에서 나타나는 경우가 있다. 친밀감을 정작 편하게 느껴야 할 상황에서는 느끼지 못해서 친구를 사귀지 못하고, 부적절하게 권위적인 사람 앞에서 사교기술을 발휘한다. 반응성 애착장애가 있는 아이들은 2세 전에 주양육자가 자주 교체되는 불안정한 양육 환경에서 성장한다. 통상 낯설게 느끼고 경계해야 하는 상황에서 이 아이들은 부적절하게 친밀감을 드러낸다. 유치원생이 엘리베이터에서 처음 만난 성인 남성에게 "저 과자 하나 주세요." "나 오늘 공원에서 숨바꼭질했어요." 등 마치 자주 본 사람처럼 말을 건다. 그런데 정작 친구들하고는 잘 놀지 못한다. 친밀감을 유지하는 방법은 어른과 있을 때와 친구들과 있을 때 다른데, 이런 아이들은 친구들과의 평등한 관계에서 친밀감을 형성하는 방법을 습득하지 못한 경우가 많다.

T의 적정 반응 수는 1개
$T \geq 2$: 부적응적 애정결핍 및 친밀감에 대한 과잉 요구

HVI(Hypervigilance)

과경계지표이다. 이 지표가 (+)라면 주변 환경을 위협적으로 지각하여 경계하고 있는 상태로, 사소한 자극에 민감하여 공격적인 반응을 하기 쉽다. 기본적으로 자존감이 낮고 주변 환경을 신뢰하지 못하는 사람들이다.

3) 경쟁과 협력

COP와 AG

협동은 많이 할수록 무조건 좋다. 1~2개가 적당한 수준이고 3개 이상이면 협동, 배려, 양보를 많이 하는 것으로 주변 사람들이 좋아하는 사람이 될 가능성이 높다. 단, COP가 없다고 해서 부정적으로 해석할 필요는 없다. COP는 반대로 해석하는 지표가 아니다. AG 자체는 공격적(aggressive)의 줄임말이지만, 이보다는 주장적(assertive)이나 경쟁적(competitive)에 가깝다. 한마디로 '적극적인 성향'으로 보면 되는데, 공격, 주장, 경쟁 등의 주제를 모두 포함한다. AG는 3개 이상을 부적응적이라고 보는데, 상황에 맞지 않게 공격적이고 주장적이고 경쟁적인 모습을 보여서 갈등을 겪을 가능성이 높다. 다만 직업적인 성향을 고려해야 한다. 운동선수나 경찰 같은 경우는 직업적으로 공격적이고 적극적이어야 하는 면이 있다. 이런 경우에는 COP의 수를 꼭 같이 고려해서 해석해야 한다. COP와 AG의 2개 지표가 모두 높으면 적극성의 단점을 협동의 장점으로 보완하는 사람일 수 있다. AG는 S와도 같이 해석할 수 있는데, AG가 높은데 S가 많다면(분노감이 높다면) 파괴적인 공격성을 보일 수 있다.

> COP의 적정 수준은 1~2개
> COP≥3: 수준 높은 협동
> AG는 공격적 · 주장적 · 경쟁적 등의 해석이 다 맞을 수 있다.
> AG≥3: 부적응적 공격성(S가 많다면 파괴적 공격성)

a:p

a는 능동적 운동(적극성)을 나타내고 p는 수동적 운동(수동성)을 나타낸다. a를 좋은 것이라고 보기보다는 p를 나쁜 것으로 보기 때문에 a보다는 p가 중요하다. 그래서 a가 더 많은 것은 별다른 의미를 두지 않는다. p가 많으면, 특히 a+1보다 p가 많으면 수동적이고 의존적인 경향이 강하게 드러날 수 있다.

a>p: 보통 수준
p>a+1: 수동적이고 의존적인 태도

4) 대인관계적 공감

M

M은 (−)형태질만 아니면(+, o, u에 해당되면) 양질의 지표가 된다. 인간에 대한 이성적 판단력, 즉 공감 능력의 양을 나타낸다. 2개 이상이 적절한 수준이고, 많으면 많을수록 좋다. 반면, M−는 공감 능력의 부족을 나타낸다. 인간에 대해 이성적으로 생각하지만 왜곡된 판단을 하기 쉽다. 친구가 남편 욕을 하는데 무슨 말로 반응할지 떠오르지 않을 때는 아예 말을 안 하는 게 낫다. 눈치 없이 공감한답시고 남편 욕을 같이 했다가는 오히려 친구가 나를 욕할 수도 있다.

M≥2: 적절한 수준
M−: 공감 능력의 부족

제 7 장

기타 해석 방법

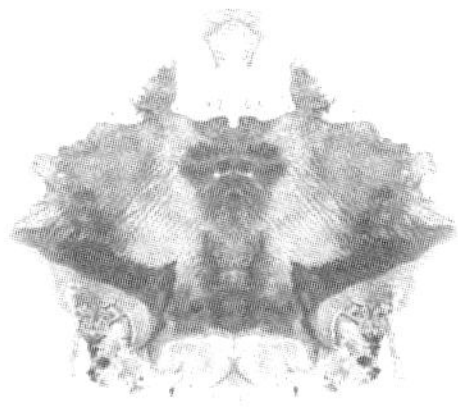

1. 내용주제의 해석

언어반응의 내용을 해석하기 위해서는 4단계의 과정을 거친다. 첫째, 기록에서 주제심상이 가장 풍부한 반응을 찾는다. 둘째, 그 반응을 보면서 연상되는 내용을 생각한다. 셋째, 수검자의 성격과 심리상태에 대한 가설을 세운다. 넷째, 로르샤하의 다른 지표들뿐 아니라 면담 내용, 행동관찰, 다른 검사 자료 등 참고할 수 있는 모든 정보를 고려하여 가설의 타당성을 검증한다. 내용주제를 가지고 해석하는 방법은 TAT, HTP, SCT 등과도 크게 다르지 않다.

1) 주제심상이 풍부한 반응이란

주제심상이 풍부하다는 것은 '투사가 많이 되었다.'라는 것을 뜻하며 형태왜곡, 운동반응, 윤색반응의 3가지가 이에 해당한다. 꼭 투사가 많이 되어야 중요한 반응인 것은 아니지만 투사가 많이 되었다면 내면의 심리상태가 많이 반영된 중요한 반응인 것은 확실하다. 로르샤하 해석이 어려운 것은 모든 카드가 다 의미가 있을 수도 있지만, 단 하나의 반응이나 카드가 정말 핵심적인 의미를 가질 수도 있기 때문이다. 극단적인 상황을 가정해 보면, 반응을 30개 했다고 해도 그중에서 수검자의 심리상태를 파악할 수 있는 결정적 지표는 단 1개일 수도 있다. 이런 정도의 가능성을 항상 염두에 두고 모든 지표를 정성스럽게 살펴봐야 한다.

주제심상이 풍부하다.
=투사가 많이 되었다.
=수검자의 개인적인 의미가 많이 실려 있다.

2) 한 번에 여러 가지 내용이 나올 때 해석하는 방법

'싸우고 있는 두 마리의 곰이다. 만화에 나오는 것 같고, 상처를 입어서 사방에 피가 널려 있다.'
– 해석: 강한 공격적 충동을 가지고 있고(↑), 이를 희화화시켜 억압하려는 노력도 해 보지만(↓), 결국 참지 못하고 공격성을 드러냄(↑)

'싸우고 있는 두 마리의 곰이다. 만화에 나오는 것 같고, 상처를 입어서 사방에 피가 널려 있다.'라는 반응을 분석해 보자. '싸우고 있는 두 마리의 곰'까지만 보면 '곰'과 '싸움'이라는 2가지 주제가 있다. 아직 '곰'에 별다른 의미부여를 할 수는 없고 '싸움'은 공격성을 나타내는데, 곧이어 '만화에 있는 것 같고'라고 하면서 어조를 내려서 싸움의 의미를 희석시켰다. 그러면서도 '상처를 입어서 사방에 피가 널려 있다.'라고 함으로써 마지막에는 공격성과 분노감을 다시 강하게 표현하고 있다. 정리해 보면, 강한 공격적 충동을 가지고 있고 이를 희화화시켜 억압하려는 노력도 해 보지만, 결국 참지 못하고 공격성을 드러내는 경우가 많을 것이라고 예상할 수 있다. 그러나 다른 해석도 가능하다. '만화'에 강조점이 있다면 공격성을 승화시킨 사람일 수 있고, '피'에 강조점이 있다면 시종 냉소적인 사람일 수 있다. 평가자는 복잡한 여러 가지 주제가 등장했을 때 각 내용에 동등하게 주의를 기울일 수도 있어야 하고, 맥락에 따라서 가중치를 달리하여 추론할 수도 있어야 한다. 여러 가지 가능한 해석 중에서 선택을 하는 것은 평가자의 역량이다. 역량을 키우기 위해서는 로르샤하뿐만 아니라 심리치료와 정신병리를 비롯한 심리학 전반에 대한 지식이 많아야 한다.

> 평가자는 복잡한 여러 가지 주제가 등장했을 때 각 내용에 동등하게 주의를 기울일 수도 있어야 하고, 맥락에 따라서 가중치를 달리하여 추론할 수도 있어야 한다.

3) 투사가 많이 나타나는 3가지 반응

(1) 왜곡된 형태반응(−)

왜곡된 형태반응이 나타나는 것은 크게 4가지 경우를 생각해 볼 수 있다. 첫 번째, 순간적으로 현실접촉을 방해하는 문제와 심리적 고통이 있는 경우이다. 여기서 '순간적으로'가 가장 중요한 말이다. 상황적 스트레스로 인해서 고통감이 극심한 경우에 객관적 지각을 하지 못해서 왜곡된 형태를 볼 수 있다는 것이다. I번 카드에서 '군함'이라는 반응을 했을 때 군함이 강력하고 파괴할 수 없는 대상을 뜻하는 건지, 너무 크고 느리고 쓸모없는 퇴역한 대상을 뜻하는 건지, 시대에 뒤떨어지고 퇴직 위기에 놓인 남성을 표현하는 것인지, 3가지 모든 해석이 다 가능하다. 이 중에서 어디에 해당하는지는 여러 가지 상황을 고려해서 결정해야 한다. 두 번째, 반응의 구조적 특징으로 인해 현실검증의 일시적 손상이 나타나는 경우이다. 구조적 특징이라 함은 구조적 요약에 나오는 지표나 점수가 왜곡된 형태반응과 관련성이 있는 것을 말한다. 유채색 반응에서 유난히 (−)가 많은 사람은 정서적 상황에서 판단력이 저하되는 사람일 수 있고, S−의 비율이 높은 사람은 화가 날 때 판단력이 유독 흐려지는 사람이다. 세 번째, 카드에 직접 나타나지 않는 잠재적인 주제적 특징 또는 구조적 자극의 영향 때문에 나타나는 경우이다. 이 경우에 각 카드의 내용상 의미와 구조적 지표들과 관련된 기저의 해석 가능성들을 알고 있어야 한다. VI번 카드를 보고 '산'이라고 했을 때, VI번 카드는 친밀감에 대한 태도를 나타내는 카드인데 '산'은 거리감을 나타내는 주제이므로 통상 친밀감을 느낄 수 있는 상황에서 거리감을 느끼고 있는 것으로 볼 수 있다. 그래서 친밀한 상황에 대한 불편감을 느낀다고 해석할 수 있으나, 산은 내용상 Ls에 속하는 것으로 우울증의 지표로 해석할 수도 있다. VI번 카드는 성적인 주제도 포함한다. 그래서 '산'은 성적 주제에 대한 억압이나 부인과 관련이 있을 수도 있다. 네 번째, 선행한 반응이나 카드에 대한 반응 때문에 나타나는 경우이다. IV번 카드에서 '커다란 괴물'이라고 한 다음 V번 카드에서 '벌레'라고 한다면, IV번 카드에서 '괴물'은 통상적인 이미지와는 달리 일반적인 반응이지만 V번 카드에서 '벌레'는 역시 통상적인 이미지와 달리 (−)형태질로서 반응 실패, 즉 고통감을 나타낸다. 힘든 상황에서는 고통스러워하는 것이 정상이지만 상황이 지나서 휴식을 취할 수 있는 상황에서도 쉬지 못하고 계속 고통스러워하고 있는 것이다.

- 왜곡된 형태반응이 나타나는 4가지 상황
  1. 순간적으로 현실접촉을 방해하는 문제와 심리적 고통이 있는 경우
  2. 반응의 구조적 특징으로 인해 현실검증의 일시적 손상이 나타나는 경우
  3. 카드에 직접 나타나지 않는 잠재적인 주제적 특징 또는 구조적 자극의 영향 때문에 나타나는 경우
  4. 선행한 반응이나 카드에 대한 반응 때문에 나타나는 경우

(2) 운동반응(M, FM, m)

M뿐만 아니라 FM, m을 포함하여 모든 운동반응은 정지 상태의 그림에 운동성을 추가한다는 점에서 투사된 반응이다. 사람에게 중요한 것은 사람이다. 따라서 그 대상이 동물이건 무생물이건 모두 사람에 대한 마음을 투사한 것으로, 자기지각, 타인 지각, 대인관계 상호작용 시 행동 경향 등이 반영된다. M, FM, m 순으로 투사의 정도가 약해진다고 하기도 하지만, 그렇게 단순하지 않다. 수검자의 방어 수준과 양상에 따라 m에서 더 중요한 투사가 일어나기도 한다. HTP 매뉴얼을 보면 남성 트렌스젠더가 여자를 남자보다 먼저 그린다고 나온다. 그런데 어떤 트렌스젠더는 남자를 먼저 그린다. 단, 남자 그림은 대충 그리고 여자 그림은 정성 들여 그리는 것으로 자신의 감정을 드러낸다. 이 경우에는 그림의 순서가 아니라 그림에 투자한 시간

과 에너지를 통해 투사한 것이다. 이렇게 수검자가 어디에 얼마나 투사를 하고 있는지 나타내는 방법은 무궁무진하다. 로르샤하에서 반응할 때도 사람이 불편한 수검자는 동물에 동일시하여 자신의 마음을 투사할 것이고, 동물까지도 불편한 수검자들은 무생물에 동일시하여 투사할 수 있다. 따라서 3개 중에서 어떤 것이 투사가 더 많이 되었다고 단순하게 결론 내리는 것은 합당하지 않다. 사람에서 동물, 무생물로 갈수록 투사를 부적절하게 할 가능성이 높다는 해석이 더 적절해 보인다. '가운데에 있는 한 사람을 (같이) 때리는 두 사람'이라는 반응에서 과연 수검자는 가해자와 피해자 중에서 누구와 동일시를 한 것으로 봐야 하는가? '때리는'이 중요한가, 아니면 '두 사람이 같이'가 중요한가? 확실한 정보는 누군가를 때린다는 것이고 때리든 맞든 어느 누구도 행복할 수는 없는 공격적이고 파괴적인 상황이다. 구체적인 상황에 대해서는 다른 정보들을 참고하면 된다.

M, FM, m 순으로 투사의 정도가 약해진다기보다는 사람에서 동물, 무생물로 점점 멀어질수록 '투사를 부적절하게 할 가능성'이 높다.

(3) 윤색반응

윤색반응은 (긍정적이든 부정적이든) 수식이 풍부한 반응이다. 대개는 AG, MOR 등 특수점수로 채점이 된다. '곰'과 '화내는 곰'은 완전히 다른 의미를 가진다. 수식은 이미지를 조금 더 정교하게 표현하는 것인데, 이를 통해 심리적 상태도 더 구체적으로 파악할 수 있다. 윤색반응은 자기 내면의 모습을 투사하는 것이기 때문에 '나-전달법(I message)'처럼 '나는 ○○(반응내용)이다.'라고 해 보면 그 의미가 더 잘 와 닿는다('나는 부서진 라디오이다.' '나는 맞고 있는 아이다.').

4) 주제적 해석의 타당성

주제적 해석의 타당성을 점검할 때 효율적인 주제 점검 규칙의 첫 번째는 앞서 살펴본 '왜곡된 형태반응, 운동반응, 윤색반응' 등이 있는지 확인하는 것이다. 그리고 두 번째는 '보수적 추론'을 하는 것이다. '창(무기)'은 무기이고 도구의 목적 자체가 공격이기 때문에 공격성을 시사한다고 해석하는 데 무리가 없다. '이빨' 또한 창만큼은 아니어도 주된 역할이 음식물을 부수고 적을 공격하는(직접 물어뜯거나 말로 욕을 하는 등) 것이어서 공격적 의미를 가진 것으로 해석할 수 있다. 그러나 그렇게 볼 수도 있지만 아닐 수도 있는 것은 해석에서 빼는 것이 좋다. '곤봉' '물고기' 등은 애매하다. 정신분석 사전에서는 '곤봉'은 남성의 성기를 상징하고 '물고기'는 어머니를 상징한다고 되어 있지만, 사전에 그렇게 되어 있을 뿐 직접적으로 이해가 가지 않는 해석은 하지 않는 것이 좋다. 보수적 추론이라는 것은 '안전한 해석'을 하라는 말이다. 해석은 누구에게 말해도 떳떳하고, 누가 봐도 수용할 수 있게 해야 한다. 세 번째는 확실한 주제를 써야 한다는 것이다. 가장 많이 반복되고, 가장 극적이며(극적인 표현), 독창적이고(남들이 안 하는 반응), 자발적인(질문받지 않은 내용을 말함) 반응들은 모두 수검자의 적극성을 요구하기 때문에 수검자 내면의 심리상태를 반영할 가능성이 매우 높다.

- 효율적인 주제 점검 규칙
  1. 왜곡된 형태반응, 운동반응, 유색반응
  2. 보수적 추론
  3. 확실한 주제

5) 내용주제의 의미

주된 내용주제는 사람, 동물, 대상(무생물), 활동, 해부의 5가지이다. 예를 들어, 사람반응 중에서 '왕' '판사' 등은 자기애적이다. '광대'는 슬픔과 기쁨을 모두 강하게 가지는 비운의 존재로, 왕을 놀릴 수도 있지만 왕의 말 한마디에 죽을 수도 있어서 매우 불안정하고 양면적인 것이 특징이다. 우리나라에서는 '내시'가 그렇다. 동물반응을 했는데 '토끼' '너구리' '참새' 등이라면 스스로 유약하고 보호받아야 하는 존재로 보는 것이다. '호랑이' '늑대' 등의 반응만 보이는 사람들은 반대로 공격적이고 적극적인 사람들이다. 대상(무생물)의 유형에 따라 볼 때는 대상과 관련된 주제를 떠올리면 된다. '인디언 무덤의 유품'을 언급한다는 것은 지적인 작업이고 성격은 자기애적일 수 있다. '브래지어' '여자 구두' 등은 페티시즘을 시사하는 것으로 성적인 욕구와 관련이 있을 수 있다. 활동반응 역시 운동반응들과 관련된 주제를 생각해 보자. '울고 있다.'라는 반응은 우울감, 슬픔 등을 시사하고, '서로 때리고 있다.'라는 반응은 분노감과 공격성을 시사한다. '심장' '위장' 등 해부반응은 주로 신체화 경향성을 나타내는데, 간혹 나타나는 신체 부위 중 '성기' '가슴' 등은 성적 욕구와 관련이 있다.

2. 검사 행동의 해석

로르샤하 해석의 근거가 되는 자료는 크게 3가지가 있는데, 첫 번째인 구조적 변인은 제6장에서 설명하였고, 두 번째인 내용주제도 살펴봤다. 이제 마지막 세 번째인 검사 행동을 토대로 해석할 수 있는 방법을 알아보려 한다.

• 로르샤하 해석의 근거 자료
  1. 구조적 변인
  2. 내용주제
  3. 검사 행동

검사 시 관찰해야 하는 행동은 3가지로 나누어 볼 수 있다. 우선 검사의 실시과정과 관련하여 수검자가 로르샤하 카드를 다루는 방식을 살펴보아야 하는데, 이는 카드의 회전을 보면 알 수 있다. 다음은 검사를 받는 과정과 관련된 것으로 검사 자극에 대한 반응 외에 나오는 언어반응 및 행동반응을 해석하는 것이다. 마지막으로는 검사자–수검자의 상호작용에 대한 반응으로 수검자가 검사자를 대하는 방식을 살펴봐야 한다.

- 검사 행동 3가지
  1. 카드 회전
  2. 검사 반응 이외의 언어반응 및 행동반응
  3. 수검자가 검사자를 대하는 방식

1) 카드 회전 및 카드 다루기

수검자가 카드를 받은 다음에 회전하는 걸 보면 심리상태를 알 수 있다. 수검자에게 카드를 줄 때는 약간 띄워서 줌으로써 회전을 할 수 있는 여지를 제공한다. 카드 회전은 수검자가 자발적으로 하는 것이기 때문에 그 양상을 관찰하면 문제해결 상황에서 수검자의 대응 경향을 파악할 수 있다. 그래서 모든 회전은 빼먹지 말고 기록해야 한다. ∧이 정방향이다. 꼭지점을 카드의 윗부분으로 보고 돌릴 때마다 표시한다(∧∨><). 회전을 한번 하기 시작하면 많이 하지만 이렇게 회전을 표기해야 하는 수검자 수는 전체적으로 그리 많지 않다.

경직되고 권위적인 수검자는 검사자가 넘겨주는 대로 카드를 잡고 회전을 거의 하지 않는다. 권위를 중시하는 사람들은 윗사람에게 복종하는 대신 아랫사람에게도 복종을 강요한다. 검사 상황에서 복종하는 것을 통해 다른 상황에서도 아랫사람에게 복종을 강요할 것이라고 예상할 수 있다. 보통의 많은 사람은 검사자가 준 방향대로 카드를 살피다가 편안한 말투로 "돌려 봐도 되나요?"라고 가볍게 묻거나 그러한 의미의 몸짓을 해서 검사자에게 확인을 한다. 그런데 너무 진지한 표정으로 조심스럽게 "저…… 근데…… 제가 이걸 돌려 봐도 될까요?"라고 물어본다면 지나치게 순종적이고 규칙을 중시하는 사람일 수 있다.

(1) 호기심에 의한 회전

회전 중에는 이 경우가 가장 많다. 카드를 받은 방향 그대로 보다가 내려놓기도 하고 살짝 돌려 보기도 하는 것이 보통이다. 그림을 보다 보면 약간 다른 각도에서 봤을 때 어떠한 모양이 나올 가능성이 있기 때문에 카드당 1~2회 정도 호기심에 의

한 회전을 하기 쉽다. 호기심에 의한 회전은 카드를 집중해서 보다가 불규칙하게 회전을 하는 경우가 많고, 회전 이후에 반응을 하는 경우도 많아 생산적이다.

호기심에 의한 회전이 가장 많다.

(2) 체계적 회전

카드의 네 방향을 순서대로 돌려 보면서 반응하는 것이다. 심한 사람은 10개 카드에서 모두 네 방향을 순서대로 확인하기도 한다. 강박적인 사람이 이렇게 반응하는 경우가 많은데, 수동적으로 규칙을 준수하는 데 익숙한 사람에게 수행 방법에 대한 오리엔테이션이 잘못되었을 때도 체계적 회전이 나타날 수 있다. 다소 강박적인 성향이 있어서 I번 카드에서 네 방향을 모두 순서대로 살펴봤는데 그 행동이 우연히 지지를 받아서 모든 카드를 끝까지 4개씩 반응할 수 있다. 그러나 완벽하게 10개 카드를 네 방향으로 다 보는 경우는 많지 않다. 대부분 3~4개 카드에서 지속되는 정도에 그치는데, 강박적인 사람들은 유연성이 부족해서 1개 카드에서 4개씩이나 계속 반응하는 것이 힘들 수도 있다.

(3) 무분별한 회전

성의 없이 카드를 보는 것이 느껴지는 회전이다. 거의 한 손으로 카드를 건성으로 다루고, 충분한 시간 동안 카드를 보지도 않는다. 진지하게 카드를 보는 것 같지도 않고, 그렇다고 계획적으로 하나씩 살펴보는 것도 아니다. 카드를 제대로 볼 의도가 있다면 나타나기 어려운 회전 방식이다. 검사에 대한 거부적 태도가 클 때 나타난다.

(4) 반항적 회전

S(공백 반응)를 분노감이라고 해석하는 것과 비슷한 맥락에서 보면 된다. 수검자가 카드를 받자마자 제대로 탐색하지도 않고 카드를 돌려 버리는 것이다. 검사자가 준 대로 보지 않겠다는 의지를 표현하는 것으로 검사자나 평가 상황에 대한 거부 의사를 밝히는 것이다. 웃으면서 순진한 표정으로 이러한 회전을 한다고 해도 해석은

같다. 받자마자 돌렸는지 혹은 조금이라도 생각을 하고 돌렸는지 확인하려면 세심한 행동관찰이 필요하다.

(5) 회피적 회전

I~III번 카드는 충분히 잘 살펴봤는데 IV번 카드를 받자마자 돌려 버린다면 IV번 카드에서 강하게 불편감을 느꼈을 가능성이 높다. 카드를 돌려서 눈에 보이는 시각적 형태를 바꿈으로써 문제 상황을 회피하는 것이다. 권위적 대상에 대한 불편감이 큰 사람들은 IV번 카드에서 '거인'이라고 언어적으로는 무난한 반응을 하면서도 갑자기 회전을 함으로써 불편감을 드러낼 수 있다. 감정을 다루는 것이 불편한 사람들은 I~VII번 카드에 비해서 VIII~X번 카드에서 회피적 회전이 많아질 수 있다. 단, 감정을 다루는 데 있어서 불편감은 전체적으로 색채반응의 수가 적거나 Afr 수준이 낮은 것을 통해서도 확인할 수 있다.

회피적 회전을 잘 분석하면 반응 수가 적을 때도 유효한 해석을 할 수 있다.

(6) 카드 다루기

로르샤하는 카드를 주고받는 과정에서 반응을 이끌어 낸다. 따라서 수검자 입장에서 보면 카드를 받고, 잡고, 보고, 검사자에게 돌려주는 4가지 행동을 하게 되는데, 이를 분석함으로써 수검자의 심리상태를 파악할 수 있다. "양손으로 잡으세요." 라고 지시를 하는데도 카드를 받자마자 바닥에 내려놓는 사람이 있고(반항심), 카드를 잡고 있긴 하지만 한 손으로 끄트머리만 잡고 보는 사람도 있다(자기과대성). 그리고 카드를 볼 때 노안이 있는 것처럼 카드를 멀리 떨어트려 놓고 진지한 표정으로 보는 사람이 있고(적극적 태도를 과시함), 돌려줄 때 지나치게 예의 바르게 두 손으로 돌려주는 경우도 있다(극적인 저자세).

2) 논평

수검자가 검사 수행과정에서 '자발적으로' 추가적인 말을 하는 것을 논평(comments)이라고 한다. 이러한 논평에는 크게 3가지 유형이 있다. 첫 번째, 반응 관련 논평이다. 검사자가 묻지도 않았는데 자발적으로 "이 부분은 아무런 의미가 없어요."라고 굳이 말을 한다면 스스로 "절대 아무 일 없어요."라고 말하는 것과 같다. 이중부정은 이중긍정일 가능성이 높고 도둑이 제 발 저리는 격이다. SCT에서 '우리 아빠는 나쁘지 않다.'라는 반응은 무슨 뜻인가? 좋다고 하지 않고 왜 나쁘지 않다고 할까? 누군가는 아빠를 나쁘다고 생각한다고 가정하고 있기 때문에 '나쁘지 않다.'라는 표현이 나오는 것이다. 그런데 SCT에서 '나쁘다.'라는 단어를 제시하지는 않는다. 아빠가 나쁘다는 개념은 아이의 마음속에 있는 개념인데, 괜히 한마디 더 해서 아빠에 대한 불편감이 드러나게 되는 것이다. '의미가 없다.'라고 자발적으로 말하는 것은 의미가 있어야 할 것 같다는 부담을 가진 상태를 나타내기도 하고, 떠오르는 생각이 있는데 말하면 안 될 것 같으니까 의미가 없다고 한 것일 수도 있다. 어느 쪽이든 의미가 '있을' 가능성이 높다.

두 번째, 자기 관련 논평이다. "저는 이렇게 멀리 보는 걸 좋아해요."라고 스스로 말한다면 '멀리 보는 것'에 대해서 스스로 인식하고 있고 주변에서는 이 행동을 부정적으로 볼 수 있다고 가정하고 대답한 것이다. 로르샤하에서는 카드의 형태를 묻고 있는데 '저는'이라는 주어를 사용한다는 것은 자기변명을 하는 것으로 객관적인 대답을 하지 못할 가능성이 높다.

세 번째, 검사자 관련 논평이다. 수검자 자신이 말을 많이 해 놓고 검사자가 열심히 받아 적고 있을 때 "그거 다 적으려면 힘드시겠어요."라고 말한다. '힘드시겠어요.'라는 말은 위로의 말로 보통 윗사람이 아랫사람에게 사용하는 말이다. 따라서 이 말을 통해 검사자를 위로함으로써 수검자가 더 우위에 있게 된다. 통제감이 중요한 수검자가 통제감을 잃을 것 같은 위기 상황에서 할 수 있는 말이다.

3) 개인적 반응(PER)

개인적 반응은 PER로 채점이 되며, 다음 3가지 해석이 가능하다.

(1) 자기정당화

반응의 근거로 '이런 나비를 난 본 적이 있다.'라고 자기 경험을 자발적으로 굳이 말한다. 분명한 나비 모양은 아니기 때문에 나비가 아닌데 나비라고 하는 게 너무 껄끄러우니 자신의 경험을 근거로 말하는 것이다. 이런 사람들은 애매한 그림으로 비슷한 형태가 있는 반응을 하라는 지시의 의미를 파악하지 못할 정도로 사고가 경직되어 있을 가능성이 높다.

(2) 자기확대

'샹젤리제'라는 반응에 대한 근거로 "유럽 여행에서 본 적이 있어요."라고 한다. 자신이 유럽 여행을 다녀왔다는 얘기를 함으로써 자기과대성을 드러내는 것이다. 로르샤하에서 샹젤리제를 설명하는 데 있어서 자기 경험을 말할 필요는 없다. 그리고 자기과시는 둘째 치고 그림을 근거로 말하지 못했기 때문에 무조건 반응 실패이다.

(3) 자기노출

"우리 집 거실에 있는 것과 비슷해요." 이 역시 거실에 있는 것이 무엇이든 간에 그림의 특성을 설명하지 못한다는 점에서 반응의 실패이다. 객관적 설명을 하지 못하기 때문에 남들이 판단하기도 어렵게 만든다.

4) 표현과 대인관계적 양식

수검자의 자기표현 방식은 과제에 반응하는 방식, 언어를 사용하는 방식, 감정을 나타내는 방식의 3가지가 있다.

먼저, 과제에 반응하는 방식은 주제 전환, 책임 부인, 반응 지연이 있는데, 이 3가지는 모두 다루기 불편한 주제를 회피하는 것이 목적이다. "완전히 똑같진 않지만 사자라고 할게요."라고 한다면 핑계를 댐으로써 반응에 대한 책임을 부인하는 것이다. "선생님도 만나 보시면 아실 거예요."라고 한다면 책임을 전가하는 것이다. 검사자에게 설명해야 할 책임을 돌림으로써 설명에 대한 부담을 회피하는 것이다. 설명해야 하는 이유가 대개는 자존심을 상하게 하는 것일 가능성이 높다.

언어사용 방식은 수다스러움('어떤 종류의 박쥐처럼 보이고, 날아가는 것 같고, 여기 중간에 몸통이 있으니까요. 이 바깥 부분은 날개를 뻗은 것처럼 보이고, 큰 날개, 모두 검은 색이군요. 물론 박쥐는 모두 검지만, 머리는 여기 위에 있고 꼬리는 여기 밑에 있습니다. 박쥐에 대해서는 별로 관심도 없는데, 또 다른 것도 더 말해야 합니까?'), 수식어('~로 보는 것도 가능할 수 있다고 생각합니다.'), 서미서명('이것이 전부입니다.') 등이 있는데, 이러한 언어사용 방식은 로르샤하에만 국한되지는 않고, 수검자의 생활 전반에 걸쳐 나타나기 때문에 잘 분석하면 성격적인 정보를 많이 알아낼 수 있다.

수다스러움 자체로 형태질이 (+)가 되지는 않는다. 수다스러움은 말은 많은데 정보적 가치가 없는 것이다. 지능검사에서 이해 소검사를 보면 답이 한 문항에 두 줄씩 쓰여 있는 경우가 있다. SCT에서도 빈 공간까지 다 채워서 쓰는 경우가 있다. 이렇게 많은 글이 쓰여 있을 때는 사실 해석하는 것이 더 쉽다. 대부분은 억울한 경우가 많다. 하고 싶은 말은 많은데 아무도 안 들어 주니까 눈치 안 보고 말할 수 있는 기회가 왔을 때 쏟아 내는 것이다. 대부분 2~3가지 내용의 반복이어서 해석은 오히려 더 간단하다. 무언가 반응을 한 다음에 "이게 전부입니다."라고 자발적으로 말한다면 뭔가 더 말을 해야 할 것 같은 부담을 '본인이' 가지고 있는 사람이다. 그리고 자기 주장을 한 다음에 "그렇지 않아요?"라고 확인하는 버릇이 있는 사람은 '내 말이 맞고, 당신도 여기 동의하지 않으면 안 된다.'라는 강요의 의미가 포함되어 있다. 강요는 논리가 부족할 때 많이 한다.

대인관계 유형도 로르샤하에서 나타난다. 수검자가 검사자를 대하는 방식을 확인함으로써 수검자가 주변 사람들을 대하는 방식을 예상할 수 있다. 검사자를 아랫사람 대하듯이 하는 사람은 자기애적인 사람이거나 권위적인 사람일 수 있고, 반대로 검사자를 너무 존대하는 사람은 의존적이거나 수동적인 사람일 수 있다.

3. 계열분석

로르샤하 해석의 순서를 단순화하면, Exner의 종합체계 탐색전략에 따라 구조적 해석을 한 다음 일종의 질적인 해석인 주제적 해석을 하고 모든 검사의 기본적인 해석인 행동적 해석을 하는 것이다.

구조적 해석→주제적 해석→행동적 해석→계열분석

그리고 마지막으로 계열분석을 통해 좀 더 고급스러운 해석을 할 수 있는데, 여기서 '계열'은 'serial'을 말하는 것으로, '순차적'이라는 뜻이다. 사람들은 스트레스가 생기면 그에 대해 관심을 가지고 고통감에서 벗어나기 위해서 방어(대응)를 하게 되며, 어떠한 방식으로든 결과(회복 또는 악화)가 나오게 된다([그림 7-1] 참조). 로르샤하의 자료들을 순차적으로 점검하면 이 과정을 파악할 수 있다. 물론 관심을 가지고 방어를 하다가 회복을 하지 못하는 경우도 있다. 그러나 기본적인 패턴은 '관심-방어-회복'이다.

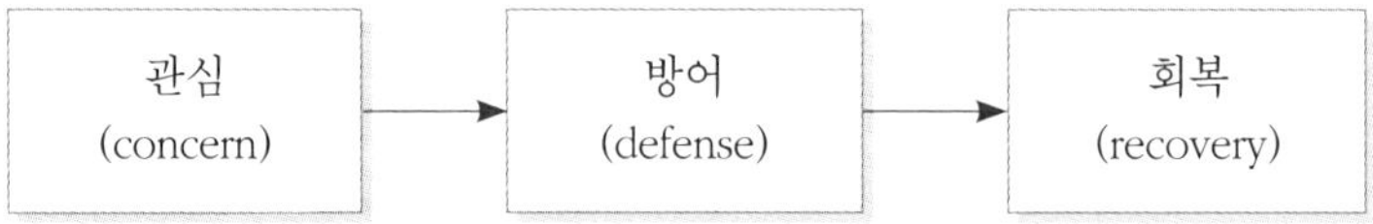

[그림 7-1] 계열분석 모형

I번 카드에서 '박쥐(o)' '사람(o)' '항공모함의 앞모습(-)' 순으로 반응해서 형태질이 두 번째 반응까지는 o이다가 세 번째 반응에서 -라면 '항공모함'의 의미만 해석하기보다는 3개 반응의 순서를 고려한 해석도 할 수 있어야 한다. 그것이 성공하든 실패하든 수검자의 모든 반응은 '방어(를 하기 위한 노력)'이다. 따라서 이 반응을 단순화하면 I번 카드라는 스트레스 자극을 인식하고(관심) 방어를 잘하다가(방어) 마지막에 실패한 것이다(회복 실패). 친구가 힘들어해서 위로할 때 처음 한두 마디는

잘했는데 마지막에 말을 할까 말까 고민하다가 했더니 친구가 오히려 더 상처를 받아 버린 상황과 같다. 대개 이런 반응은 적절한 반응을 해 놓고도 부족함을 느끼고 스스로가 뭔가 해야 한다는 압박을 받아서 억지로 마지막 반응을 할 때 나타난다. 앞에서 2개의 무난한 반응을 한 것은 하지 않은 것보다 적응적이지만, 세 번째 부적응적인 반응을 보인 사람은 실생활에서도 부적절한 행동을 마지막에 할 가능성이 높다.

IX번 카드의 D3 영역을 보고 '서로 죽음의 광선을 쏘고 있는 공상과학에 나오는 남자들'이라고 한 다음에 두 번째 반응으로 '물고기 두 마리가 헤엄치면서 돌아다니는 것 같고, 아마 독이 있는 종류'라고 한 경우를 분석해 보자. '서로 죽음의 광선을 쏘고 있는'에서 중요한 단어는 '죽음'으로 상당한 고통감이 시사되는 반응이다. 그런데 그다음에 '공상과학'이라는 단어를 사용함으로써 '죽음'을 비현실적으로 만들었고, 이는 거리감을 유지함으로써 고통감을 줄이는 역할을 한다. 반응의 질이 좋아진 것이다. 두 번째 반응의 시작도 '물고기의 헤엄'이고, 아주 좋은 반응이라고 할 수는 없지만 고통감은 그다지 심해 보이지 않는 반응이다. 그런데 후반부에 '독'을 언급함으로써 IX번 카드의 첫 반응인 '죽음'과 같은 정도의 고통감으로 돌아가 버렸다. 정리하면, 고통감을 느꼈고(죽음), 환상에 빠지거나(공상과학) 심리적 거리감을 유지하는 방식으로(물고기) 나름 대응하려고 하였으나, 고통감에서 벗어나지 못하고 있음(독)을 보여 준다. 회복을 하는 듯했지만 하지 못한 것이다. IX번 카드의 강도 높은 모호함을 고려할 때, 실생활에서도 애매모호하고 불확실한 상황에서 수검자의 대응이 이러한 양상을 보일 가능성이 높다. 이 반응이 더 안 좋은 이유는 정말 공격적이지 않을 것 같은 물고기를 내세움으로써 완전히 극적 반전을 보인 것이다. 독을 품은 물고기는 트로이의 목마와 같다. 순진한 척하다가 치명타를 입히는 사람일 수 있다.

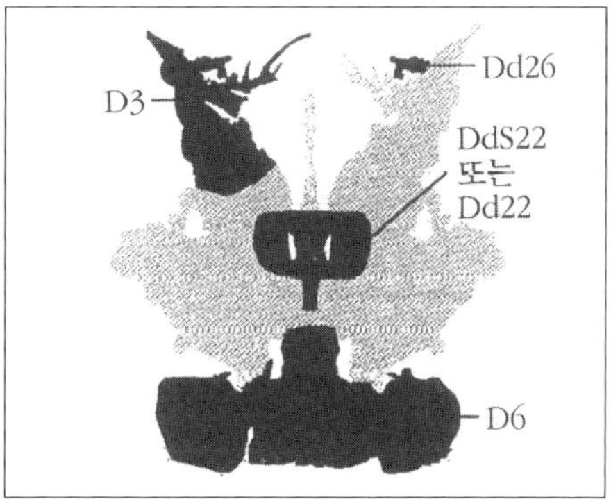

IX번 카드 D3

Ⅸ번 카드의 D3 '서로 죽음의 광선을 쏘고 있는 공상과학에 나오는 남자들 같아요.'

↓

'물고기 두 마리가 헤엄치면서 돌아다니는 것 같고, 아마 독이 있는 종류일 것 같아요.'

– 해석: 고통감을 느꼈고(죽음), 환상에 빠지거나(공상과학) 심리적 거리감을 유지하는 방식으로(물고기) 나름 대응하려고 하였으나, 고통감에서 벗어나지 못하고 있음(독)을 보여 준다.

이상과 같이 1개 카드 내에서의 반응 변화 또는 한 반응 내에서의 반응 변화를 순차적으로 보면서 분석할 수 있을 뿐 아니라 10개 카드 전체의 순차적 반응 양상을 볼 수도 있고, 유채색 유무에 따른 변화, 인간반응 유무에 따른 변화를 볼 수도 있다. 앞선 예에서 나온 '죽음' '독'과 같이 단어 자체만으로도 충분히 부적응적인 경우도 있지만, 형태질의 변화를 토대로 계열분석을 하는 것이 무난한 해석 방식이다.

• 반응질 변화의 유형

1. 10장의 카드 단위에서의 반응질 변화
2. 1개 카드 내에서의 반응질 변화
3. 색채에 따른 반응질 변화
4. 인간반응이 있을 때의 반응질 변화
5. 한 반응 안에서의 반응질 변화

I, II번 카드에서 전혀 반응을 하지 못하다가 III번 카드에서부터 안정된 모습을 보이며 '늑대' '나비' 등의 무난한 형태질 반응을 보인다면, 초기 스트레스 상황에서는 힘들어하다가 점차 안정을 찾아가는 경우로 불안 수준이 높은 사람들이 주로 해당된다. 반대로 카드가 넘어갈수록 힘들어지는 사람들도 있는데, 초기 대응은 할 수 있지만 스트레스 내성이 부족해서 스트레스가 지속되면 부적응이 드러나는 사람이다. 이러한 분석을 형태질만 보고 할 수도 있다. 어떤 카드에서 반응을 4개 했는데 형태질이 o, o, u, – 순으로 나타났다면 자원이 부족해 점점 부적응적인 모습을 보이기 쉽고, 반응을 3개 했는데 –, –, o 순으로 나온다면 시간이 지날수록 적응적이라고 예상할 수 있다. 또한 W, D에서 Dd로 가는 것, 인간반응을 주로 하다가 점차

동물반응을 하는 것 등도 반응질이 떨어지는 것이다. 반응질이 떨어진다는 건 원인이 무엇이건 간에 수검자가 불편감을 느끼고 힘들어한다는 것을 나타내기 때문에 양호한 반응과 질이 떨어지는 반응의 차이를 분석하면 핵심적인 심리상태를 파악할 수 있다.

마지막으로 한 반응 내에서의 반응질 변화를 분석해 보자. 먼저 회복된 반응이다. IV번 카드에서 "무엇인지 잘 모르겠는데요. 저는 이런 것을 좋아하지 않습니다. 아마 어떤 성적인 것. 이 부분(D6)을 말하라면 성기 같고 해부학 책에 나오는 그림 같아요."라고 했을 때, '모르겠다.' '좋아하지 않는다.' 등의 반응은 로르샤하의 기본적인 대응(비슷한 형태를 말하는 것)도 하지 못한 매우 질 낮은 반응이다. 이어서 나온 '성적인 것'도 성적인 주제가 원초적 욕구통제의 어려움을 뜻한다는 점에서 매우 부적응적인 반응이다. 그런데 마지막에 '해부학 책'을 언급함으로써 주지화 반응으로 마무리를 했다. 주지화는 DEPI의 준거가 되는 것으로 우울증을 시사하는 부적응적인 지표이지만, 심리적인 거리를 유지함으로써 고통감을 감소시킨다는 점에서는 한시적으로 적응적인 힘을 가진다고 볼 수 있다. 따라서 이 반응은 욕구통제의 어려움을 느꼈지만 적당한 거리를 유지함으로써 문제행동에 이르지 않는 상태를 나타낸다.

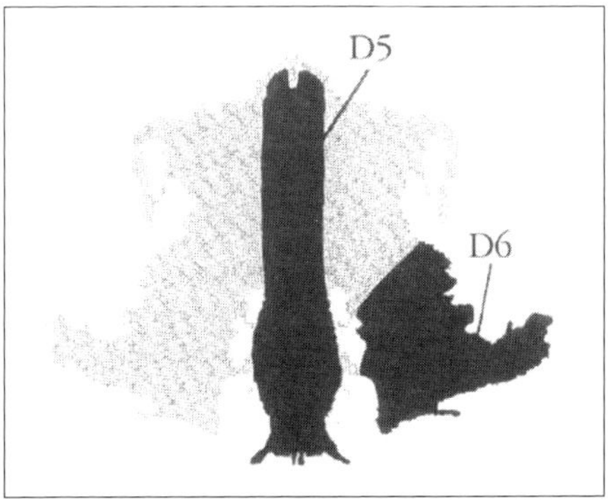

IV번 카드 D6

IV번 카드 '무엇인지 잘 모르겠는데요. 저는 이런 것을 좋아하지 않습니다. 아마 어떤 성적인 것. 이 부분(D6)을 말하라면 성기 같고 해부학 책에 나오는 그림 같아요.'

–해석: 욕구통제의 어려움을 느꼈지만 적당한 거리를 유지함으로써 문제행동에 이르지 않는 상태이다.

다음은 악화된 반응이다. III번 카드에서 '서로 이야기를 나누고 있는 두 사람 그리고 중간에 있는 이 빨간 점은 이들의 심장'이라고 할 때, '서로 이야기를 나누는 두 사람'은 인간반응이고 운동이 포함되어 있으며 그 행동도 평범한 것이어서 로르샤하에서는 가장 질 좋은 반응에 해당된다. 그러나 다음에 언급된 '심장'은 해부 반응(An)으로 신체화 경향성을 의미한다. III번 카드의 반응이 대인관계에 대한 태도를 나타낸다는 것까지 고려하면, 수검자는 대인관계 상황에서 멀쩡한 행동을 하다가 갑자기 신체증상을 보일 수 있고 취약성이 있어서 초기 대응은 양호하지만 그러한 대응이 오래 지속되기는 힘들 수 있다.

III번 카드 '서로 이야기를 나누고 있는 두 사람 그리고 중간에 있는 이 빨간 점은 이들의 심장 같아요.'

–해석: 대인관계 상황에서 멀쩡한 행동을 하다가 갑자기 신체증상을 보일 수 있고, 취약성이 있어서 초기 대응은 양호하지만 그러한 대응이 오래 지속되기 힘들 수 있다.

부록

로르샤하 단독 보고서 작성 사례

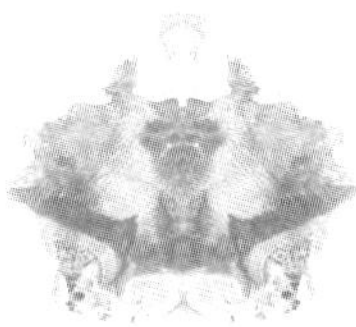

대학원 수업의 과제로 로르샤하를 실시하거나 로르샤하만 단독으로 수검자에게 실시할 때는 이 사례를 참고하여 보고서를 작성하면 된다. 종합심리평가를 작성할 때도 지금처럼 해석한 다음 전체 맥락에 맞게 필요한 부분을 넣으면 된다.

〈사례〉
27세 여성

1. 의뢰 사유

수검자는 '우울감' '대인관계의 어려움' 등을 주호소 문제로 방문하였으며, R/O Unspecified Depressive Disorder 임상적 인상하에 로르샤하를 실시하였다.

2. 행동관찰(행동에 따른 해석)

수검자는 다소 작은 키에 보통 체격이었고 안경을 쓰고 있었다. 하얀색 긴팔 티와 분홍색 반팔 티를 겹쳐 입었으며, 향수 냄새가 진하게 났다. 손톱이 매우 짧게 다듬어져 있었고, 전반적인 위생 상태는 양호한 편이었으며, 검사자와의 눈맞춤도 적절하게 이루어졌다. 약속 시간에 딱 맞춰서 도착하였고, 대부분의 카드에서 반응이 빠르게 나타났으며, 전반적으로 적극적이고 협조적인 태도로 검사에 임하였다. II번 카드에서는 "그림들이 다 이상해요."라고 하였고, VI번 카드에서는 "뭐지? 진짜 뭐지?"라고 하며 당황스러워하였으며, IX번 카드에서도 "점점 어려워지네요."라고 하는 등 반복적으로 불편감을 표현하였다. IV번 카드에서는 "이 방향으로 봐야 해요?"라고 물어 본 다음에 자유롭게 회전하며 탐색하였고, 다른 카드들보다 반응 시간이 오래 걸렸다. 내원 사유에 대해서는 "약간 우울하고, 대인관계 문제를 점검하고 싶다."라고 하였다.

3. 실시검사

Rorschach Inkblot Test

4. 검사 결과

〈계열적 탐색〉
외향적 EB(EBPer=2.25/M<WSumC):
정서>자기지각>대인지각>통제>처리>중재>관념

- DEPI=3
- EB=4:9.0
- EBper=2.25(M<WSumC)
- Right side eb=4
- SumC′:WSumC=3:9.0
- Affective Ratio=0.88
- Intellectualization Index=2
- FC:CF+C=3:6
- Color Projection=0

- Space responses=1
- Blends=5
- m & y blends=04
- Blend complexity=5:32
- Color-shading blends=1
- Shading blends=0

정서적 측면을 살펴보면, 수검자는 이성적 판단력이 부족하지는 않으나 이성보다는 순간의 감정에 따라 충동적으로 행동할 가능성이 높아 보인다. 주로 유쾌한 모습을 자주 보이겠으나 이러한 긍정적 감정을 압도할 정도의 우울감도 가지고 있는 것으로 보이는 바, 즐겁게 지내다가 사소한 일에 의해 급격하게 우울감에 빠지는 등 정서적 불안정성이 커 보인다.

- R=32
- Egocentricity Index=0.44
- HVI=3 & OBS=1
- FD=0 & Vista=0
- H:Hd+(H)+(Hd)=2:2
- Hx=0
- An+Xy=0
- MOR=0

자기지각 측면에서는, 많은 반응 수를 보이고 있어서 매우 적극적으로 문제해결에 임하고 있는 것으로 보이지만, 진지하고 깊이 있는 판단을 하기 보다는 주변 환경을 경계하는 데 더 많은 에너지를 사용하고 있는 것으로 보인다. 게다가 반추하는 경향이 강해 보이는 바, 혼자서 주변 사람들에 대한 불신감을 키우고 있을 수도 있겠다.

- CDI=3
- HVI=3
- a:p ratio=5:8
- Food responses=1
- SumT=0
- Sum Human Contents=4
- Sum Pure H=2
- PER=0
- COP=1 & AG=1
- Isolation Index=0.25
- GHR:PHR=2:0

대인지각 측면에서는, 주변 사람들을 그다지 지지적으로 느끼지 못하면서도 사람에 대한 호의적 관심은 가지고 있는 것 같다. 다만 수동적이고 미숙한 행동으로 인해 긍정적인 관계 경험은 다소 부족해 보이는 바, 가까워지지도 멀어지지도 못하는 애매한 관계를 맺고 있을 가능성이 높아 보인다.

- Adj D=0
- CDI=3
- EA=13.0
- EB=4:9.0
- Lambda=0.52
- es=15
- Adj es=12
- eb=9:4

통제와 스트레스에 대한 내성(tolerance)적 측면을 살펴보면, 융통성이 있고 자원이 적당한 수준인 상태에서 자원과 스트레스의 비율이 비슷한 수준이어서 일상적인 문제해결에는 어려움이 없을 것으로 보인다. 다만 정서적 충동성이 높으면서 스트레스를 반추할 가능성이 높아 보이는 바, 혼자 있는 시간이 많아지면 스스로 고통감을 가중시킬 가능성이 있겠다.

- Lambda=0.52
- OBS=1 & HVI=3
- Zd=−3.5
- Zf=10
- W:D:Dd=6:20:6
- W:M=6:4

처리적인 측면에서는, 주변 환경의 다양한 정보를 습득할 수 있는 능력을 가지고 있으나 많은 자극을 효율적으로 조직화시켜 처리하지는 못하고 있는 것으로 보이는 바, 겉으로 보이는 것보다는 문제해결 능력이 떨어질 수 있겠다. 게다가 지나치게 무난하게만 대응하려는 모습과 특이한 지각 경향이 함께 나타나고 있어서 익숙한 상황에서는 과도하게 모범적인 행동을 하면서도 낯선 상황에서는 엉뚱한 행동을 하는 등 상황에 따라 행동 수준의 차이가 크게 나타날 수 있겠다.

- Lambda=0.52
- OBS=1
- XA%=0.84
- WDA%=0.81
- X−%=0.13
- FQ-frequency=4
- S-frequency=0
- P=4
- X+%=0.41
- Xu%=0.44

– FQ+frequency=0

중재적인 측면에서는, 사고가 적당히 유연하면서 과도하게 무난한 지각 능력을 보이고 있어서 무난하게 대응하는 듯 보일 수 있겠다. 그러나 전체반응 수에 비해 평범반응 수는 다소 적게 나타났고, 특이한 사고 경향이 강하게 나타나고 있어서 특정 영역에서는 매우 고집스러운 모습을 보일 수 있겠다.

– PTI=0
– EB=4:9.0
– EBPer=2.25(M<WSumC)
– Left side eb=9
– HVI=3 & OBS=1
– a:p=5:8
– $M^a:M^p=3:1$
– Intellectualization Index=2
– MOR frequency=0
– Sum6=1 & WSum6=4

관념적인 측면에서는, 적극적인 사고방식과 수동적인 사고방식이 공존하고 있어서 건강한 자아와 부적응적인 자아의 모습이 일상에서도 번갈아 나타날 것으로 생각된다. 그리고 스트레스를 반추할 수 있고, 감정적으로 충동적인 모습도 나타나고 있어서 혼자서 고통감을 증폭시킬 수 있겠다.

〈카드 속성에 따른 해석〉

카드	반응
IV번 카드	1. 황소 얼굴: 여기가 귀고 여기가 코인데 씩씩거리는 거 같아요. 2. 검은 제복: 흰 부분이 셔츠의 깃이고 나머지 전체가 코트인데 나풀나풀하는 것 같아요. 여기는 팔이에요. 3. 용: 여기가 용의 머리고 여기가 날개라서 앉아 있는 것 같아요. * 행동관찰: 반응마다 카드 회전을 보였다. 다른 카드에 비해 반응 시간이 오래 걸렸다.
VI번 카드	1. 우쿨렐레: 여기가 기타치곤 짧으니까 우쿨렐레 같아요. 2. 여우 머리: 여기가 입이고, 여기가 수염, 여기는 털. 여기까지 여우 머리에요. * 행동관찰: "뭐지? 진짜 뭐지?"라고 하면서 더 고민하는 모습을 보였다. 다른 카드에 비해 반응 시간이 오래 걸렸다.

카드 속성에 따른 측면에서는, 권위에 대한 불편감이 커 보이며, 불편한 대상과 있을 때는 더 많은 시간을 들여 더 많은 반응을 하는 방식으로 대응하고 있는 것 같다. 불편감을 느끼고 즉각적인 회피를 하지만, 궁극적으로는 문제해결을 기대하면서 지속적인 대응을 하고 있어서 대응 태도의 개선이 기대된다. 주변 환경을 그다지 친밀하게 느끼지 못하고, 가까이 오는 사람을 오히려 멀리 할 수 있겠으나, 이에 대

〈내용주제에 따른 해석〉

내용주제	반응 및 해석
사람의 유형	–사람 두 명이 손을 들고 있는 모습 –사람 두 명이 서 있음
동물의 유형	–크고 힘이 있는 동물: 곰, 황소, 용, 표범, 익룡, 고릴라, 소 –작은 동물: 박쥐, 두더쥐, 여우, 너구리, 수리부엉이, 올빼미, 해마
대상의 유형	–고립지표: 해돋이, 구름, 산, 절벽에 붙은 산호, 바다 속 풍경, 미역 –의복: 선글라스, 검은 제복, 저고리 –음식: 복숭아
활동의 유형	–정적인 행동: 박쥐가 날개 펴고 있는 모습, 사람 두 명이 손을 들고 있는 모습, 용이 앉아 있는 모습, 사람 2명이 동산에 서 있는 모습, 수리부엉이가 나뭇가지에 앉아 있는 모습 –보호/회피적인 행동: 해마가 돌 같은 데에 숨어 있음 –분노: 씩씩거리는 황소

한 해결 의지도 높아 보인다.

내용주제에 따른 측면에서는, 강한 동물과 약한 동물을 모두 많이 언급하고 있는데, 이는 세상을 강자와 약자의 대결 구도로 보고 있음을 나타낸다. 그 외의 주제들이 고립, 보호, 미숙함 등이라는 것을 고려하면, 경쟁적인 세상에서 미숙한 모습을 보임으로써 스스로를 보호하고 고립시키는 방식으로 대응하고 있을 가능성이 높아 보인다. 다만 분노감을 시사하는 반응도 나타나고 있어서, 확실한 약자라고 여겨지는 사람에게는 공격적인 모습을 보일 수도 있겠다.

5. 종합적 소견

수검자는 외향적인 EB 유형을 가지고 있는 것으로 나타났다.

사고가 유연하고 이성적 판단 능력도 충분히 가지고 있으나, 이보다는 감정적 충동성이 더 높아 문제해결 상황에서 순간의 감정에 따라 충동적인 의사결정을 하게 될 가능성이 높아 보인다. 대부분의 시간 동안은 유쾌하고 무난한 모습을 보이겠으나 급격히 우울감에 빠질 수 있는데, 이는 사고가 피상적인 수검자가 미숙하고 수동적인 대응을 하고 또 부적응 상황을 반추함으로써 고통감이 가중되는 것과 관련이 있어 보인다. 그리고 주변 환경을 약육강식의 극단적 경쟁구도로 보면서 주변 환경을 지지적으로 느끼지 못하고 있고, 권위적 대상에 대한 거부감도 커 보이는 바, 스스로를 고립시켜 지내고 있는 것 같다.

현재는 무난하고 모범적인 대응을 통해서만 대처하고 있으나, 전반적인 수검 태도가 적극적이었던 것을 감안하면 적절한 개입이 이루어지면 개선의 가능성이 높아 보인다.

〈제언〉

정서조절 훈련, 사회기술 훈련

맺음말

로르샤하에서 말하는 '적응'

로르샤하는 각 기호와 점수의 채점과 해석 방식을 통해서 자연스럽게 적응적인, 즉 정신적으로 건강한 사람의 기준을 제시하고 있다. 로르샤하의 주요 특징은 다음과 같다.

첫째, '보통'과 '평범'에 높은 가치를 둔다. 반응 영역에서 W보다는 D가 많아야 하고, 발달질에서는 +보다 o가, 형태질에서도 +보다는 o가 많아야 한다. 그리고 결정인에서도 F가 각 영역 내에서 가장 기본이자 중요한 중심축의 역할을 한다.

둘째, 최고를 추구하기보다는 '최악을 피하는 것'을 강조한다. 적절한 수준의 논리적이고 조리 있는 사고는 WSum6가 높지 않으면 되고, SumShd이 적으면 유쾌한 감정을 가지는 것으로 본다.

셋째, 인간 심리의 흐름을 자연스럽게 파악할 수 있게 해 준다. Fr이 있으면 자기애가 높고, Ay가 많으면 주지화 경향이 강하며, C가 많으면 감정표현을 잘 한다는 것은 로르샤하에서 말하기 때문에 그렇게 해석하는 것이 아니라, 사람들의 심리상태가 그러하기 때문에 로르샤하에서 그렇게 해석하는 것이다.

애초에 로르샤하와의 만남을 편하게 한다는 가벼운 목적으로 쓰기 시작한 책인데, 로르샤하에 대한 찬양으로 끝맺음을 하게 된 것 같다. 로르샤하가 만능 검사는 아니지만, 일단 공부를 한 사람에게는 활용 가치가 무궁무진한 검사이다. 그 넓은 세계로 이제 조금 더 들어오길 바란다.

참고문헌

박영숙(1994). 심리평가의 실제. 서울: 하나의학사.

Ainsworth, M. D. S., Blehar, M. C., Waters, E., & Wall, S. N. (1978). *Patterns of Attachment: A Psychological Study of the Strange Situation.* Hillsdale, NJ: Erlbaum.

Ainsworth, M. D. S., & Wittig, B. A. (1969). Attachment andexploratory behavior of one-year olds in a strange situation. In B. M. Foss (Ed.), *Determinants of Infant Behavior* (Vol. 4, pp. 111-136). London, UK: Methuen.

Exner, J. E. Jr. (1991). *The Rorschach: A Comprehensive Systems, Vol. 2. Advanced Interpretation* (2nd ed.). New York: Wiley.

Exner, J. E. Jr. (2003). *The Rorschach: A Comprehensive Systems, Vol. 1. Basic Foundations and Principles of Interpretation* (4th ed.). New York: Wiley.

Exner, J. E. Jr., & Weiner, I. B. (1995). *Wiley Interscience Series on Personality Processes. The Rorschach: A Comprehensive System Volume 3: Assessment of Children and Adolescents* (2nd ed.). Oxford, England: John Wiley & Sons.

Exner, J. E. (2006). 로르샤하 종합체계 워크북(*A Rorschach Workbook for the Comprehensive System*, 5th ed.). 김영환, 김지혜, 홍상황 공역. 서울: 학지사. (원저는 2001년에 출간)

Harlow, H. F. (1969). Age-mate or peer affectional system. *Advances in the Study of Behavior, 2*, 333-383.

Hiller, J. B., Rosenthal, R., Bornstein, R. F., Berry, D. T. R., & Brunell-Neuleib, S. (1999).

A comparative meta-analysis of Rorschach and MMPI validity. *Psychological Assessment, 11*(3), 278-296.

Rapaport, D., Gill, M., & Schafer, R. (1945). *Diagnostic Psychological Testing*, Vol. 1. The Menninger Clinic monograph series. Chicago, IL: Year Book Publishers.

Selye, H. (1955). Stress and disease. *Science, 122*, 625-631.

Weiner, I. B. (2005). **로르샤하 해석의 원리**(*Principles of Rorschach Interpretation,* 2nd ed.). 김영환, 김지혜, 홍상황 공역. 서울: 학지사. (원저는 2003년에 출간)

찾아보기

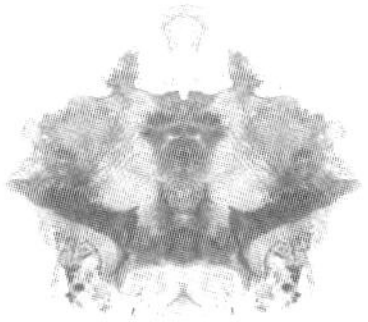

인명

내용

저자 소개

성태훈 Sung Taehun

고려대학교에서 학사, 석사를 거쳐 임상심리 전공 박사과정을 수료하였다. 삼성서울병원 정신건강의학과에서 3년간 임상심리 수련을 하였고, 임상심리전문가(한국심리학회), 정신보건임상심리사 1급(보건복지부)을 취득한 이후에는 개인병원, 중소병원, 전문상담센터, 사회복지기관 등 여러 장면에서 심리평가를 담당하였다. 2009년 원주에서 지우심리상담센터를 개소한 이후에도 다수의 인근 기관과 협력관계를 유지하면서 수련감독자로서 심리평가를 지도감독하고 있다. 상담센터에서는 교육청, 학교, 기업, EAP 업체, 도박센터, 법원, 보호관찰소 등 다양한 기관과 협약을 맺고 심리상담 및 평가를 실시하고 있으며, 심리평가 보고서 작성법뿐 아니라 정신병리, 심리치료 등에 대해서 자문, 강의, 저술 및 수퍼비전을 지속하고 있다. 주요 저서로는 『종합심리평가 보고서 작성법 1』(2판, 학지사, 2019), 『종합심리평가 보고서 작성법 2』(학지사, 2017)가 있다.

쉽게 풀어 쓴 로르샤하
Easy Rorschach

2020년 1월 20일 1판 1쇄 발행
2024년 1월 25일 1판 4쇄 발행

지은이 • 성 태 훈
펴낸이 • 김 진 환
펴낸곳 • (주) 학지사
04031 서울특별시 마포구 양화로 15길 20 마인드월드빌딩 5층
대표전화 • 02) 330-5114 팩스 • 02) 324-2345
등록번호 • 제313-2006-000265호
홈페이지 • http://www.hakjisa.co.kr
인스타그램 • https://www.instagram.com/hakjisabook

ISBN 978-89-997-1975-2 93180

정가 19,000원